W0305488

Energieverbrauch und Energiebedarf

Energieverbrauch pro Stunde sportlicher Betätigung bei 70 kg Körpergewicht

Tätigkeiten		kJ	(kcal)
Gehen	3,0 km/h	730	(175)
	4,5 km/h	840	(200)
	6,0 km/h	1 090	(260)
Laufen	9,0 km/h	2 780	(665)
	12,0 km/h	2 970	(710)
Gymnastik	leicht	880	(210)
	intensiv	1 970	(470)
Turnen	Reck,	2 340	(560)
	Barren		
Schwimmen	20 m/min	1 300	(310)
	50 m/min	3 140	(750)
Paddeln	4,5 km/h	690	(165)
	7,5 km/h	2 380	(570)
Kanu fahren		2 050	(490)
Billard		840	(200)
Skilaufen	9,0 km/h	2 640	(630)

Tätigkeiten			
Rad fahren	9,0 km/h	1 050	(250)
	15,0 km/h	1 590	(380)
	21,0 km/h	2 550	(610)
Rudern	3,0 km/h	1 070	(225)
	6,0 km/h	2 720	(650)
Fechten	Florett	2 430	(580)
	Degen	2 720	(650)
Reiten	Trab	1 230	(295)
	Galopp	1 970	(470)
Eis laufen	12,0 km/h	1 460	(350)
	21,0 km/h	2 910	(695)
Tanzen	Foxtrott	1 300	(310)
	Walzer	1 510	(360)
Tischtennis		1 320	(315)
Tennis		1 510	(360)
Fußball		1 800	(450)

Seit 1978 wird der Energiewert in Joule angegeben, 1 kcal = 4,18 kJ.

Durchschnittlicher täglicher Energiebedarf in Abhängigkeit von der Art der körperlichen Tätigkeit

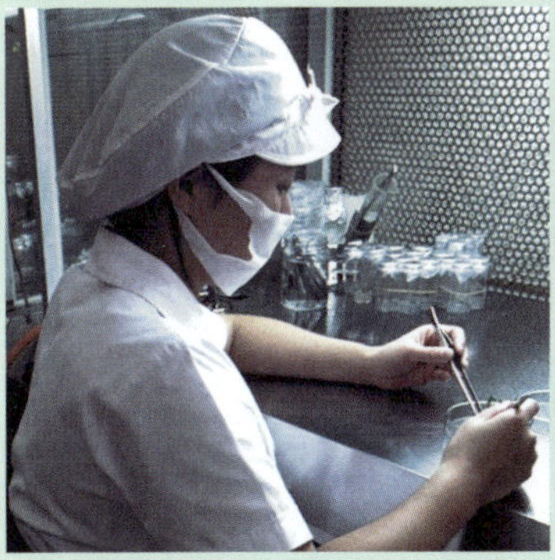		
leichte körperliche Arbeit	mittelschwere körperliche Tätigkeit	schwere und sehr schwere körperliche Tätigkeit
Energiebedarf: Mann 9 500 kJ Frau 8 700 kJ	*Energiebedarf:* Mann 10 500 kJ Frau 9 900 kJ	*Energiebedarf:* Mann 14 000–25 000 kJ Frau 13 000–21 000 kJ
Büroarbeiterin, Laborantin, PKW-Fahrer, Feinmechaniker, Uhrmacher, Pförtner, Bankangestellter	Autoschlosser, Verkäuferin, Anstreicher, Handarbeit im Haushalt, Briefträger mit Fahrrad, Schuhmacher, Elektroinstallateur	Maurer, Zimmermann, Dachdecker, Leistungssportler, Waldarbeiter, Steinbrucharbeiter, Stahlwerker

Inhaltsverzeichnis

1 Stoffe – vom Rohstoff bis zum Abfall 7

1.1 Aufbau, Eigenschaften und Verwendung von Stoffen 10
1.1.1 Körper – Stoffe – Reaktionen 11
Die kleinsten Teilchen der Stoffe 12
Woher kommen die Stoffe? 16
1.1.2 Natürliche und „künstliche" Stoffe 18
Natürliche und „künstliche" Stoffe in der Menschheitsgeschichte 19
Stoffe – Voraussetzungen für Wachstum und Entwicklung der Lebewesen 23
„Künstliche" makromolekulare Stoffe und natürliche makromolekulare Stoffe 26
Baustoffe und ihre Verwendung 28
1.1.3 Stoffe nutzen und entsorgen 29
Was wird und wie wird recycelt? 34
1.1.4 Aufgaben 37
Körper und Stoffe 37
Der Aufbau der Stoffe 38
Eigenschaften von Stoffen 38
Reine Stoffe und Stoffgemische 39
Chemische Reaktionen 39
Nachweisreaktionen 40
Stoffklassen 40
Stoffentsorgung 41

1.2 Duftstoffe 42
1.2.1 Gerüche und ihre Wahrnehmung 43
Wie riechen Insekten und wie Fische? 46
1.2.2 Duften und Riechen in der Tier- und in der Pflanzenwelt 46
Schädlingsbekämpfung mit Tricks 48
1.2.3 Duftstoffe für den Menschen und zu seinem Schutz 49
Körpergeruch und Parfüm 49
Der große Markt der Düfte 50
Synthetische Duftbausteine 54
Duft gegen Unfälle 55
1.2.4 Aufgaben 56

1.3 Giftstoffe 60
1.3.1 Gifte, ihre Wirkung und ihre Verwendung in der Geschichte 61
MAK-, TRK- und BAT-Werte 63
Gifte in der Weltgeschichte 64
1.3.2 Gifte in der Natur und aus dem Labor 66
Gifte in der unbelebten Natur 70
1.3.3 Gifte in Alltag und Umwelt 73
Die Wirkung von „Alltags"drogen auf den Menschen 74
1.3.4 Aufgaben 77
Wirkungen von Stoffen als Gift 77
Gifte in der Natur 77
Gifte aus dem Labor 79
Alltags- und Umweltgifte 80

2 Gesundheit des Menschen – Ergebnis seiner Lebensweise? 81

2.1 Die Gesundheit und ihre Erhaltung 84
2.1.1 Ernährung und Gesundheit 85
Hunger und Armut 86
Neue Erzeugnisse aus der Landwirtschaft: Genprodukte 92
Zum Beispiel Salmonellen 93
2.1.2 Lebensweise und Gesundheit 93
So wirkt Laufen auf den menschlichen Körper 94
2.1.3 Umwelt und Gesundheit 98
Wetter und Gesundheit 102
2.1.4 Aufgaben 103
Faktoren der Gesundheit 103
Faktor Ernährung 104
Faktor Lebensweise 105
Faktor Umwelt 106
Lebensmitteluntersuchungen 106
Gesunde Ernährung 108
Aktivität und Stress 109

2.2 Ursachen verbreiteter Krankheiten 110
2.2.1 Herz-Kreislauf-Erkrankungen 111
Cholesterin, das „gute“ und das „böse“ 115
2.2.2 Allergien 116
Vorsicht, Pollen! 117
2.2.3 Krebs 119
Wie retten wir unsere Haut? 121
2.2.4 Fett- und Magersucht 122
2.2.5 Infektionskrankheiten 124
Nur die Pocken sind ausgerottet 128
2.2.6 Karies 130
2.2.7 Aufgaben 131
Krankheiten und Lebensweise 131
Krankheiten und Stoffe/Strahlen 132
Krankheiten und Bakterien/Viren 134

2.3 Helfen und Heilen 136
2.3.1 Aus der Geschichte der Medizin 137
2.3.2 Von Heilmethoden und Heilmitteln 141
Die Homöopathie 144
Die traditionelle chinesische Medizin 146
2.3.3 Die erste Hilfe 148
2.3.4 Aufgaben 152
Geschichte der Medizin 152
Heilmittel und Heilmethoden 153

3 Bewegungen – überall 155

3.1 Bewegungen in der unbelebten Natur 158
3.1.1 Bewegungen im Weltall 159
Ruhe und Bewegung – alles ist relativ 162
3.1.2 Bewegungen auf der Erde 163
Monsune, Passate und innertropische Westwinde 170
„El Niño“ – eine globale Klimakatastrophe? 174
ALFRED WEGENER – Pionier des Mobilismus 185
3.1.3 Aufgaben 187
Ruhe und Bewegung 187
Die Bewegungen der Erde 187
Die Bewegung des Mondes um die Erde 188
Bewegungen in der Atmosphäre und in der Hydrosphäre 189
Bewegungen in der Lithosphäre 191
Bewegungen und Erdoberfläche 192

3.2 Bewegungen in der belebten Natur 194
3.2.1 Fortbewegungsarten von Tieren 195
Schneller, höher, weiter – Bewegungsrekorde in der Tierwelt 197
Vom Wandern der Tiere 200
3.2.2 Bewegungen von Pflanzen 203
3.2.3 Stoffbewegungen in Lebewesen 204
3.2.4 Aufgaben 206
Fortbewegung auf dem Land 206
Fortbewegung im Wasser 207
Fortbewegung in der Luft 207
Fortbewegung im Boden 208
Bewegungen von Pflanzen 209
Stoffbewegungen in Lebewesen 209

3.3 Mobilität und Verkehr 210
3.3.1 Bedeutung von Mobilität und Verkehr für die Wirtschaft und den Menschen 211
Aus der Geschichte des Straßenverkehrs 213
3.3.2 Belastungen von Mensch und Umwelt durch Verkehr 216
3.3.3 Mobilität und Verkehr in der Zukunft 220
Hochgeschwindigkeits- oder Flächenbahn? 221
Moderne Antriebe – zukunftsfähige Autos 223
3.3.4 Aufgaben 224
Verkehrsaufkommen und -leistungen 224
Straßenverkehr und Lärm 225
Straßenverkehr und Schadstoffemissionen 226
Geschwindigkeiten und Sicherheit im Verkehr 227
Mobilität und Verkehr in Vergangenheit, Gegenwart und Zukunft 228

4 **Der Boden – die empfindliche Haut der Erde** 229

4.1 **Das ABC des Bodens** 232
4.1.1 Der Boden als Stoffgemisch 233
Wie der Humusgehalt eines Bodens bestimmt wird 237
4.1.2 Vorgänge der Bodenbildung 238
Huminstoffe und Nichthuminstoffe 245
4.1.3 Bodenprofil und Bodentypen 246
Thüringen – ausgewählte Bodentypen 250
4.1.4 Aufgaben 252
Der Boden als Stoffgemisch 252
Entstehung von Böden 254
Bodenprofil und Bodentypen 255

4.2 **Das Funktionieren des Bodens** 256
4.2.1 Wärme und Wasser im Boden 257
Poren – primär und sekundär 260
4.2.2 Nährstoffe und Schadstoffe 263
Pflanzen zeigen an 265
Wie Nähr- und Schadstoffe im Boden nachgewiesen werden können 267
4.2.3 Leben im Boden 270
Regenwürmer – alle gleich? 272
4.2.4 Aufgaben 274
Wärmehaushalt des Bodens 274
Wasserhaushalt des Bodens 275
Nährstoffspeicher Boden 276
Der Boden – Filter und Puffer 277
Boden als Lebensraum 277

4.3 **Die Nutzung und der Schutz des Bodens** 278
4.3.1 Gefährdung und Erhaltung des Bodens durch die Landwirtschaft 279
Deutschlands größter Landkreis – agrarisch geprägt 280
Bodenerosion, Hungersnöte und die Pest 288
4.3.2 Abnehmender Boden – zunehmender Hunger? 289
Warum der Boden versalzt 294
4.3.3 Die vielseitige Beanspruchung des Bodens 295
4.3.4 Aufgaben 299
Boden in der Land- und Forstwirtschaft 299
Landwirtschaft und Boden – historisch 300
Analyse eines Landwirtschaftsgebietes 301
Boden außerhalb der Landwirtschaft 302

Register 303
Bildquellenverzeichnis 311

1 Stoffe – vom Rohstoff bis zum Abfall

In der Natur gibt es eine unübersehbare Anzahl verschiedener Stoffe, die der Mensch nutzen kann und auch nutzt. Trotzdem wird eine große Palette von Stoffen produziert und verwendet, die es ohne den Menschen gar nicht geben würde. Viele Gebrauchsgegenstände des Alltags, Bekleidungsstücke und Haushaltsgegenstände, aber auch Baumaterialien und Maschinenteile bestehen aus solchen Stoffen. Und ohne Gegenstände aus Kunststoffen ist unser Leben heute kaum noch vorstellbar. Ständig werden weitere Kunststoffe mit neuen Eigenschaften entwickelt und produziert.

Wie viele Stoffe braucht der Mensch?

Menschen kleiden sich gerne mit schönen Textilien. Die Kleidung dient schon lange nicht mehr nur dem Schutz vor Nässe und Kälte, sondern gar nicht so selten vor allem dem Schmuck und dem Vorstellen der eigenen Person. Mode, Trends, Gruppennormen, aber auch das Streben nach Individualität und nach Besonderem bestimmen heute meist die Gestaltung und die Auswahl der Bekleidungsstücke. Da Mode und Trends immer häufiger wechseln, werden Textilien in immer kürzeren Abständen neu gekauft und gebrauchte immer schneller weggeworfen. Deutschland hat weltweit den höchsten Pro-Kopf-Verbrauch an Bekleidung. 6,3 Prozent des privaten Einkommens werden in Deutschland für Bekleidung ausgegeben.

Was aber ist alles notwendig, bis die viele Kleidung in unsere Schränke kommen kann?
Belasten auch die schönen Stoffe unsere Umwelt?

Umweltbelastungen ergeben sich nicht nur durch die anfallenden Schad- und Giftstoffe bei der Nutzung und der Produktion von Stoffen, sondern auch durch den großen Umfang des Verbrauchs an Stoffen durch den Menschen überhaupt.
Die Natur ist als Rohstoffquelle nicht unerschöpflich. Viele Rohstoffe, so Erdöl, Erdgas, Metalle, Kiese, erneuern sich nicht. Aber auch erneuerbare Rohstoffe, wie Baumwolle für Textilfasern, Holz für die Papierherstellung oder Obst und Gemüse für Nahrungsmittel können nicht beliebig schnell nachwachsen. Zwar können Bewässerung und Düngemittel das Wachstum beschleunigen und Pflanzenschutzmittel die Minderung oder den Ausfall der Erträge verringern. Sie belasten aber auch Boden und Gewässer und verändern ganze Lebensräume. Es gibt also Grenzen für die Verfügbarkeit natürlicher Rohstoffe.

Können Kunststoffe den wachsenden Bedarf der Menschen nach immer mehr Stoffen befriedigen?

Kunststoffe haben den Vorteil, dass man sie mit den gewünschten Eigenschaften nach Bedarf produzieren kann. Oft sind ihre Eigenschaften denen von Naturstoffen sogar überlegen. Aber auch Kunststoffe müssen nach ihrem Gebrauch entsorgt werden. Dabei ist häufig von Nachteil, dass sie durch natürliche Prozesse (z. B. Fäulnis oder Gärung) nicht zersetzt werden und nicht in einen natürlichen Stoffkreislauf gelangen können. So werden die Müllberge zunehmend zu einem Problem. Recycling, Müllverbrennung und -kompostierung verhindern nicht, dass rund 70 Prozent des gesamten Mülls auf Deponien landen.

Wie kann das Müllproblem in Zukunft gelöst werden?
Heben die vielen billigen Waren, die nach kurzem Gebrauch kaputt sind und im Müll landen, wirklich unser Lebensniveau?

Belasten das ständige Sortieren von Müll, das Entsorgen und die steigenden Müllgebühren nicht unser persönliches Leben?

Sind wertvolle Waren, an denen man lange seine Freude hat und die man später noch verschenken kann, nicht viel sinnvoller?

Kann man manche Gegenstände, wie Heimwerkermaschinen und Gartengeräte, nicht mit Nachbarn und Freunden gemeinsam nutzen?

Und kann man manche kaputte Gegenstände nicht auch wieder reparieren oder reparieren lassen?

1.1 Aufbau, Eigenschaften und Verwendung von Stoffen

Fing mit dem Urknall alles an?

Nach einer Theorie geht die Entstehung der Welt und damit auch der glühenden Gaskugel Sonne – im Bild mit verschiedenen Filtern fotografiert – auf einen „Urknall" zurück.

Wie sind die natürlichen Stoffe unserer Welt entstanden?
Wie viele Stoffe kennt man heute?
Wie kann man die Stoffe einteilen?

Kunststoffe nach Wunsch

Obwohl es eine große Vielfalt von Stoffen in der Natur gibt, werden viele Kunststoffe hergestellt und genutzt. Bestimmte dieser Kunststoffe lassen sich z. B. leichter als Naturstoffe durch Wärme verformen und zu endlosen Schläuchen aufblasen. Dadurch kann man gewünschte Gegenstände besser herstellen.

Welche Vorteile und welche Nachteile haben Kunststoffe gegenüber Naturstoffen?

Elektronikschrott – Sondermüll?

Computer und andere elektronische Geräte sind einer schnellen Entwicklung unterworfen. Das bedeutet aber auch, dass sie schnell veralten und verschrottet werden. 1,2 Millionen Tonnen Elektronikschrott fallen allein in Deutschland jährlich an. Elektronikschrott ist ein „buntes" Gemisch sehr verschiedener Stoffe, von Metallen bis zu Kunststoffen.

Wie können die wertvollen Metalle aus dem Elektronikschrott zurückgewonnen werden?
Wie können die anderen Stoffe aus dem Elektronikschrott umweltverträglich entsorgt werden?

1.1.1 Körper – Stoffe – Reaktionen

Alle Gegenstände unserer Umwelt, mit denen sich die Naturwissenschaften beschäftigen, bezeichnet man als **Körper.** Manchmal bringt man das auch gleich in der Bezeichnung zum Ausdruck: Himmelskörper, Raumflugkörper, Heizkörper oder Schwimmkörper. Der menschliche Körper wird ebenfalls von den Naturwissenschaften untersucht und ist somit ein Körper.
Auch der Begriff **Stoff** begegnet uns im Alltag häufig: Kleiderstoff, Werkstoff, Rohstoff, Schadstoff, Schaumstoff, Klebstoff, Dämmstoff, Baustoff, Duftstoff, Farbstoff usw. sind Bezeichnungen für Stoffe.
Doch nicht nur Materialien, deren Namen bereits das Wort „Stoff" enthalten, werden in den Naturwissenschaften als Stoffe bezeichnet.

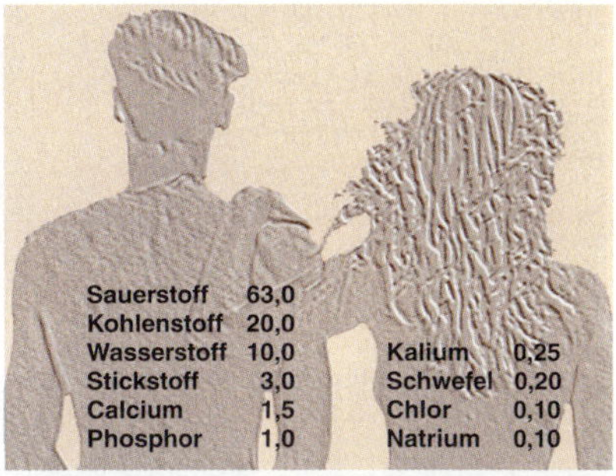

2 **Auch der menschliche Körper besteht nicht aus einem einzigen Stoff (Anteile der Elemente in Prozent).**

Alle Materialien, aus denen Körper bestehen, sind Stoffe.

Wir sind ständig von sichtbaren und unsichtbaren Stoffen umgeben (Abb. 1). Sogar wir selbst bilden einen komplizierten Körper (Abb. 2), der aus einer Vielzahl von Stoffen besteht.

3 **Diese verschiedenen Stoffe besitzen als gemeinsames Merkmal die rote Farbe. Ihre weiteren Eigenschaften sind sehr unterschiedlich.**

Für die **Einteilung der Stoffe** gibt es viele Möglichkeiten. Man kann Stoffe einteilen u. a. nach:
- ihren Eigenschaften, z. B. dem Aggregatzustand (gasförmig, flüssig, fest), der Dichte, der Farbe (Abb. 3), der Löslichkeit, der Härte, der Brennbarkeit, der Leitfähigkeit für elektrischen Strom oder für Wärme usw.,
- ihrer Verwendung, z. B. als Kleiderstoffe (Abb. 4), als Farbstoffe, als Klebstoffe, als Lösungsmittel, als Konservierungsmittel, als Arzneimittel, als Reinigungsmittel usw.,
- ihrer Entstehung, z. B. als Naturstoffe (Abb. 1, S. 12) bzw. als Kunststoffe, oder
- ihrer Wirkung auf den Menschen, z. B. in Duftstoffe, Giftstoffe (Abb. 2, S. 12), Arzneimittel usw.

1 **In allen Landschaften, nicht nur an der Küste der Insel Rügen, gibt es sehr unterschiedliche Stoffe. Hinter Begriffen wie Luft oder Gestein verbergen sich Stoffgemische unterschiedlichster Zusammensetzung. So besteht die Luft u. a. aus Stickstoff und Sauerstoff.**

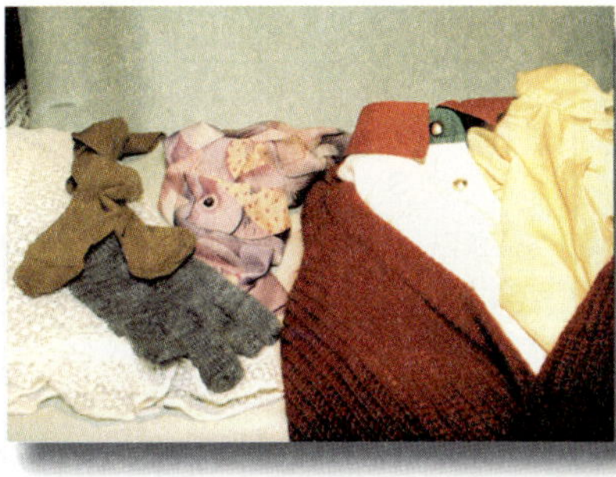

4 **Kleiderstoffe können aus unterschiedlichsten Ausgangsmaterialien hergestellt werden, z. B. aus Wolle oder Chemiefasern.**

1 Diese verschiedenen Stoffe, unter ihnen Schafwolle, Holz, Erz, Steinsalz und Baumwolle, entstanden in der Natur. Sie sind Naturstoffe.

2 Bei Bränden können sich Stoffe bilden, die eine giftige Wirkung auf den Menschen haben.

Naturwissenschaftler, insbesondere die Chemiker, untersuchen die verschiedensten Stoffe und versuchen ebenfalls, diese zu klassifizieren. Dabei teilen sie die Stoffe nach den kleinsten Teilchen ein, aus denen sie bestehen.

Chemisch reine Stoffe sind stets aus den *gleichen* kleinsten Teilchen aufgebaut. *Unterschiedliche* Stoffe sind aus *unterschiedlichen* Teilchen aufgebaut.

3 Goldatome sind unter einem Elektronenmikroskop sichtbar.

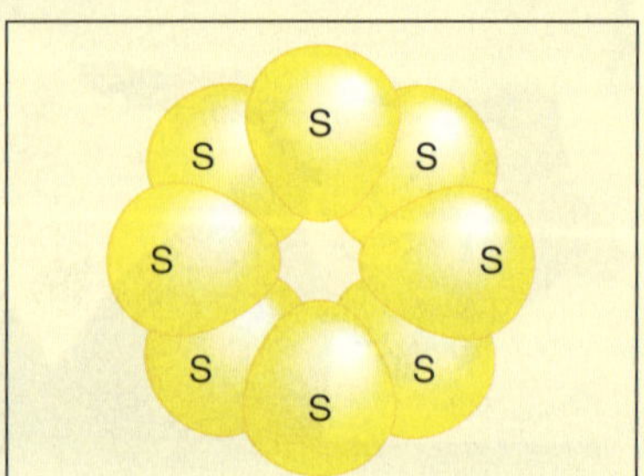

4 Schwefelmoleküle sind aus je acht Schwefelatomen aufgebaut.

Die kleinsten Teilchen der Stoffe

Alle Stoffe bestehen aus kleinsten Teilchen. Zwischen den Teilchen wirken Kräfte, die das Form- und Volumenverhalten, die Härte, die Elastizität und andere Eigenschaften der Stoffe bestimmen. Außerdem befinden sich die Teilchen der Stoffe in ständiger Bewegung.

Teilchen, aus denen die Stoffe aufgebaut sind, können Atome, Moleküle oder Ionen sein. Stoffe, die aus **Atomen** nur eines chemischen Elements aufgebaut sind, nennt man Elemente oder **Elementsubstanzen.** Schwefel besteht z. B. nur aus Schwefelatomen, Gold nur aus Goldatomen (Abb. 3).

Moleküle sind Teilchen von Stoffen, die aus mindestens zwei Atomen bestehen. Diese Moleküle können aus Atomen eines Elements gebildet werden, wie Schwefelmoleküle (Abb. 4) und Wasserstoffmoleküle (Abb. 2, S. 13). Sie können auch aus Atomen verschiedener Elemente gebildet werden, wie Wassermoleküle (Abb. 3, S. 13). Stoffe, die aus Molekülen aufgebaut sind, nennt man auch **Molekülsubstanzen.** Atome und Moleküle sind Teilchen, die nach außen elektrisch neutral sind. **Ionen** sind elektrisch positiv oder negativ geladene Teilchen. Bei ihnen ist die Anzahl der Elektronen in der Atomhülle größer oder kleiner als die Anzahl der Protonen im Atomkern. Die Anzahl positiver Ladungen im Atomkern unterscheidet sich also von der Anzahl negativer Ladungen in der Atomhülle.

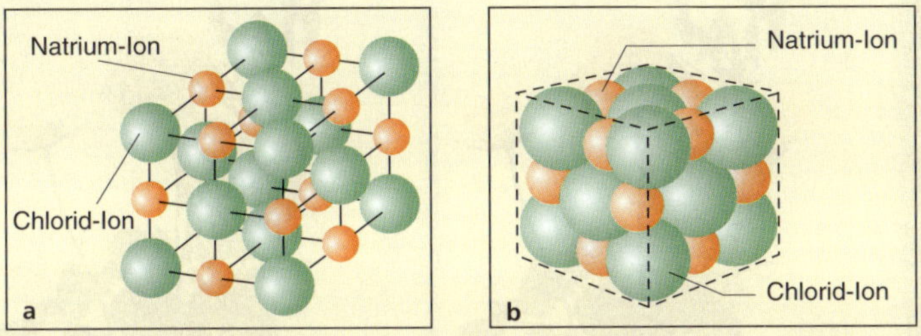

1 **Natriumchlorid ist aus Natrium-Ionen (Na^+) und Chlorid-Ionen (Cl^-) aufgebaut. Das Gittermodell (a) zeigt die Stellung der Ionen zueinander deutlich. Im Packungsmodell (b) sind die betreffenden Abstände zwischen den Ionen berücksichtigt.**

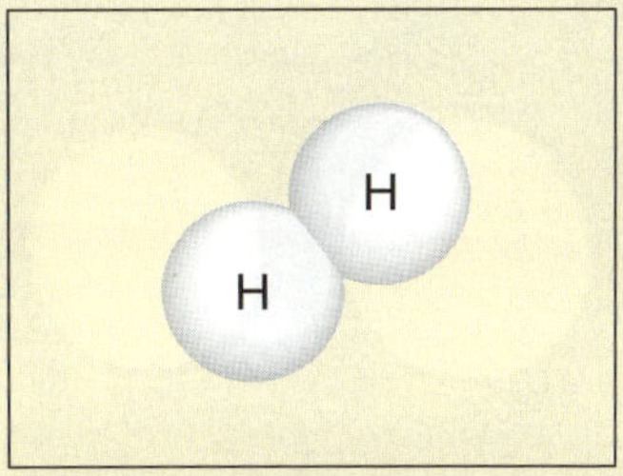

2 **Wasserstoffmoleküle sind aus je zwei Wasserstoffatomen aufgebaut. Sie sind frei beweglich und bilden daher ein Gas.**

Stoffe, die aus Ionen verschiedener Elemente oder aus zusammengesetzten Ionen aufgebaut sind, nennt man **Ionensubstanzen.** Salze, wie Natriumchlorid (Abb. 1), sind aus Ionen aufgebaut.

Atome sind die kleinsten Bausteine der Stoffe, da letztlich auch Moleküle und Ionen aus Atomen entstehen. Durch chemische Vorgänge können Atome nicht weiter zerlegt werden. Jedoch bestehen auch Atome aus noch kleineren Bausteinen, z. B. aus Elektronen in der Atomhülle und Protonen sowie Neutronen im Atomkern (Abb. 4). Diese Bausteine bezeichnet man als **Elementarteilchen,** von denen man bis heute etwa 200 weitere entdeckt hat. Aber auch die Elementarteilchen bestehen aus noch kleineren Baueinheiten, den Quarks.

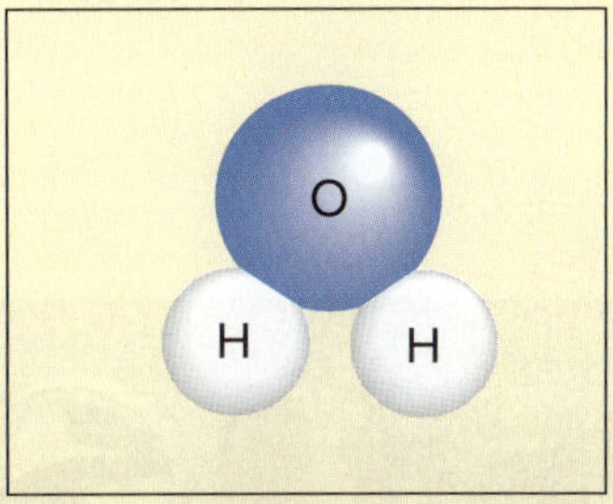

3 **Wassermoleküle sind aus je einem Sauerstoffatom und zwei Wasserstoffatomen aufgebaut.**

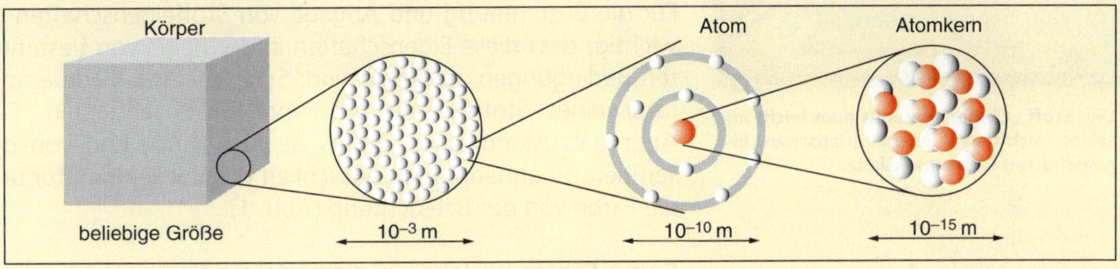

4 **Auch die kleinsten Bausteine der Stoffe – die Elementarteilchen – bestehen aus noch kleineren Baueinheiten, den Quarks.**

Die Eigenschaften eines Stoffes sind durch seinen Aufbau, d. h. durch die Art seiner Teilchen und der chemischen Verbindungen zwischen ihnen, bestimmt. In manchen Eigenschaften stimmen verschiedene Stoffe überein, in anderen Eigenschaften unterscheiden sie sich (Abb. 5).

> Jeder Stoff hat eine für ihn charakteristische Kombination von Eigenschaften.

Verschiedene Stoffe unterscheiden sich mindestens in einer Eigenschaft. Manchmal erkennt man Stoffe bereits an einer Eigenschaft, z. B. Geruch, Geschmack oder Farbe, sehr genau (Abb. 2 und 3, S. 14). Man nennt solche Eigenschaften auch charakteristische oder spezifische Eigenschaften.

5 **Diese Stoffe besitzen alle den festen Aggregatzustand. Sie unterscheiden sich jedoch in ihren anderen Eigenschaften.**

2 Zucker und Salz erkennt man an ihrer charakteristischen Eigenschaft Geschmack sehr genau. Vom Aussehen her kann man sie leicht miteinander verwechseln.

1 Die Farbe von Gegenständen ist abhängig von der Farbe des einfallenden Lichtes. Beim Kauf von langlebigen Gegenständen, z. B. von Bekleidungsgegenständen, sollte man die Farbe bei Tageslicht prüfen, damit man nicht nachträglich eine unangenehme Überraschung erlebt.

Die Verwendung von Stoffen durch den Menschen richtet sich in erster Linie nach ihren Eigenschaften. Es spielen jedoch auch Fragen der Verfügbarkeit (Vorkommen, Transportaufwand) und des Preises eine Rolle.

Für den Einsatz von Baustoffen sind z. B. solche Eigenschaften von Bedeutung, wie Dichte, Härte, Wärmeleitfähigkeit (Abb. 4), Löslichkeit in Wasser und anderen Flüssigkeiten, Leitfähigkeit von elektrischem Strom .

Für die Bestimmung und Angabe von Stoffeigenschaften ist wichtig, dass diese Eigenschaften in der Regel von bestimmten Bedingungen abhängig sind. Schmelz- und Siedetemperatur eines Stoffes sind u. a. vom Druck abhängig. Der Aggregatzustand eines Stoffes ist vom Druck und von der Temperatur abhängig, die Löslichkeit von der Temperatur und die Farbe von der Beleuchtung (Abb. 1).

3 Den Stoff „Chrom" erkennt man leicht an seinen sichtbaren charakteristischen Eigenschaften Farbe und Glanz.

Reine Stoffe bestehen nur aus gleichartigen Teilchen eines Stoffes. So besteht destilliertes Wasser nur aus Wassermolekülen. Reine Stoffe sind in der Natur jedoch kaum anzutreffen. Die meisten Stoffe sind mit anderen reinen Stoffen vermischt. Sie liegen als **Stoffgemisch** vor (Abb. 1, S. 15). Das Wasser im Meer oder in einem See enthält nicht nur Wassermoleküle, sondern stellt ein Gemisch mit vielen weiteren Stoffen dar. Ein Stoffgemisch ist auch klar aussehendes Mineralwasser (Abb. 2, S. 15).

4 Die Eigenschaften der Stoffe entscheiden über ihre Verwendung. So werden zur Wärmedämmung Stoffe eingesetzt, die ein schlechtes Wärmeleitvermögen besitzen und dadurch den Wärmeaustausch zwischen einem Gebäude und seiner Umgebung stark einschränken.

Stoffgemische bestehen aus Teilchen mehrerer reiner Stoffe.

Da sich die Teilchen beim Mischen von Stoffen nicht verändern, bleiben auch die Eigenschaften der ursprünglichen einzelnen reinen Stoffe im Gemisch erhalten. Es hat beim Mischen nur ein physikalischer Vorgang stattgefunden, so beim Mischen von Sand und Wasser (Abb. 3, S. 15).

Stoffgemisch	Bestandteile
Luft	Stickstoff (78,08 %) Sauerstoff (20,95 %) Argon, Neon, Kohlenstoffdioxid
Milch	Wasser (87,00 %) Eiweiße (3,30 %) Fette (3,70 %) Kohlenhydrate (4,80 %) Mineralstoffe
Holz	Cellulose Lignin Polyose Wasser (%-Anteile abhängig von der Holzart und der Lagerzeit)
	in Spuren: Harze, Wachse, Fette, Zucker, Eiweiße, Farbstoffe
Erze	Metalle oder Metallverbindungen Gangart (Quarz, Carbonate u. a.)

1 Die einzelnen natürlich vorkommenden Stoffgemische können sowohl aus unterschiedlichen Stoffen als auch aus unterschiedlichen Anteilen dieser Stoffe zusammengesetzt sein.

2 Das Etikett zeigt an, dass selbst Mineralwasser ein Stoffgemisch aus verschiedensten Stoffen ist.

3 Durch das Mischen von Sand und Wasser entstehen keine neuen Stoffe mit bleibenden neuen Eigenschaften. Nach dem Trocknen liegt wieder der ursprüngliche Sand vor.

4 Beim Mischen von Sand, Zement und Wasser und durch das Trocknen findet eine chemische Reaktion statt. Es entsteht der neue Stoff Beton, der sehr hart und fest ist.

> Zum Trennen von Stoffgemischen werden spezifische Eigenschaften der reinen Stoffe genutzt.

Verfahren zur Stofftrennung sind z. B. Eindunsten, Eindampfen, Destillieren, Filtrieren, Sieben, Extrahieren, Magnetscheiden, Chromatografieren.

In Natur und Technik gibt es aber auch viele Vorgänge, bei denen durch Berührung verschiedener Stoffe bzw. durch das Zuführen von Wärme oder Licht neue Stoffe mit bleibenden neuen Eigenschaften entstehen. Durch das Mischen von Sand, Zement und Wasser und das anschließende Trocknen entsteht der neue Stoff Beton mit neuen Eigenschaften (Abb. 4). Solche Vorgänge sind **chemische Reaktionen.**

> Eine chemische Reaktion ist ein Vorgang, bei dem aus Ausgangsstoffen neue Stoffe mit bleibenden neuen Eigenschaften entstehen. Solche neuen Stoffe stellen Reaktionsprodukte dar.

Bei chemischen Reaktionen entstehen durch *Umordnung* bzw. *Umgruppierung* der Teilchen neue Stoffe mit *neuen* Teilchen und damit auch mit neuen Eigenschaften. Beim Verbrennen von Kohlenstoff, wie er z. B. in Holz, Kohle, Erdöl oder Erdgas vorkommt, entsteht als Ergebnis einer chemischen Reaktion das Gas Kohlenstoffdioxid (Abb. 1, S. 16). Diese chemische Reaktion ist eine Oxidation, da sich der Kohlenstoff mit Sauerstoff verbindet.

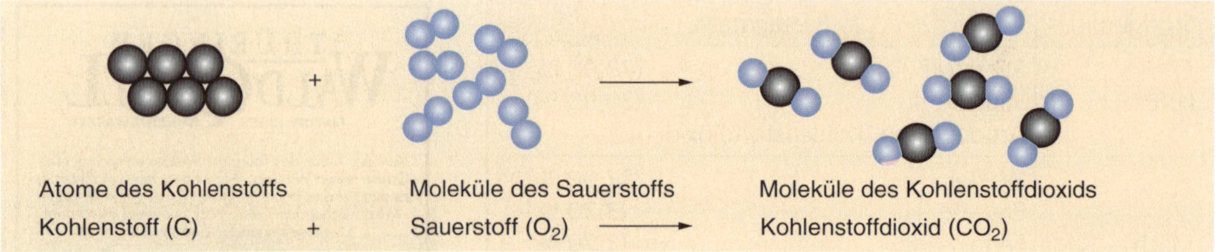

1 Kohlenstoffdioxid bildet sich durch Oxidation von Kohlenstoff.

2 Beim Verbrennen von Kohle verbindet sich der Kohlenstoff in der Kohle mit dem Sauerstoff der Luft zu Kohlenstoffdioxid. Der Rest, die Asche, stammt von Verunreinigungen der Kohle. Bei dieser chemischen Reaktion wird die chemische Energie der Ausgangsstoffe in thermische Energie und Lichtenergie umgewandelt und abgegeben.

Bei vielen anderen Vorgängen in der Natur, wie bei der Verdauung, Atmung, Fotosynthese, Fäulnis und Gärung, laufen chemische Reaktionen ab. Diese Reaktionen sind häufig die Grundlage für Stoffkreisläufe in der Natur (s. S. 29).

Da alle Stoffe unserer Umwelt Energie in Form chemischer Energie gespeichert haben, sind chemische Reaktionen immer mit Energieumwandlungen verbunden.

Chemische Reaktionen sind immer mit Energieumwandlungen verbunden. Bei endothermen Reaktionen muss stets Energie in Form von Wärme zugeführt werden. Exotherme Reaktionen setzen Energie in Form von Wärme frei.

Das Verbrennen von Kohle ist eine exotherme chemische Reaktion (Abb. 2), bei der Wärme abgegeben wird.
Bevor Stoffe in eine chemische Reaktion eintreten können, müssen sie durch Energiezufuhr „aktiviert" werden. Diese Aktivierungsenergie kann z. B. in Form von thermischer Energie, Lichtenergie oder mechanischer Energie zugeführt werden. Zum Entzünden von Kohle muss Aktivierungsenergie durch thermische Energie zugeführt werden.

Woher kommen die Stoffe?

Die Entstehung der Stoffe, die wir kennen, kann nur im Zusammenhang mit der Entstehung des Universums, der Sterne, unseres Sonnensystems und der Erde betrachtet werden.

Für die Entstehung des Universums gibt es mehrere Theorien. Sie beruhen im Wesentlichen auf Beobachtungen des uns zugänglichen Teiles des Universums und Erkenntnissen aus der Elementarteilchen- und Astrophysik. Die meisten Befürworter hat das sogenannte „Standardmodell“. Es geht davon aus, dass die Entwicklung unseres heutigen Universums vor etwa 12 bis 20 Milliarden Jahren durch den sogenannten „Urknall“ oder „Big Bang“ ausgelöst wurde, wodurch sich die extrem heiße und dichte Urmaterie ausdehnte und abkühlte. Gestützt wird diese Theorie durch die Beobachtung, dass sich die Galaxien mit zunehmender Geschwindigkeit voneinander wegbewegen (Ausdehnung des Universums). Ausgehend von der Geschwindigkeit, mit der diese Ausdehnung gegenwärtig erfolgt, kann man zurückrechnen, wann sie begann und welche Bedingungen zu dieser Zeit vorgelegen haben müssen.

Die Physik ist heute in der Lage, Zustände zu beschreiben, die innerhalb der ersten Sekunden der Existenz unseres Universums vorgeherrscht haben könnten. Während die Ausdehnung des Weltalls mit der Erniedrigung von Dichte, Druck und Temperatur verbunden ist, muss im umgekehrten Fall, zu Beginn der Existenz unseres Universums, die Masse des Weltalls auf kleinstem Raum zusammengedrängt gewesen sein. Also Dichte, Temperatur und Druck waren unvorstellbar groß. Unter diesen Bedingungen bildete die gesamte Materie des Universums eine einheitliche Masse, in der sich unterschiedlich schwere Elementarteilchen, Antiteilchen und Energie ständig ineinander umwandelten. Für die Existenz von Atomen, bestehend aus Kern und Hülle, war es viel zu heiß.

Etwa drei bis vier Minuten nach dem Urknall war die Temperatur auf rund eine Milliarde Kelvin abgesunken. Unter dieser Bedingung konnten sich Protonen (Wasserstoffkerne) und Neutronen zu Heliumkernen zusammenschließen. Innerhalb einer halben Stunde entstand so die Masse an Wasserstoff- und Heliumkernen, die auch heute noch etwa so im Universum vorhanden ist. Nach 500 000 bis 700 000 Jahren war dann das Weltall so weit abgekühlt (auf 3 000 K), dass sich stabile Wasserstoff- und Heliumatome bilden konnten (Abb. 1 und 2).

Elemente, die schwerer sind als Helium, bildeten sich erst nach der Entstehung der Sterne. Das Alter der ältesten Sterne unserer Galaxie wird auf 8 bis 15 Milliarden Jahre geschätzt. Dabei entstanden Kerne von Elementen bis zur Massenzahl 56, die für Eisen steht (Abb. 4). Für die Bildung schwererer Elemente reichte die Energie in den Sternen nicht aus. Sie konnten erst infolge riesiger Sternexplosionen (Supernova-Explosionen) entstehen (Abb. 3).

Wann und wo sich die Elemente zu Verbindungen zusammenschlossen, ist im Einzelnen nicht nachvollziehbar. Viele Verbindungen können sich nur bei bestimmten Temperaturen gebildet haben, die im Verlauf der Abkühlung des Universums oder der Entstehung von Planeten auftraten (Abb. 1, S. 18).

1 Im Orionnebel – dem auffälligsten Wasserstoff-Ionen-Gebiet am Himmel – entstehen noch neue Sterne.

3 Der Krebsnebel ist ein Überrest einer Supernova-Explosion im Jahr 1054.

Anzahl von 10^6 Atomen je 1 m^3 Volumen auf die häufigsten Elemente im Weltall

Element	Anzahl	Element	Anzahl
Wasserstoff	840 000	Magnesium	40
Helium	158 000	Silicium	37
Sauerstoff	678	Schwefel	10
Neon	642	Nickel	8
Stickstoff	194	Aluminium	4
Kohlenstoff	136	Natrium	2
Eisen	64	Calcium	1

2 Häufigkeitsverteilung der Elemente im Weltall

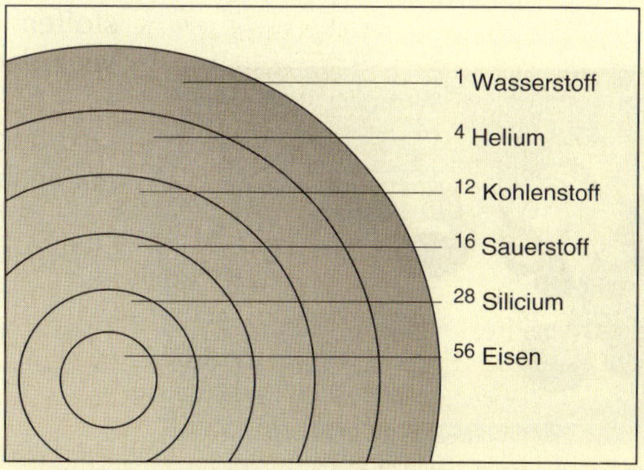

4 Sterne sind schalenförmig aufgebaut.

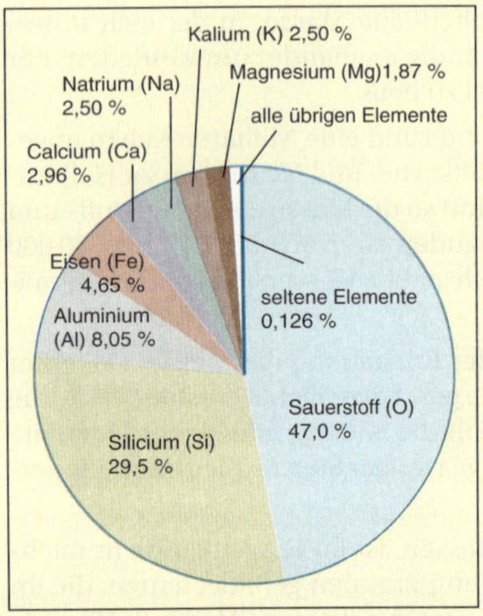

2 Der Anteil der Elemente an der Masse der Erdkruste ist sehr unterschiedlich.

Art der Verbindungen	Beispiele	Entstehungs-temperaturen
Metalloxide	Calciumoxid, Aluminiumoxid	1 900 bis 1 600 K
gesteinsbildende Minerale	Silikate	1 600 bis 700 K
leicht flüchtige Substanzen	Wasser, Kohlenstoffdioxid, Ammoniak	unter 700 K

1 Die Bildung chemischer Verbindungen war an bestimmte Temperaturen gebunden.

Eine Besonderheit unseres Planeten Erde war die Entstehung seiner Sauerstoffatmosphäre. Diese ist eine Voraussetzung für die Atmung höherer Organismen an Land. Die Entstehung der Atmosphäre lässt sich aber wiederum nur im Zusammenhang mit der Entwicklung des Lebens auf der Erde erklären. Anders als im Weltall insgesamt ist auf der Erde auch die Häufigkeitsverteilung der chemischen Elemente (Abb. 2).

3 Diese Faserstoffe könnte man sehr schnell als Naturstoffe einordnen. Aber sind sie ohne Zutun des Menschen entstanden?

1.1.2 Natürliche und „künstliche" Stoffe

Wenn wir uns zu Hause oder in unserem Klassenraum umschauen, gibt es kaum noch Gegenstände, die nicht vom Menschen geschaffen wurden. Auch die Materialien, aus denen die Gegenstände bestehen, sind selten **natürliche Stoffe** (Abb. 3). Sie wurden zumeist durch menschlichen Einfluss hergestellt, gegenüber ihrer natürlichen Form verarbeitet, veredelt, gesäubert, konserviert oder in irgendeiner anderen Weise entsprechend ihres Verwendungszweckes verändert. Dem Menschen ist es aber auch gelungen, **„künstliche" Stoffe** herzustellen. Das sind Stoffe, die in der Natur gar nicht existieren.

Natürliche und „künstliche" Stoffe umgeben uns ständig (Abb. 4). So kleiden wir uns mit Baumwoll- oder mit Viskosestoffen und nehmen Nahrung auf, die mit Zusatzstoffen verändert wurde.

4 Auch am Küchentisch ist es gar nicht so einfach, zwischen natürlichen und „künstlichen" Stoffen zu unterscheiden.

Und doch: Auch alle Stoffe, die der Mensch geschaffen hat, haben ihren Ursprung in der Natur.

> Natürliche Stoffe sind Stoffe, die in der belebten und unbelebten Natur vorkommen und die ohne das Zutun des Menschen existieren. „Künstliche" Stoffe stellt der Mensch aus natürlichen Stoffen her.

Die Entdeckung bzw. Erfindung „künstlicher" Stoffe ist nicht erst das Ergebnis der Neuzeit oder des sogenannten Industriezeitalters. Sie geht weit in die Geschichte zurück.

Natürliche und „künstliche" Stoffe in der Menschheitsgeschichte

Am Beginn der Menschwerdung suchten sich unsere historischen Vorfahren die Gegenstände, die sie brauchten, in ihrer unmittelbaren Umgebung. Sie wurden nur in geringem Maße verändert. Von Anfang an achtete der Mensch darauf, dass sowohl die Form als auch die Materialien, aus denen diese Gegenstände bestanden, für den gewünschten Zweck geeignet waren. In einem nächsten Entwicklungsschritt begann er die Dinge, die er in der Natur fand, mechanisch zu bearbeiten. In diesem Zusammenhang entstand auch als erstes Werkzeug der Faustkeil (Abb. 1).

Die folgenreichste Errungenschaft, die den Menschen in seiner Entwicklung beflügelte, war die Beherrschung des Feuers. Es bot ihm Schutz vor Kälte, Dunkelheit und wilden Tieren. Und es ermöglichte ihm, eine erste, vom menschlichen Willen ausgelöste Stoffumwandlung durchzuführen: das Garen von Fleisch.

Anfänglich musste das Feuer bewacht und gehütet werden, denn man konnte es noch nicht entfachen. Diese Notwendigkeit war eine wesentliche Ursache für den Übergang zur Sesshaftigkeit des Menschen. Dieser Einschnitt in die Lebensweise führte zu neuen Fortschritten: Der Mensch begann Ackerbau und Viehzucht zu treiben. Damit verbunden war eine „Explosion" seiner Bedürfnisse: Er benötigte Unterkünfte für sich und das Vieh, verschiedenste Arbeitsmittel (z. B. zur Bearbeitung des Bodens, zur Herstellung von Kleidung), Gefäße zur Aufbewahrung von Vorräten, Waffen und vieles mehr. Die Produkte der Natur genügten den menschlichen Ansprüchen nicht mehr. Genaues Beobachten natürlicher Vorgänge und das Erkennen von einfachen Zusammenhängen führten dazu, dass Produkte der Natur vom Menschen verändert wurden. Dazu gehörte auch das Verändern von natürlich vorkommenden Stoffen.

Wieder war es das Feuer, das den Menschen in die Lage versetzte, seine Lebensqualität zu verbessern: Er entdeckte, dass man aus Lehm und Ton Gefäße (Abb. 2) und Ziegel (Abb. 3) brennen konnte. Eine Revolution im Bau von Unterkünften und in der Aufbewahrung und Zubereitung von Nahrungsmitteln folgte. Standen bisher nur Gefäße aus Holz, Tiermägen, Knochen oder Stein zur Verfügung, konnte man nun in feuerfesten Gefäßen kochen, braten, Fett auffangen, Salz sieden und vieles andere mehr.

Nachdem der Mensch die Bedeutung des Feuers für sein Leben erkannt hatte, lernte er auch, es selbst zu entfachen und zu schüren. So blieb es nicht aus, dass er weitere Entdeckungen machte: Im Feuer wurde eine bestimmte, spröde Art von Erde flüssig und konnte in ihre Bestandteile getrennt werden. Ein Bestandteil erreichte nach dem Abkühlen erstaunliche Eigenschaften – die Metalle waren gefunden!

Die ersten Metalle, die durch das Schmelzen im Feuer gewonnen wurden, waren vermutlich Silber- und Goldlegierungen,

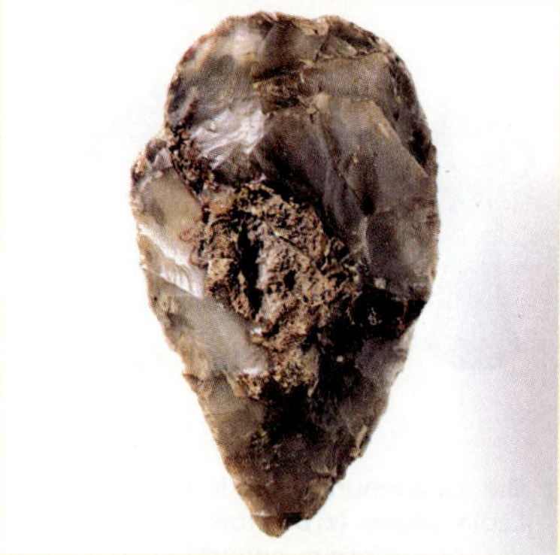

1 Der Faustkeil war das erste Werkzeug des Menschen. Er war universell einsetzbar. Mit ihm konnten unsere Vorfahren z. B. schlagen, kratzen, schaben oder bohren.

2 Diese drei Gefäße aus der frühbronzezeitlichen Aunjetitzer Kultur (2 200 bis 1 600 v. u. Z.) wurden bei Großbrembach (Kreis Sömmerda) in Thüringen gefunden.

3 Form, Farben und Glasur der Ziegel aus Bauwerken Babylons (Fabelwesen im Ischtar-Tor, um 580 v. u. Z.) weisen bereits auf einen hohen Grad des Beherrschens der Brenntechnik in diesem Stadtstaat in Mesopotamien hin.

1 Die Gewinnung von Kupfer und von Legierungen (z. B. Bronze) ermöglichte die Anfertigung neuartiger Produkte, wie dieses Tüllenbeils und der Knopfsichel aus dem Unstrut-Hainich-Kreis.

2 Eisen ersetzte durch seine Härte und die vielseitigen Verarbeitungsmöglichkeiten viele Produkte aus Stein und Bronze. Die Sense, das Tüllenbeil und die Pflugschar (Fund aus Thüringen) sind geschmiedet.

3 FRIEDRICH WÖHLER (1800–1882) synthetisierte im Jahre 1828 im Labor den natürlichen organischen Harnstoff „künstlich" aus anorganischen Stoffen.

die sich nur für die Schmuck- und Gefäßherstellung, nicht aber für die Werkzeugproduktion eigneten. Doch je höher die Temperaturen wurden, die man erzeugen konnte, desto härtere Metalle und Legierungen konnte man gewinnen. Besonders die Herstellung der Metalle Kupfer, Zinn und Eisen revolutionierte das Leben der Menschen. Ihre Bedeutung zeigt sich schon daran, dass ganze Zeitalter nach ihnen benannt wurden: die Bronzezeit (ca. 1900 – 650 v. u. Z., Abb. 1) und die Eisenzeit (ab 1. Jt. v. u. Z., Abb. 2).

Im Verlaufe ihrer Geschichte sammelten die Menschen die vielfältigsten Erfahrungen über den Umgang mit Stoffen. Durch anfängliche zufällige Beobachtungen und späteres gezieltes Probieren lernten sie spezifische Eigenschaften und Wirkungen von Stoffen kennen und nutzen.

Sie entwickelten Verfahren, mit denen Stoffe aus dem Pflanzen-, Tier- oder Mineralreich gewonnen und entsprechend ihrer Bedürfnisse verändert werden konnten.

Bis zum Beginn unserer Zeitrechnung verfügten die Menschen bereits über Kenntnisse, um u. a. Papier, Glas, Seife, Klebstoff und Kalkmörtel herzustellen. Sie verstanden es, Seide, Baumwolle und Flachs zu Kleidung zu verarbeiten und mit Farbstoffen zu färben, die sie aus Pflanzen, Tieren oder Mineralien gewannen. Aber auch das Bierbrauen, die Herstellung von Wein und Essig, Quark und Käse sowie die Wirkung verschiedenster Gifte waren bekannt.

Während der industriellen Revolution trat das gezielte Experimentieren immer mehr in den Mittelpunkt. Dadurch konnten deutliche Fortschritte im Erkennen des Aufbaus der Stoffe erreicht werden. Dies wiederum war die Voraussetzung, um in der Natur vorkommende Stoffe auch „künstlich", synthetisch herzustellen. Die Entwicklung synthetischer Farbstoffe, die Gewinnung von Soda sowie die synthetische Produktion von Düngemitteln sind nur einige Beispiele dafür. Hervorzuheben ist die 1928 durch FRIEDRICH WÖHLER (Abb. 3) vollzogene Synthese des Harnstoffes. Ihm war erstmals das gelungen, was in der Natur Pflanzen vollziehen, einen organischen Stoff aus anorganischen Stoffen herzustellen.

Je umfangreicher die Kenntnisse über den Aufbau und die chemischen Reaktionen der Stoffe wurden, umso weitreichender griff der Mensch in die Welt der Stoffe ein. Dank neuer Methoden konnten auch geheimnisvollste Strukturen natürlicher Stoffe entschlüsselt und diese „nachgebaut" werden. Darüber hinaus erschlossen Chemiker, Biochemiker, Physiker, Pharmazeuten und Techniker in atemberaubendem Tempo immer neue Möglichkeiten, gezielt neue Stoffe für bestimmte Verwendungszwecke zu entwickeln. Kein Industriezweig blieb ausgeschlossen. Ob für die Lebensmittelindustrie, das Bauwesen, den Verkehr, die Computerindustrie oder die Datenfernübertragung – der Bedarf an Stoffen mit ganz speziellen, genau bestimmten Eigenschaften war und ist enorm. Dies stellt eine große Herausforderung an die Naturwissenschaft und die Technik dar, die solche Stoffe entwickeln und produzieren müssen.

Es gibt sehr verschiedene Möglichkeiten, natürlich vorkommende Stoffe zu verändern:

- Die Eigenschaften von Stoffen werden ohne Stoffumwandlung, z. B. durch Zerkleinern (Abb. 1), Erwärmen oder Abkühlen, verändert.
- Es werden (reine) Stoffe durch Trennung natürlich vorkommender Stoffgemische gewonnen, z. B. von Pottasche aus Pflanzenasche, von Metallen aus Erzen, von Salzen aus einer Salzsole.
- Verschiedene Stoffe werden zu neuen Stoffgemischen kombiniert, ohne dass chemische Reaktionen zwischen ihnen stattfinden, wie bei der Mischung von Tees oder Arzneimitteln, bei der Veredelung natürlicher Fasern durch gemeinsame Verarbeitung mit künstlichen (z. B. kann Baumwolle mit Elastan verarbeitet werden) oder bei der Herstellung von Metalllegierungen.
- Die natürliche Produktion von Stoffen wird beeinflusst, z. B. in der Pflanzen- und Tierzucht, bei der Düngung oder bei der Anwendung der Gentechnik.
- Es werden Stoffe, die in der Natur selten oder/und in zu geringer Reinheit vorkommen, mittels chemischer Reaktionen hergestellt, z. B. Gase, Säuren, Salze und **naturidentische Stoffe,** wie Citronensäure, Vitamine oder Enzyme.
- In der Natur nicht vorkommende Stoffe, z. B. Quark, Käse, Papier, Seife, Glas, Porzellan, Beton oder Plastik, werden hergestellt (Abb. 2).

1 Durch das Zerkleinern des Steinsalzkristalls verändern sich nicht nur die Korngrößen dieses Stoffes, sondern auch die Farbe und die Löslichkeit.

natürliche Ausgangsstoffe	„künstliche" Stoffe
Milch	Käse, Quark
Quarzsand, Kalkstein, Feldspat u. a.	Glas
Sand, Kalkstein, Ton u. a.	Beton
tierische oder pflanzliche Fette; Soda	Seife
z. B. Erdöl	Kunststoffe

2 Bereits die wenigen Beispiele zeigen, dass die Menschen ohne „künstlich" geschaffene Stoffe nicht auskommen können.

In den Naturwissenschaften unterscheidet man jedoch nicht nur natürliche von „künstlichen" Stoffen, sondern häufig auch zwischen **organischen** und **anorganischen** Stoffen. Diese Stoffe können sowohl natürliche als auch „künstliche" sein.

Organische Stoffe sollten nach einer älteren Auffassung solche Stoffe sein, die *ausschließlich* durch Lebewesen, Organismen, produziert werden könnten. Für die Erzeugung solcher Stoffe (Abb. 3) sollte eine geheimnisvolle Lebenskraft (vis vitalis) erforderlich sein. Ihre künstliche Herstellung in Laboratorien oder der Industrie sollte daher unmöglich sein. Diese Vorstellung hielt sich sehr lange.

1828 gelang es jedoch FRIEDRICH WÖHLER bei Experimenten, den organischen Harnstoff aus anorganischen Stoffen herzustellen. Durch diese Experimente wurde deutlich, dass es eigentlich keine strenge Grenze zwischen organischen und anorganischen Stoffen gibt und organische Stoffe „künstlich" herstellbar sind. Damit wurden lange geltende Lehrsätze über die absolute Trennung dieser Stoffe widerlegt.

3 Die in Lebensmitteln enthaltenen Kohlenhydrate, Fette und Eiweiße sind natürliche organische Stoffe. Sie werden von Lebewesen gebildet.

Das „Rückgrat" aller organischen Stoffe ist das Element Kohlenstoff. Es kommt jedoch auch in anorganischen Stoffen vor.

1 **Holz ist weltweit verbreitet und wird den verschiedensten Verwendungen zugeführt. Es ist ein natürlicher organischer Stoff.**

Organische Stoffe sind alle Verbindungen, die das Element Kohlenstoff in ihren Molekülen enthalten. *Nicht* dazu gehören jedoch die Oxide des Kohlenstoffs, die Kohlensäure und die Salze der Kohlensäure, die Carbonate.

Die Gruppe der organischen Stoffe ist sehr vielfältig (Abb. 1). Gegenwärtig sind etwa 14 Millionen organischer Verbindungen bekannt und ständig werden weitere entdeckt und nachgebaut (Abb. 4). Unter ihnen befindet sich eine Vielzahl von organischen Stoffen, die in der Natur nicht existieren, die vom Menschen „künstlich" hergestellt werden. Sie sind aus unserem Leben oft gar nicht mehr wegzudenken, wie Arzneimittel, Farbstoffe, Textilfasern, Plaste u. a. (Abb. 2).

Alle nicht organischen Stoffe werden als **anorganische Stoffe** bezeichnet.

2 **Gegenstände aus Plaste werden im Alltag wie beim Bauen vielfältig verwendet. Sie werden aus organischen Stoffen des Erdöls, der Kohle oder des Erdgases hergestellt und sind doch „künstliche" organische Stoffe.**

Auffallend ist, dass im Gegensatz zu den organischen Stoffen nur einige hunderttausend anorganische Stoffe bekannt sind (Abb. 5). Obwohl anorganische Stoffe vorwiegend in der nicht lebenden Natur vorkommen (Abb. 3), sind auch sie für die Existenz der Lebewesen notwendig (s. S. 23).

Stoff	Strukturformel
Ethanol	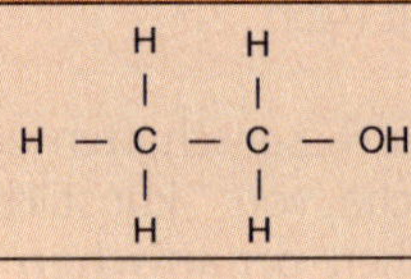
Essigsäure	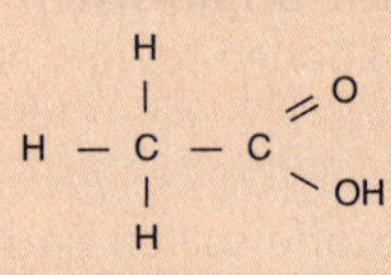
Traubenzucker (Glucose)	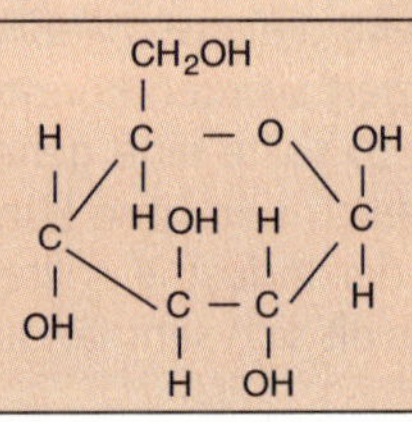

4 **Organische Stoffe haben oft komplizierte Strukturformeln.**

3 **Schmuckgegenstände bestehen häufig aus anorganischen Stoffen, zu denen Edelsteine, Halbedelsteine und verschiedene Metalle gehören.**

Stoff	Formel
Kochsalz (Natriumchlorid)	NaCl
Kohlenstoffdioxid	CO_2
Marmor (Calciumcarbonat)	$CaCO_3$

5 **Bei der Kennzeichnung von anorganischen Stoffen kommt man mit Summenformeln aus.**

Stoffe – Voraussetzungen für Wachstum und Entwicklung der Lebewesen

Alle Lebewesen – vom Einzeller bis zum Vielzeller – sind aus organischen Stoffen (wie Eiweißen, Fetten, Kohlenhydraten) und aus anorganischen Stoffen (wie Wasser und Salzen) aufgebaut.

Zellen, Gewebe, Organe, Organsysteme und Organismen, so Samenpflanzen, Tiere und der Mensch, benötigen für ihr Wachstum und ihre Entwicklung **körperfremde Stoffe.** Diese Stoffe müssen von den Organismen aufgenommen werden. Bei einigen Lebewesen sind die aufgenommenen körperfremden Stoffe anorganischer Natur. Andere nehmen anorganische und organische Stoffe auf. Die aufgenommenen körperfremden werden teilweise zu **körpereigenen Stoffen** umgewandelt. Von den Lebewesen nicht benötigte Stoffe werden ausgeschieden.

Die **Samenpflanzen** ernähren sich von anorganischen Stoffen, vorwiegend von Mineralsalzen, Wasser und Kohlenstoffdioxid. Diese Ernährungsweise haben sie mit pflanzlichen Einzellern (z. B. Hüllengeißelalgen) gemeinsam. Wasser und Mineralsalze entnehmen die Samenpflanzen mit den Wurzeln aus dem Boden. Das Kohlenstoffdioxid gelangt durch Spaltöffnungen in den Blättern in die Pflanzen.

In den Zellen der Blätter baut die Pflanze aus den anorganischen Stoffen Wasser und Kohlenstoffdioxid den organischen Stoff Traubenzucker (Glucose), ein Kohlenhydrat, auf. Der dabei entstehende Sauerstoff wandert durch die Spaltöffnungen der Blätter in die Luft (Abb. 1). Traubenzucker ist in den Pflanzenzellen die Grundlage für die Bildung anderer organischer Stoffe, z. B. für Stärke und Fette.

Mineralsalze bilden für die Pflanzen eine Grundlage zur Bildung weiterer organischer Stoffe. Bei Mangel an Mineralsalzen kommt es zu Erkrankungen der Pflanzen.

Die **Tiere** und der **Mensch** müssen als Nahrung ebenfalls *körperfremde* Stoffe aufnehmen. Es sind jedoch vorwiegend organische Stoffe, Kohlenhydrate (Zucker, Stärke), Fette und Eiweiße. Im Verdauungssystem werden diese organischen Stoffe in ihre Bausteine zerlegt und zusammen mit dem durch die Atmungsorgane aufgenommenen Sauerstoff vom Blut zu den Zellen transportiert. In den Zellen werden aus den organischen Bausteinen *körpereigene* Stoffe – also körpereigene Kohlenhydrate, Fette und Eiweiße – aufgebaut. Die organischen Körperstoffe dienen insbesondere dem Wachstum und der Erneuerung von Zellen.

Für die Umwandlung körperfremder organischer Stoffe in körpereigene organische Stoffe in den Zellen ist **Energie** erforderlich. Diese wird aus den aufgenommenen Stoffen in den Zellen freigesetzt.

Die bei diesen Stoff- und Energiewechselprozessen entstehenden **Stoffwechselprodukte,** z. B. Wasser, Kohlenstoffdioxid (anorganische Stoffe) und Harnstoff (organischer Stoff), müssen aus der Zelle (Abb. 2) und aus dem Körper, z. B. über die Lunge, die Nieren und die Haut, ausgeschieden werden.

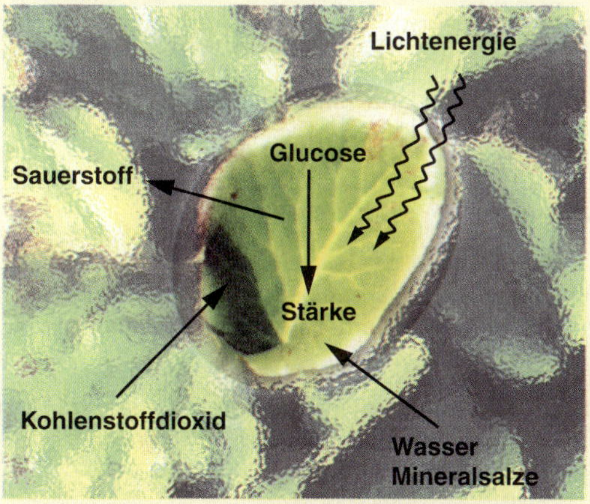

1 Traubenzucker (Glucose) und Sauerstoff entstehen nur unter Einfluss des Lichts und mit Hilfe des grünen Farbstoffs der Blätter, des Chlorophylls. Stärke ist der wichtigste Speicherstoff der Pflanzen.

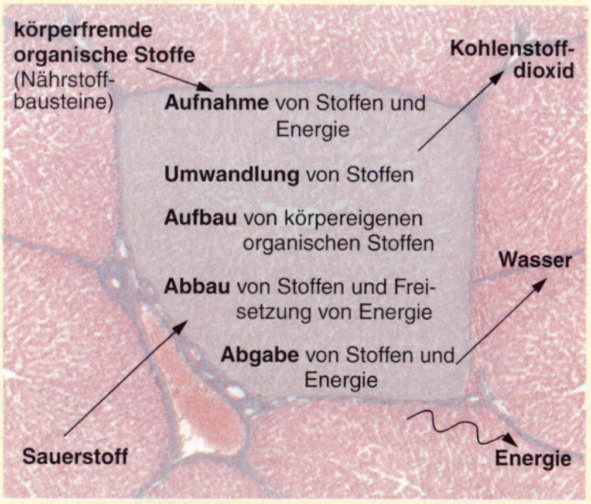

2 Der in der tierischen bzw. menschlichen Zelle stattfindende Stoffwechselprozess besitzt Ähnlichkeiten und Unterschiede zum Stoffwechselprozess in der pflanzlichen Zelle.

Lebensmittel	Lagerdauer
Fleisch, roh	2–5 Tage
Fleisch, zubereitet	2–6 Tage
Hackfleisch, roh	6–8 Std.
Wurst, frisch	1–2 Tage
Wurst, geräuchert	2–4 Tage
Fisch, roh	bis 24 Std.
Fisch, zubereitet	2–3 Tage
Eier, roh	3–4 Wo.
Eier, gekocht	14–16 Wo.
Milch	4–5 Tage
Butter	20–30 Tage
Beerenobst	2–10 Tage
Steinobst	3–10 Tage
Obstkonserven, geöffnet	2–5 Tage
Gemüsekonserven, geöffnet	1–3 Tage

1 Die Lagerdauer von Lebensmitteln im Haushaltskühlschrank beträgt oft nur Stunden und wenige Tage. Bedingungen sind dabei die Lagerung unter dem Verdampferfach bei 2 bis 3 °C (hellroter Tabellenteil) bzw. im Spezialfach (dunkelroter Tabellenteil).

Auch **Lebensmittel** werden heute weitgehend „künstlich" verändert bzw. sind sogar „künstliche" Stoffe, da sie in der zum Verzehr angebotenen Form in der Natur nicht vorkommen. Nach dem Lebensmittelgesetz (LMBG v. 15.8.1974) sind Lebensmittel Stoffe, die zum Zwecke der Ernährung oder des Genusses bestimmt sind.

Die Endverbraucher haben die Möglichkeit, Lebensmittel in unterschiedlichem Verarbeitungsgrad zu erwerben: unbearbeitet, vorgefertigt, tafelfertig (in den Formen küchenfertig, garfertig und aufbereitungsfertig) und verzehrfertig.

Je nach Aufbereitungsart sind die Lebensmittel mehr oder weniger stark vom Menschen „künstlich" beeinflusst. Bereits der Anbau von Pflanzen und die Haltung von Tieren stellen Eingriffe in die Natur dar. Hinzu kommen Düngung, der Einsatz von Pflanzenschutzmitteln oder die Vergabe von Arzneimitteln, Hormonbehandlungen und die Anwendung der Gentechnik, um bereits die Rohstoffe der Lebensmittel qualitativ und quantitativ ertragreicher zu gestalten.
Lebensmittel können unterschiedlich lange gelagert werden, ohne zu verderben. Die Lagerdauer ist von ihrem Verarbeitungszustand abhängig (Abb. 1).

Physikalische und chemische **Konservierungsverfahren** haben die Aufgabe, Aussehen, Geschmack, Geruch, Bekömmlichkeit und Nährwert der Lebensmittel über einen möglichst langen Zeitraum zu erhalten. Häufig angewendete Konservierungsverfahren sind Gefrieren, Pasteurisieren, Sterilisieren, Trocknen, Zuckern, Säuern, Salzen, Pökeln, Räuchern, Einlegen sowie der Zusatz von Konservierungsstoffen (Abb. 2).

E-Nummer	Konservierungsstoff	Typische Lebensmittel	Mögliche Nebenwirkungen
E 200 bis 203	Sorbinsäure und Sorbate	Feinkostprodukte, Margarine, Marmelade, Majonäse, Wein	keine
E 210 bis 213	Benzoesäure und Benzoate	Gemüsekonserven, Marinaden, Majonäse	allergische Reaktionen
E 236 bis 238	Ameisensäure und Formiate	geräucherter Fisch, Sauerkonserven, Zwischenprodukte von Fruchtsaftererzeugnissen	harntreibende Wirkung, endgültige Beurteilung einer Gifteinwirkung steht aus
E 249/E 250	Pökelsalz	gepökelte Fleisch- und Fischprodukte	Verhinderung des Sauerstofftransportes im Blut, Krebs erregende Stoffe
E 220 bis 227	Schwefeldioxid und Verbindungen	Gemüse- und Meerrettichkonserven, kandierte Früchte, Trockenobst, Kartoffelerzeugnisse	Asthma, Kopfschmerzen, Reizungen des Magen-Darm-Traktes

2 Die Verwendung von Konservierungsstoffen muss laut Gesetz vom Hersteller durch die E-Nummern auf der Verpackung angegeben werden. Auch zugelassene Konservierungsstoffe können mitunter gesundheitliche Beeinträchtigungen auslösen.

Konservierungsmittel sind nicht die einzigen Zusatzstoffe in Lebensmitteln. Zugesetzt werden auch Farbstoffe (100er E-Nr.), Säuerungsmittel (200er E-Nr. ab 260), Stoffe, die Reaktionen mit Luftsauerstoff verhindern (Antioxidantien, 300er E-Nr.), Verdickungsmittel (400er E-Nr. bis 422), Emulgatoren (400er E-Nr. ab 432), Geschmacksverstärker (600er und 900er E-Nr. bis 948), Süßstoffe (E-Nr. ab 950) und weitere Stoffe (500er E-Nr.).

Die Verwendung von Zusatzstoffen bedarf einer behördlichen Genehmigung. Dennoch ist der Bürger von seiner eigenen Verantwortung nicht befreit. Er muss beim Einkauf seiner Lebensmittel selbst darauf achten, dass die Ware frisch ist und die enthaltenen Zusatzstoffe (z. B. Allergieauslöser) für seine gesundheitliche Beschaffenheit keine Gefahr bedeuten. Wegen der Gefahr der Entstehung Krebs erzeugender Stoffe durch Bestandteile des Pökelsalzes sollte darauf geachtet werden, dass täglich nicht mehr als 0,2 mg Natriumnitrit je 1 kg Körpergewicht aufgenommen werden. Krebs erregende Stoffe entstehen auch, wenn Pökelware stark erhitzt oder mit Käse überbacken wird. Aus diesem Grund wurde u. a. die Verwendung von Nitritpökelsalz in Grillwürsten untersagt.

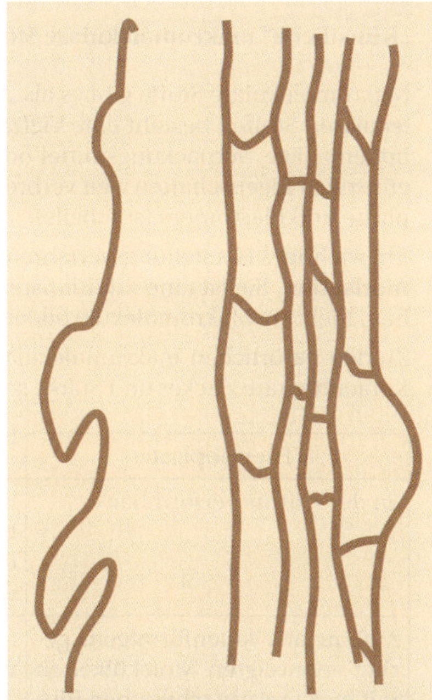

1 **Makromoleküle weisen sehr unterschiedliche Formen auf. Sie können z. B. linear oder stark vernetzt sein.**

Die Unterscheidung zwischen natürlichen Stoffen und „künstlichen" Stoffen (s. S. 18) ist in den Naturwissenschaften und der Technik nicht ausreichend. Verwendet wird auch der Begriff **Kunststoffe.**

Kunststoffe sind „künstliche" Stoffe. Sie stellen jedoch nur einen Teil der „künstlichen" Stoffe dar. Kunststoffe sind alle organischen Werkstoffe (s. S. 27), die aus **Makromolekülen** aufgebaut sind.

Nicht jeder vom Menschen hergestellte Stoff darf daher als Kunststoff bezeichnet werden. Sie sind entstanden durch Umwandlung von Naturstoffen (natürlichen Stoffen) oder durch Synthese von Stoffen, die aus Erdöl, Erdgas oder Kohle gewonnen worden sind.

Zu den Kunststoffen gehören Plaste, Chemiefasern, Kautschuke, synthetische Lackrohstoffe und Klebstoffe. Glas, Porzellan, synthetisch hergestellte Gase und Säuren sowie viele andere vom Menschen „künstlich" hergestellte Stoffe sind somit *keine* Kunststoffe.

Von besonderer Bedeutung für die Schaffung von Kunststoffen war die Erkenntnis, dass diese aus Makromolekülen, riesigen Molekülfäden, zusammengesetzt sind (Abb. 1). Der Entdecker dieser Molekülform war HERMANN STAUDINGER (Abb. 2). Aufgrund ihrer Zusammensetzung aus Makromolekülen sind Kunststoffe **makromolekulare Stoffe** oder Polymere.

2 **HERMANN STAUDINGER (1881–1965) wirkte vor allem in Freiburg. Er erhielt 1953 den Nobelpreis für Chemie. Seine Auffassung musste er gegenüber dem Widerstand anderer Wissenschaftler durchsetzen.**

„Künstliche“ makromolekulare Stoffe und natürliche makromolekulare Stoffe

Makromolekulare Stoffe gibt es als „künstliche“ und als natürliche Stoffe. Aus „künstlichen“ makromolekularen Stoffen besteht eine Vielzahl von Gegenständen unseres Alltags, so Dämmmaterialien, Fußbodenbeläge, Verpackungsmittel oder Sportgeräte. Von dieser Stoffgruppe sind **Plaste** aufgrund ihrer günstigen Eigenschaften weit verbreitet. Plaste werden in drei Gruppen eingeteilt: Thermoplaste, Duroplaste und Elastomere (s. Tabelle).

Ein wichtiges Herstellungsverfahren für Kunststoffe („künstliche“ makromolekulare Stoffe) ist die **Polymerisation.** Sie ist eine Additionsreaktion, bei der aus vielen Einzelmolekülen Makromoleküle entstehen. Mehrere Makromoleküle bilden das Polymerisat.

Zu den natürlichen makromolekularen Stoffen gehören Hauptbestandteile unserer Nahrung, z. B. die Kohlenhydrate Zucker und Stärke sowie Eiweiße (s. S. 21).

Thermoplaste	Duroplaste	Elastomere
in der Wärme verformbar	in der Wärme nicht verformbar, hart bis spröde, gegen Wärme und Chemikalien besonders widerstandsfähig	hohe Elastizität in einem breiten Temperaturbereich
Aufbau aus fadenförmigen, gering verzweigten Molekülketten mit meist relativ schwachen Bindungen	in alle Raumrichtungen eng vernetzte Molekülketten	relativ weitmaschige räumliche Vernetzung
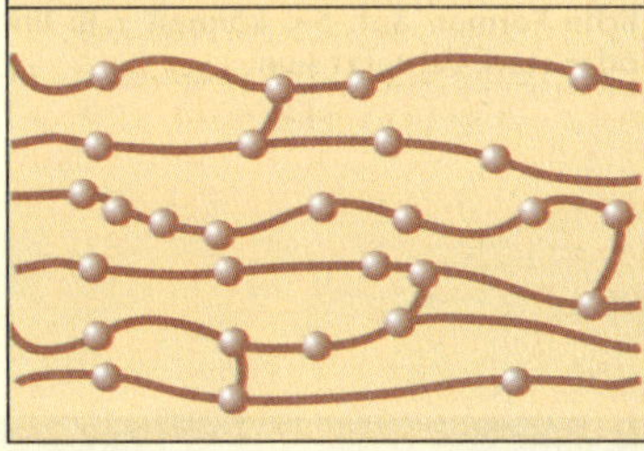	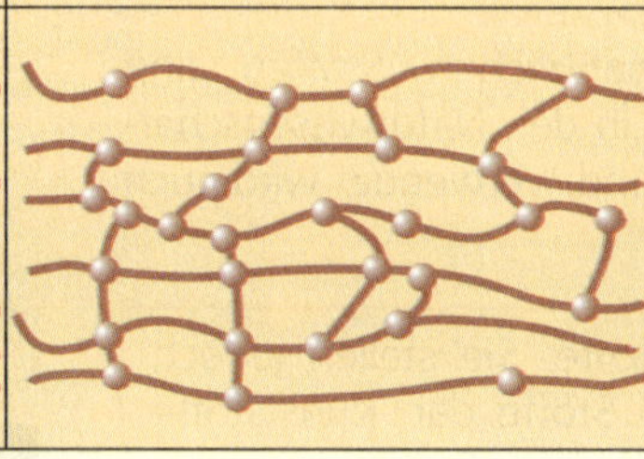	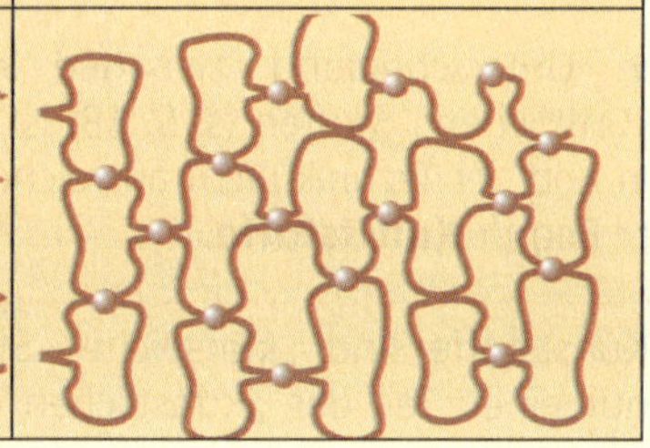

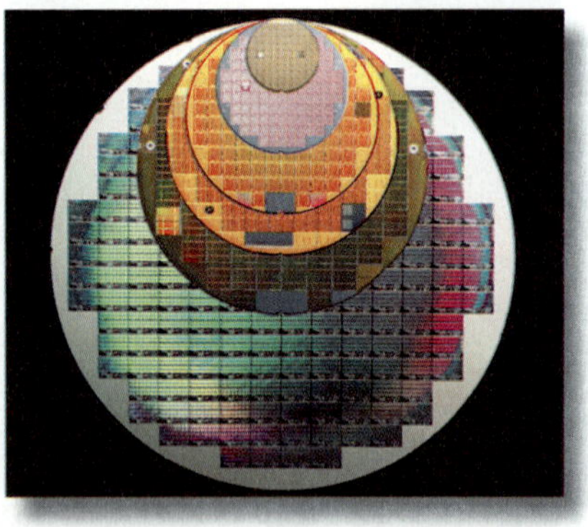

1 **Zu den modernen Werkstoffen gehört das Rein-Silicium. Siliciumchips bilden die Grundlage aller elektronischen Bauelemente. Voraussetzung dafür ist die Gewinnung von Silicium mit einer Reinheit von mindestens 99,9999999 %! Einen Silicium-Rohling (Bild) erhält man nach einer Reihe von komplizierten Fertigungsprozessen.**

Natürliche und „künstliche“ Stoffe, darunter Kunststoffe, können auch zu **Werkstoffen** werden, wenn sie bestimmten Anforderungen genügen. Werkstoffe können sowohl organische als auch anorganische Stoffe sein. Sie sind für die Wirtschaft wie für den Alltag von besonderer Bedeutung (Abb. 1).

Werkstoffe sind Stoffe festen Aggregatzustands, die zur Herstellung von Halbfabrikaten, Werkstücken, Bauteilen und Fertigerzeugnissen eingesetzt werden. Sie werden aus Rohstoffen gewonnen.

Als **Rohstoffe** bezeichnet man natürliche Stoffe aller Aggregatzustände, die pflanzlicher, tierischer oder mineralischer Herkunft sind und die zur Weiterbearbeitung oder -verarbeitung bestimmt sind.

Rohstoffe im engeren Sinne sind z. B. Erdöl, Stein- und Braunkohle, Luft, Wasser, Salze, Gesteine, Mineralien und Erze, aber auch **nachwachsende Rohstoffe,** wie Holz, Getreide, Früchte, Algen und Raps, sowie Milch, Eier, Biogas, Jauche, Kompost u. Ä. Rohstoffe im weiteren Sinne können auch Halbfabrikate sein, die bereits einige Aufbereitungsstufen hinter sich haben und als Ausgangsstoffe dienen (z. B. Alublocks für die Herstellung von Aluminiumartikeln). Sie können zu Werkstoffen, Brenn- oder Hilfs- und Nebenstoffen weiterverarbeitet werden.

Brennstoffe sind Stoffe aller Aggregatzustände, die der Erzeugung thermischer Energie dienen. **Hilfs- und Nebenstoffe** können ebenfalls alle Aggregatzustände aufweisen, werden jedoch für besondere physikalisch-technische Aufgaben eingesetzt.

Die unterschiedlichen Eigenschaften von Werkstoffen kommen bereits in wichtigen **Arten von Werkstoffen** zum Ausdruck. Dazu gehören Metalle, Keramik, Polymere, Halbleiter, Verbundstoffe, aber auch Holz, Leder, Faserstoffe, Papier u. a. So haben Metalle z. B. eine hohe elektrische Leitfähigkeit, keramische Werkstoffe dagegen eine geringe. Polymere weisen eine geringe mechanische Festigkeit auf (Abb. 1), Metalle dagegen eine sehr hohe.

Jeweils bestimmte unter den Werkstoffen werden in neue Zusammenhänge eingeordnet und erhalten dabei neue Bezeichnungen, wenn sie in ihrer letzten Verarbeitungsstufe zu bestimmten Zwecken eingesetzt werden. So wird aus dem zur Werkstoffart Polymere gehörenden Werkstoff Polyacrylnitril bei seiner Verwendung in der Textilindustrie eine Textilie.

Wird ein keramischer Werkstoff in der Elektrotechnik eingesetzt, spricht man von Isolierstoff. Diejenigen Werkstoffe, die im Baugewerbe verwendet werden, werden zu **Baustoffen**.

Auch unter den Baustoffen spiegeln sich die Stoffeinteilungen, die allgemein gelten, wider: Nach der Entstehung und Herstellung unterscheidet man natürliche von künstlichen Baustoffen, nach der stofflichen Beschaffenheit werden organische und anorganische Baustoffe unterschieden. Die anorganischen gliedern sich weiter in mineralische und metallische Baustoffe.

Einige Baustoffe besitzen den Vorzug, **nachwachsende Stoffe** zu sein, so das Holz. Die Eigenschaft, den festen Aggregatzustand zu besitzen, erreichen manche Baustoffe jedoch erst nach ihrer Verwendung. Das trifft auf die verschiedenen Mörtel und Betons zu oder auch auf Bitumen.

Zu den wichtigsten Arten der Baustoffe gehören Natursteine, Holz, keramische Baustoffe, Glas, Mörtel, Beton, Eisen und Stahl sowie Bitumen-Baustoffe (Abb. 2).

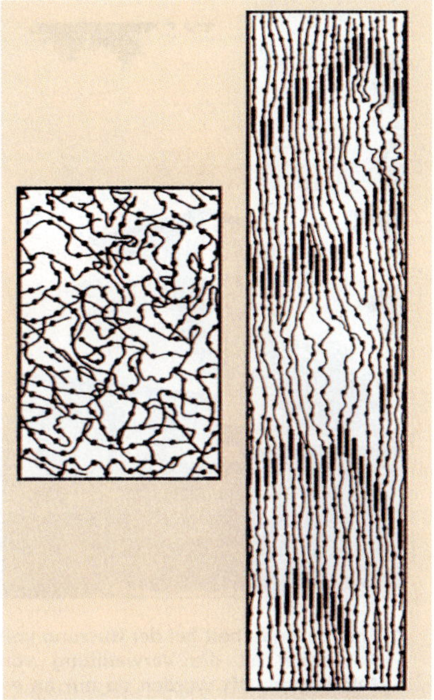

1 Das Polymer Gummi besitzt die Eigenschaft, elastisch zu sein. Sie ergibt sich daraus, dass seine Polymerketten ihre Form verändern können. Im „entspannten" Zustand sind sie netzförmig angeordnet, im gestreckten Zustand nahezu ausgerichtet.

2 Neue Baustoffe treten uns in der Gegenwart mit einer nahezu unübersehbaren Vielfalt entgegen. Auch für die Baustoffe gilt, was für die Stoffe allgemein zutrifft: Immer neue Stoffe werden vom Menschen entwickelt und produziert, die für immer speziellere Verwendungszwecke im Baugewerbe und für Heimwerker gedacht sind.

1 Eine Besonderheit bei der Nutzung von Naturstein ist die Verwendung von Feldsteinen. Oft wurden sie nur an einer Seite zurechtgehauen und dann ohne Bindemittel versetzt.

Baustoffe und ihre Verwendung

Seitdem die Menschen sesshaft wurden, mussten sie für sich und das Vieh Unterkünfte errichten. Während sie zunächst in Höhlen Unterschlupf fanden, bauten sie später Behausungen über der Erde. Begonnen wurde zunächst mit Naturmaterialien, wie Stein (Abb. 1), Holz (Abb. 2) und Lehm. Naturstein und Holz werden bis in die Gegenwart benutzt und erfreuen sich sogar größer werdender Beliebtheit. Seit etwa 2 000 v. u. Z. kamen feste, wasserbeständige Ziegel zum Einsatz. Sie waren die ersten künstlichen Baustoffe, die durch das Brennen von natürlich vorkommendem Lehm hergestellt wurden. Zur gleichen Zeit wurden durch das Brennen von Gips- und Kalkstein Bindemittel gewonnen, die – mit Wasser vermischt – steinartige Massen ergaben. Neue Wand- und Gewölbekonstruktionen konnten errichtet werden. Natürlich finden gebrannte Ziegel auch heute noch Verwendung. Hart gebrannte Ziegel haben den Vorzug, dass sich ein Verputzen von Gebäuden erübrigt.

Bis ins Mittelalter hinein wurden die Baustoffe kaum verändert. Metalle wurden im Baugewerbe nur sparsam, z. B. als Beschläge für Tore und Türen, eingesetzt. Auch durchsichtiges Fensterglas war erst gegen Ende des Mittelalters bekannt. Neue Baustoffe wurden erst im vorigen Jahrhundert, bedingt durch den Aufschwung der Naturwissenschaften und die zunehmende Industrialisierung, entwickelt. Dazu gehören Baukeramik, Eisen- und Stahlwerkstoffe (Abb. 3) sowie Beton aus Zement und Gesteinskörnern, kombiniert mit Stahl. Besonders die City-Bereiche der großen Städte sind durch Hochhäuser aus Stahl(gerippe) und Glas(fassaden) gekennzeichnet. Bitumen-Baustoffe und eine kaum überschaubare Anzahl von Kunststoffen prägen neben den herkömmlichen, traditionellen Baustoffen das Baustoffangebot der Gegenwart.

2 In Norwegen und anderen Ländern findet man interessante Zeugnisse der Holzbaukunst. Die Stabkirchen z. B. wurden ausschließlich aus Holz errichtet, also auch ohne Metallnägel.

3 Die Golden Gate Bridge in San Francisco wurde im Jahre 1937 fertig gestellt. Diese Stahl-Hängebrücke ist an zwei riesigen Türmen von 227 m Höhe aufgehängt. Zwischen diesen Pfeilern besitzt sie eine Spannweite von 1 280 m, die Gesamtlänge ist mit 2 824 m mehr als doppelt so groß. Die Halteseile haben 90 cm Durchmesser.

1.1.3 Stoffe nutzen und entsorgen

Alle Stoffe, die der Mensch nutzt – ganz gleich, ob es sich um natürliche oder um „künstliche" Stoffe handelt –, haben ihren Ursprung in der Natur. Der Mensch muss, bevor er sie zur Befriedigung seiner Bedürfnisse – z. B. für Ernährung (Abb. 1), Kleidung, Wohnung, Ortsveränderung, Bildung und Kultur oder Erholung – verwenden kann, Stoffe der Natur entnehmen. Ihm bleibt gar nichts anderes übrig, als bereits mit der Stoffentnahme und der Stoffveränderung (s. Abschnitt 1.1.2) in natürliche Kreisläufe einzugreifen.

Natürliche Stoffkreisläufe haben sich im Laufe der Geschichte der Erde und des Lebens auf ihr in verschiedener Weise ausgebildet. Sie finden in der unbelebten wie in der belebten Natur statt und greifen ineinander ein.

Geläufig ist uns z. B. der **Wasserkreislauf,** der mit anderen Kreisläufen, so mit der **Zirkulation der Luft** oder dem **Kreislauf der Gesteine,** gekoppelt ist (Abb. 2). Wasser und Luft transportieren selbst Stoffe, die in ihnen enthalten sind, und verlagern sogar Gesteine. Im Wasser gelöste Stoffe werden bei seinem Versickern im Boden nach unten und mit der Grundwasserbewegung auch seitwärts transportiert.

Alle lebenden Organismen sind in natürliche Stoffkreisläufe eingebunden und schließlich selbst Bestandteil solcher Kreisläufe. Sie entnehmen für ihr Wachstum und die Aufrechterhaltung ihrer Lebensprozesse der Natur körperfremde Stoffe, bilden körpereigene Stoffe und geben Stoffwechselprodukte, z. B. Sauerstoff bzw. Kohlenstoffdioxid, an die Natur ab (s. S. 23). Abgefallenes Laub und andere abgestorbene Pflanzenteile werden von anderen Lebewesen zu Humus zersetzt (Abb. 3). Dieser setzt Mineral- und Nährstoffe frei, die von anderen Pflanzen wieder aufgenommen werden können. Ähnliches passiert auch mit tierischen Ausscheidungen. Spätestens wenn ein Organismus stirbt, werden seine ehemaligen körpereigenen Stoffe wieder zu körperfremden Stoffen, die von lebenden Organismen als Nahrungsquelle aufgenommen werden. Der natürliche Stoffkreislauf, in den die Lebewesen immer eingebunden sind, ist geschlossen.

Solange sich Stoffe in natürlichen Kreisläufen befinden, entstehen in der Natur keine Abfälle. Das ist langfristig – in geologischen Zeiträumen gesehen, die in Millionen von Jahren bemessen sind – mit allen Stoffen der Fall. Kurzfristig nimmt nur ein Teil der Gesamtmenge der Stoffe an Kreisläufen teil. Am jährlichen Wasserkreislauf sind lediglich 0,03 % des Wassers auf der Erde beteiligt. Bei anderen Stoffen entstehen Anreicherungen oder Ablagerungen, wie das u. a. bei Lagerstätten von Kohle, Erdöl, Kreide u. v. a. m. der Fall ist.

1 **Verpackungsmaterialien machen zur Zeit etwa 50 % der häuslichen Abfälle aus.**

2 **Bei Vulkanausbrüchen werden zeitweilig gewaltige Mengen von festen, flüssigen und gasförmigen Stoffen aus der Litho- in die Atmosphäre transportiert.**

3 **An der Zersetzung von Laubblättern sind Bakterien beteiligt.**

1 Nachwachsender Wald beginnt, große Mengen von Kohlenstoff zu binden.

2 Ein Nährstoffüberangebot führt zur Algen„blüte" und zeigt die Gefahr des „Umkippens" eines Gewässers an.

3 Bei Flugreisen, z. B. über Südamerika, sind nahezu ständig Rauchfahnen erkennbar. Sie rühren von Brandrodungen her, die die Ökosysteme der Wälder vernichten.

Sie sind an aktuellen Kreisläufen nicht beteiligt und können ähnlich wie das Inlandeis oder der Schnee im Wasserkreislauf als Rücklage bezeichnet werden.

Der Mensch nimmt seit seiner Existenz **Eingriffe in natürliche Stoffkreisläufe** vor, indem er Stoffe entnimmt, verändert und veränderte Stoffe in die Natur zurückgibt.

Waren es anfangs nur die Jagd und die Entnahme von Wildfrüchten zur Sicherung seiner Ernährung, wurden die Eingriffe, die zu stofflichen Veränderungen führten, nach und nach immer intensiver (s. Abschnitt 1.1.2). Die Nutzung und Beherrschung des Feuers z. B. waren verbunden mit dem Verbrennen von Holz, Kohle u. a. Brennstoffen. Bereits damit wurde der Kohlenstoffkreislauf zunehmend beeinflusst.

Solange der Mensch im Einklang mit der Natur lebt und maßvoll nur natürliche Stoffe nutzt, indem er sie zeitweise natürlichen Kreisläufen entzieht, wird die Natur nicht nachhaltig geschädigt. Sie kann sich erhalten und erneuern. Wird beispielsweise nicht mehr Wald abgeholzt als wieder nachwächst, wird der Umfang seiner Sauerstoff-Produktion nicht verändert (Abb. 1).

Doch in den letzten 1 000 Jahren und insbesondere seit der industriellen Revolution kam es zu einer rasch steigenden und z. T. rücksichtslosen Ausplünderung der Natur. Die Folgen solcher Eingriffe in Stoffkreisläufe können die Existenz des Menschen selbst gefährden. Solche Probleme, wie Waldsterben, „Umkippen" von Gewässern (Abb. 2), Ozonloch, erhöhter CO_2-Gehalt der Atmosphäre oder zusätzlicher Treibhauseffekt, sind Ausdruck dafür.

Kohlenstoffdioxid (CO_2) und der **Kohlenstoffkreislauf** (Abb. 4) sind natürliche Erscheinungen. Kohlenstoffkreisläufe

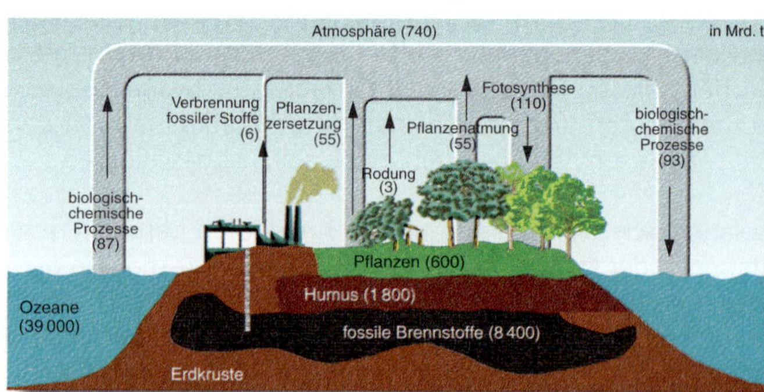

4 Jährlich werden durch menschliche Aktivitäten rund 9 Mrd. t CO_2 zusätzlich erzeugt. Etwa 3 Mrd. t CO_2 verbleiben in der Atmosphäre und führen dort zum zusätzlichen Treibhauseffekt. Die restlichen 6 Mrd. t CO_2 werden vermutlich von den Ozeanen aufgenommen.

1 Durch das Tagebau-Verfahren hat der Mensch riesige Löcher angelegt. Sie weisen – wie hier beim Rüdersdorfer Kalkbergbau – auf die Ausräumung von Rohstofflagerstätten hin.

existieren zwischen den Kontinenten bzw. den Ozeanen und der Atmosphäre. Dabei erhält die Atmosphäre ungefähr ebenso viel Kohlenstoffdioxid wie sie wieder an Kontinente und Ozeane abgibt. Ein Gleichgewicht von Aufnahme und Abgabe ist gegeben. Erst menschliche Aktivitäten, wie die Verbrennung fossiler Stoffe in Kraftwerken, Heizungsanlagen oder Fahrzeugen und die Brandrodung von Wäldern (Abb. 3, S. 30), beeinflussen dieses Gleichgewicht. Das erfolgt in einem Ausmaß, dass weltweite Klimaveränderungen mit regional verheerenden Folgen eintreten könnten.

Durch die Entwicklung der Technik haben die massiven Eingriffe in Stoffkreisläufe riesige Ausmaße angenommen. Das zeigt sich z. B. in Tagebau-Regionen, in denen Landschaften verändert werden (Abb. 1). Technik aber wurde auch entwickelt, um ganz gezielt solche Stoffe herzustellen, die in der Natur nicht vorkommen, die „künstlichen" Stoffe, ganz besonders die Kunststoffe. Damit sind weitere Eingriffe in Stoffkreisläufe entstanden, die zunehmend zu Problemen geworden sind: die Rückführung von Gegenständen, die nicht mehr benötigt werden, in Stoffkreisläufe.

Stoffe, die nicht mehr benötigt werden, sind Abfälle, ganz gleich, ob sie sich in Gegenständen befinden, die nicht mehr genutzt werden können oder sollen (Abb. 2), oder ob sie bei der Gewinnung von Rohstoffen (Abb. 3) und deren Verarbeitung zu Gegenständen (Abb. 4) anfallen. Sie können gasförmig, fest oder flüssig sein.

Alle beweglichen Dinge, deren man sich entledigen will, werden als **Abfall** bezeichnet. Abfälle entstehen zwangsläufig bei der Herstellung und Nutzung von Produkten.

2 Auch Autos unterliegen einem technischen Verschleiß. Sie werden aber oft schon aus „modischen" Gründen ausgetauscht.

3 Beim Bergbau entstehen oft riesige Halden „tauben" Gesteins. Mitunter wird es Jahrzehnte später wieder genutzt.

4 Im Unterschied zum Teig eines weihnachtlichen Plätzchenbäckers können die beim Hobeln entstehenden Späne nicht weiter verwendet werden.

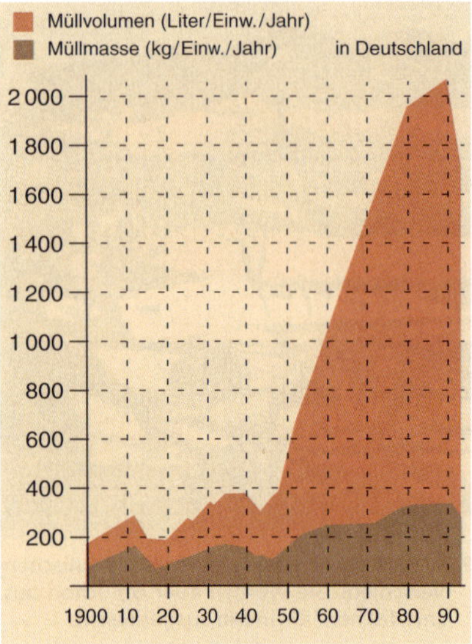

1 Nicht in der Zunahme der Masse des Abfalls allein besteht das Problem, sondern auch im noch schnelleren Wachstum seines Volumens, das z. B. durch die Fülle von Verpackungsmaterialien bedingt ist.

In der Gegenwart, genauer seit dem Ende des Zweiten Weltkrieges, treten mit dem Abfall ganz andere Probleme auf als in früheren Jahrhunderten. Zunächst entstanden riesige Trümmerberge am Rande oder inmitten der kriegszerstörten Großstädte aus deren Schutt. Das folgende Wirtschaftswachstum und der durch steigenden Wohlstand bedingte ständig wachsende Konsum der Bevölkerung haben zu einer fortlaufenden Steigerung des Abfallaufkommens geführt (Abb. 1). Neben die langlebigen Gebrauchsgüter traten immer mehr kurzlebige Wegwerfartikel, die der „Wegwerfgesellschaft" im Westen Deutschlands ihren Namen gaben. Sie werden nach einmaligem Gebrauch in den Mülleimer geworfen und durch andere Produkte ersetzt. Das früher übliche Reparieren, Stopfen oder Flicken lohnte sich nicht mehr oder war auch nicht mehr möglich. Selbst kostspieligere Konsumgüter, wie Waschmaschinen, Radios, Fernseher, Kühlschränke oder Autos, werden *vor* dem Ablauf ihrer technisch möglichen Lebensdauer ausrangiert und durch formschönere und modischere Vertreter ersetzt.

Dieser Abfall türmte sich zu riesigen Halden, die allein durch ihren wachsenden Flächenbedarf zur Vernutzung der Landschaft beitrugen (Abb. 2). Diese Umweltbelastung wurde dadurch weiter vergrößert, dass zunehmend Kunststoffe entwickelt und produziert wurden, die nicht auf natürliche Weise abgebaut werden können. Hinzu kamen radioaktive, giftige und infektiöse Abfälle, deren Verkippung auf Halde immer problematischer für die Umwelt des Menschen wurde. Unter den jährlich in den 80er Jahren in der BRD anfallenden rund 230 Mio. t Abfall befanden sich ca. 4 Mio. t Sondermüll, aus dem Gefahren für das Leben entstehen können. Andererseits wurden die Rohstoffe für die Herstellung mancher Erzeugnisse immer knapper und teurer.

2 Früher landete aller Abfall auf der Kippe, heute sind es noch immer zu große Anteile.

Ausdruck des Wegwerfens waren auch verschmutzte Gewässer, verunreinigte Luft und dadurch bedingte Zerstörung von Ökosystemen.

3 Den überragenden Anteil am Abfallaufkommen hat das produzierende Gewerbe. Die privaten Haushalte in Deutschland haben mit dem Kleingewerbe und den Dienstleistungen zusammen nur 12 % Anteil. Dennoch könnte mit diesem Abfall ein Güterzug gefüllt werden, der von Berlin bis zum Äquator reichte.

Wirtschaftsbereich	Abfallaufkommen in Mio. t	davon Abfälle zur Verwertung in Mio. t
Produzierendes Gewerbe	289,9	72,1
Krankenhäuser	1,0	0,3
Öffentliche Straßenreinigung/Kläranlagen	5,2	0,9
Private Haushalte, Kleingewerbe, Dienstleistungen	41,5	11,2
Autowracks aller Bereiche	0,9	0,9
Insgesamt	338,5	85,4

Abfälle in privaten Haushalten werden traditionell als **Müll** bezeichnet (Abb. 1). Dieser Begriff trifft aber eigentlich nur auf den Teil der Abfälle zu, der nicht weiter genutzt werden kann.

Im Jahre 1993 betrug die gesamte Abfallmenge in Deutschland (ohne landwirtschaftliche Abfälle) 338,5 Mio. t. Mit dieser Menge könnte das gesamte Saarland mit seiner Fläche von 2 570 km^2 durch eine Schicht von 0,75 m bedeckt werden! An diesem Abfallaufkommen haben die einzelnen Wirtschaftsbereiche sehr unterschiedlichen Anteil (Abb. 3, S. 32).

Für die Behandlung des anfallenden Abfalls ist es wichtig zu wissen, aus welchen Stoffen die Abfälle bestehen. Für das gesamte Abfallaufkommen gibt es jedoch darüber nur eine grobe Einteilung (Abb. 1). Genauer ist die Zusammensetzung der Abfälle aus privaten Haushalten erfasst, die zu den Siedlungsabfällen gehören (Abb. 2).

Abfälle entstehen nicht nur. Sie müssen auch vom Ort ihrer Entstehung beseitigt werden, damit die Wohnung und die Siedlung bewohnbar bleiben oder im industriellen und landwirtschaftlichen Produktionsbetrieb weiter produziert werden kann. Die Abfallentstehungsorte werden von Abfällen entsorgt. Unter Entsorgung von Abfällen verstand man in der Vergangenheit hauptsächlich ihre Beseitigung an abgelegene Orte in der Natur. „Wilde Mülldeponien" und „Altlastenflächen" sind bekannte Erscheinungsbilder dafür.

Die im Laufe von Jahrzehnten entstandene Abfallsituation machte es erforderlich, nach neuen Lösungen zu suchen. Vorbild für den Menschen bei der Suche nach solchen Lösungen ist die Natur mit ihren Stoffkreisläufen, in denen natürliche Stoffe vollständig wieder genutzt werden.

Zur **Entsorgung** von Abfällen gehören heute ihre **Beseitigung** vom Ort ihrer Entstehung zum Ort ihrer Lagerung oder Behandlung und ihre **Verwertung** zur Gewinnung von Stoffen oder Energie.

Das Ziel, das in Deutschland seit 1996 im Kreislaufwirtschafts- und Abfallgesetz (KrW-/AbfG) festgeschrieben ist, besteht in einer **abfallarmen Kreislaufwirtschaft.** In ihr sollen die einmal aus der Natur gewonnenen natürlichen und vom Menschen hergestellten „künstlichen" Stoffe so lange wie möglich immer wieder genutzt werden. Je länger und öfter Stoffe durch die Menschen genutzt werden, desto weniger Rohstoffe müssen der Natur entnommen und desto weniger Abfälle müssen in die Natur „zurückgegeben" werden. Solche Stoffkreisläufe sind **wirtschaftlich-technische Kreisläufe.**

Abfallart	Abfallaufkommen in Mio. t
Hausmüll, hausmüllähnliche Gewerbeabfälle, Sperrmüll, Kehricht	43,5
Bergematerial aus dem Bergbau	67,8
Abfälle aus der Produktion	77,7
Bauschutt, Bodenaushub, Straßenaufbruch, Baustellenabfälle	143,1
Sonstige	6,4
Insgesamt	338,5

1 Die Abfallarten in den Zeilen 3 bis 5 der Tabelle entsprechen etwa dem Abfallaufkommen aus dem produzierenden Gewerbe.
Die Angaben gelten für Deutschland, 1993.

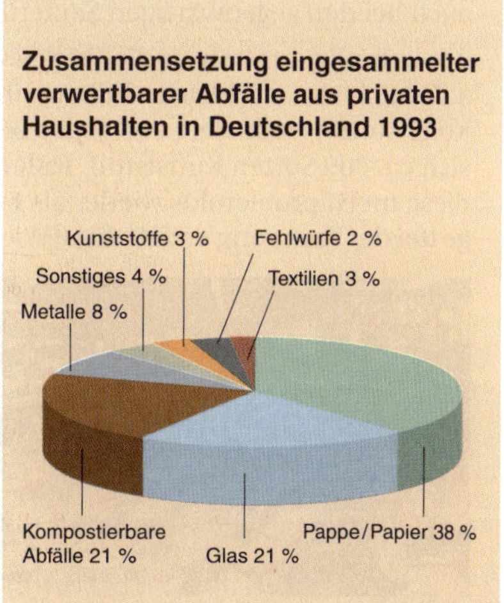

2 Am stärksten hat jeder Einzelne Einfluss auf Menge und Zusammensetzung der Abfälle aus privaten Haushalten.

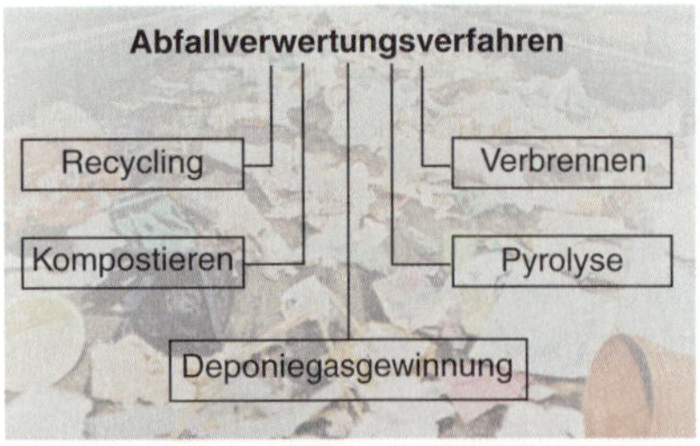

1 Verwertung von Abfall ist auf seine stoffliche und energetische Nutzung gerichtet.

Wichtige **Verfahren der Verwertung** von Abfällen sind Recycling, Kompostierung, Verbrennung, Erhitzung unter Luftabschluss (Pyrolyse) und die Gewinnung von Deponiegas (Abb. 1). Diese Verfahren sind oft auch miteinander kombiniert und werden in verschiedenen Varianten angewendet.

Recycling sind die Prozesse der Rückgewinnung von Stoffen aus dem Abfall, die in der Produktion oft zu gleichen Stoffen wieder verwendet werden können. Recycelt werden auch „künstliche" Stoffe.

Was wird und wie wird recycelt?

Stoffe können auf verschiedene Weise recycelt werden. Die günstigste Form ist die Wiederverwendung von Produktionsabfällen in der Produktion selbst. Oftmals dauert es jedoch viele Jahre, bis Stoffe bzw. Gegenstände aus ihnen nicht mehr benutzt werden (können). Auch sie werden einer Wiederverwendung zugeführt. Bei Eisen und Stahl findet ein solches Verfahren seit vielen Jahrzehnten statt. Ganze Stahlwerke, so die ehemaligen Betriebe in Hennigsdorf und Brandenburg, wurden extra zum Zwecke der Verarbeitung des im Raum Berlin anfallenden Schrottes errichtet.

In den privaten Haushalten wird das Recycling durch das Sammeln von solchen Abfällen, die die Bezeichnung **Wertstoffe** tragen, vorbereitet (Abb. 2 und 3). Das betrifft vor allem Verpackungsmaterialien aus Glas (soweit es sich nicht um Mehrweggefäße handelt), Metall, Papier, Pappe und Kunststoffen, die mit einem „Grünen Punkt" gekennzeichnet sind. Auch Papier von Zeitungen und Zeitschriften gehört dazu.

Glasabfälle werden meist wieder eingeschmolzen und zu Glasgegenständen verarbeitet. Auch Altpapier lässt sich wieder zu Gebrauchspapier verarbeiten (Zeitungen, Toilettenpapier, Verpackungsmaterial, Windeln, Taschentücher ...). Auch Metalle lassen sich recht einfach einer Wiederaufbereitung zuführen. Gegenwärtig werden in Deutschland schon 79 % des Glases und 58 % von Pappe und Papier aus recycelten Materialien hergestellt. Das schont nicht nur Rohstoffe und verringert Deponieflächen, sondern trägt auch auf andere Weise zum Umweltschutz bei: So mindert der Altpapiereinsatz bei der Papierherstellung die Luftbelastung bis zu 75 %, die des Wassers bis zu 33 %.

Weit verbreitet und seit langem praktiziert ist auch die **Bauschuttaufbereitung** (Abb. 1, S. 35). Sie spielte nicht nur beim Abbau der Trümmerberge nach dem Zweiten Weltkrieg eine große Rolle, sondern auch bei den gegenwärtigen Sanierungsvorhaben an Gebäuden oder Straßen.

Am kompliziertesten ist die Rückgewinnung und Wiederverwendung von **Kunststoffen**. Deshalb wird z. Z. auch erst ein kleiner Teil von ihnen recycelt (Abb. 2, S. 35). Inzwischen werden über 1 000 Sorten Kunststoffe produziert und jeder besitzt andere Eigenschaften. Schon allein in einem Auto befinden sich ca. 300 Sorten Kunststoff. Fallen in einem Betrieb Abfälle nur einer Kunststoffsorte an, lassen sich diese meist problemlos wieder als Kunststoff verwenden. Bei Kunststoffgemischen wurden erste Erfolge bei der Trennung erzielt. Eine Wiederverwertung erfolgt derzeit dort, wo nicht unbedingt der Einsatz

2 Eine Grundvoraussetzung für erfolgreiches Recycling – wie für die Abfallverwertung überhaupt – ist das Sortieren des Abfalls nach seinen Stoffarten.

3 Jeder Einzelne kann durch den getrennten Einwurf von Abfällen nach der Stoffart zum Umweltschutz beitragen. Moderne Container sind sogar lärmgedämmt.

1 In dieser Anlage werden die antransportierten Massen nach Stoffen sortiert. Kunststeine und Betonteile werden zermahlen und dann durch Sieben nach verschiedenen Korngrößen getrennt.

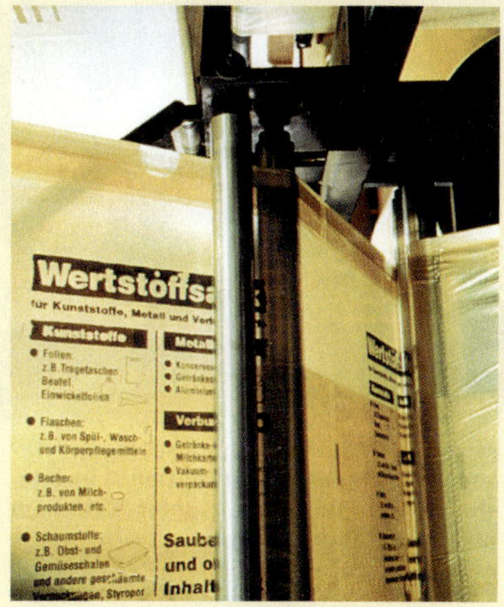

2 Die Wertstoffsäcke für Verpackungen mit dem „Grünen Punkt" werden aus Kunststoffverpackungen gewonnen.

hochwertiger Kunststoffe notwendig ist, z. B. als Transportpaletten, Lärmschutzwände oder Baumaterialien. Eine weitere Möglichkeit besteht in der Zerlegung der Kunststoffe in ihre Ausgangsstoffe durch pyrolytische Spaltung. Aus diesen Ausgangsstoffen kann dann wieder der Kunststoff hergestellt werden.

Autohersteller machen sich jetzt schon bei der Konstruktion von Fahrzeugen Gedanken darüber, wie die verarbeiteten Stoffe nach der endgültigen Stilllegung von Autos wieder getrennt und weiter verwendet werden können.

Ähnlich kompliziert wie bei Kunststoffen und erst am Anfang der Entwicklung stehend ist die Verwertung von **Elektronikschrott** (s. S. 10).

Recycling von **Altöl** funktioniert ähnlich wie das Kunststoff-Recycling. Altes Öl, das auch aus verschiedenen Sorten besteht (Motorenöle, Maschinenöle, Schmieröle, Schmierfette), kann wieder durch Destillation in einer Raffinerie getrennt werden. Dabei werden wieder sehr reine Öle gewonnen. Die Rückstände der Destillation – das Bitumen – wird als Straßenbelag verwendet oder pyrolytisch gespalten (Cracken). Bei der pyrolytischen Spaltung entstehen Verbindungen, aus denen wieder Kunststoffe und andere organische Stoffe hergestellt werden können.

Auch **Batterien** müssen von den Erzeugern wieder zurückgenommen werden, denn sie enthalten giftige Schwermetalle, die bei der Ablagerung von Batterien im Freien in das Grundwasser gelangen könnten. Aus diesen können dann wieder neue Batterien hergestellt werden. Wenn das nicht mehr möglich ist, müssen sie so entsorgt werden, dass sie für die Umwelt keine Schäden verursachen können.

Bei der **Kompostierung** (Abb. 3) können verrottbare natürliche und „künstliche" Stoffe verwertet werden. Sie müssen vorher aus dem Abfall aussortiert werden. Die entstehende humusreiche Erde dient der Bodenverbesserung und der Erhaltung der ökologisch wertvollen Moore. **Müllverbrennungsanlagen** (Abb. 1, S. 36) dienen vor allem der Reduzierung des Volumens und der Unschädlichmachung des Abfalls. Die entstehende Elektroenergie ist dabei ein „Abfallprodukt". In modernen Anlagen können bis zu 90 % der Abfälle verwertet werden. Es werden z. B. Schlackesteine, Eisenschrott sowie aus den Rauchgasen Gips und Salzsäure gewonnen. Bei der **Müll-Pyrolyse** (Abb. 2, S. 36) wird der

3 Pflanzliche Abfälle werden auch in Großanlagen zu Kompost verarbeitet.

1 Moderne Müllverbrennungsanlagen wirken als „Schadstoffsenke". Den Rauchgasen werden auch Zink, Kupfer, Cadmium und Quecksilber entzogen.

2 Die Müll-Pyrolyse-Technik steht zwar erst am Anfang ihrer Entwicklung. Dennoch existieren Anlagen (hier in Norditalien), bei denen nur noch die Rückstände der Rauchgase deponiert werden müssen. Das sind etwa 3 % der ursprünglichen Müllmenge.

3 Im unbehandelten Abfall entstehen durch die bakteriologische Zersetzung verrottbarer Bestandteile brennbare Methan-Kohlenstoffdioxid-Gemische.

Abfall unter weitgehendem Sauerstoffabschluss erhitzt. Aus 1 kg Hausmüll entstehen etwa 0,6 kg Schwelgas und 0,4 kg feste Rückstände, die nur noch 1/10 des Abfallvolumens besitzen. Das Schwelgas wird thermisch genutzt. Die **Deponiegas-Gewinnung** (Abb. 3) kann auf solchen Deponien stattfinden, auf denen unbehandelter Abfall gelagert wird. Auf **Deponien** sollen in Zukunft nur noch behandelte Restabfälle endgelagert werden. Aus diesen Restabfällen können keine Deponiegase und keine schadstoffhaltigen Sickerwässer entstehen.

Die Abfallverwertung hat auch in Deutschland noch nicht das Ziel einer abfallarmen Kreislaufwirtschaft erreicht. Vom gesamten Aufkommen an Abfall wurden 1993 25 % verwertet, die restlichen 75 % wurden beseitigt. Allerdings hatten die einzelnen Abfallerzeuger einen unterschiedlichen Grad der Verwertung erreicht. Mit 59 % standen die verwerteten Abfälle aus der Produktion an der Spitze, gefolgt von Hausmüll und hausmüllähnlichen Gewerbeabfällen mit 30 % (Abb. 4).

Eine schadlose, umweltverträgliche Abfallbeseitigung und -verwertung ist nicht ohne erhebliche Kosten zu haben. Restabfälle, die beim gegenwärtigen Stand von Wissenschaft und Technik nicht verwertet werden können, müssen nach wie vor auf Deponien abgelagert werden und beanspruchen erhebliche Flächen, die für andere Nutzungen, z. B. für die Erholung, verloren gehen. Deshalb orientiert das KrW-/AbfG nicht mehr nur auf die ordnungsgemäße Entsorgung von Abfällen, sondern es fordert vor allem deren **Vermeidung:**

- Abfälle sind weitgehend zu **vermeiden.**
- Nicht vermeidbare Abfälle sind stofflich oder energetisch zu **verwerten.**
- Nicht vermeid- oder verwertbare Abfälle sind umweltverträglich zu **beseitigen.**

Vermeidung, Verwertung und **Beseitigung** sind die wichtigsten Schritte eines modernen Abfallkonzepts.

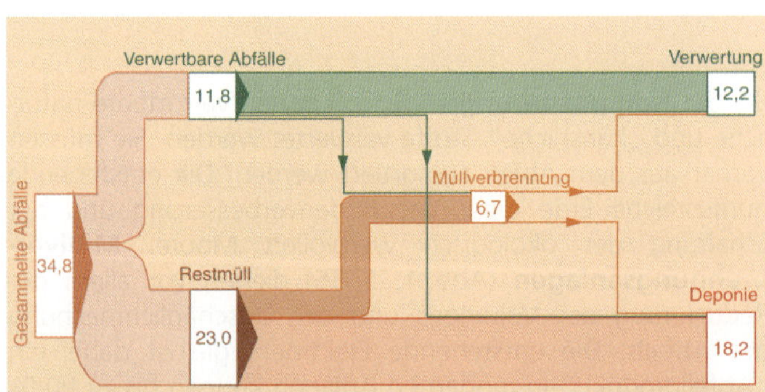

4 Je Einwohner wurden im Jahr 1993 in Deutschland 428 kg Abfälle eingesammelt. 146 kg davon oder 34 % wurden verwertet. Der auf Deponien verbrachte Abfallanteil des Hausmülls machte noch 18,2 Mio. t, mehr als die Hälfte, aus.

1.1.4 Aufgaben

Körper und Stoffe

1. Ein Fahrrad ist ein Körper, der aus den verschiedensten Stoffen zusammengesetzt ist.

   a) Untersuche an deinem oder einem beliebigen anderen Fahrrad,
      - aus welchen Teilen ein Fahrrad besteht,
      - aus welchen Stoffen diese Teile hergestellt sind,
      - welche Eigenschaften des jeweiligen Stoffes man für das Einzelteil besonders nutzt und
      - wie die Einzelteile hergestellt werden!

      Nutze für die Untersuchung auch Prospektmaterial und Fachzeitschriften oder befrage Verkäufer in einem Fahrradladen!
   b) Stelle die Ergebnisse deiner Untersuchung in einer Präsentation vor! Nutze dabei verschiedene Möglichkeiten, die einzelnen Teile sowie Stoffe zu zeigen (z. B. im Original, als Foto, auf einem Poster usw.)!

2. Untersuche, aus welchen Stoffen verschiedene textile Bekleidungsstücke hergestellt sind, die du besitzt!
   Erkundige dich, ob es sich bei den jeweiligen Stoffen um Natur- oder um Kunstfasern handelt!
   Trage die Ergebnisse deiner Untersuchung in eine Tabelle ein!

3. Auf den Fotos sind verschiedene Gegenstände, die uns häufig begegnen, abgebildet.
   a) Aus welchen Stoffen bestehen die jeweiligen Gegenstände?

   b) Welche Eigenschaften der Stoffe werden für den jeweiligen Gegenstand besonders genutzt?

4. Es gibt in Läden Einkaufsbeutel aus Plaste, Papier oder Baumwolle. Diskutiert Vor- und Nachteile dieser verschiedenen Materialien als Ausgangsstoffe für Einkaufsbeutel!

5. Untersuche, aus welchen Stoffen die folgenden Gegenstände hergestellt werden und welche Vor- und Nachteile der jeweilige Stoff für den Verwendungszweck hat:
   Teekanne, Blumenvase, Kochtopf!

6. Verschiedene Materialien werden bestimmten Stoffklassen zugeordnet, z. B. zu Schadstoffen, Dämmstoffen, Farbstoffen oder Duftstoffen.
   a) Welche Eigenschaften der Stoffe werden zur Bildung der jeweiligen Stoffklasse besonders hervorgehoben?
   b) Gib für jede Stoffklasse konkrete Stoffe an, die ihr zugeordnet werden können!
   c) Nenne weitere Stoffklassen und beantworte auch für diese die Aufgaben a) und b)!

7. Führt eine Exkursion in einen Betrieb durch, der konkrete Gegenstände herstellt! Erkundet bei dieser Exkursion,
   a) aus welchen Stoffen die Gegenstände hergestellt werden,
   b) welche Eigenschaften der Stoffe man besonders nutzt,

c) woher die Ausgangsstoffe kommen,
d) wie sie gewonnen werden und
e) welche Umweltprobleme bei der Gewinnung der Ausgangsstoffe, der konkreten Produkte oder bei deren Entsorgung nach Gebrauch auftreten können!

Der Aufbau der Stoffe

8. Löst man eine Brausetablette in Wasser, dann kann man beim Kosten zwar den Geschmack feststellen, die Tablette aber nicht mehr sehen.

a) Beschreibe deine Beobachtung beim Lösen einer Brausetablette!
b) Erkläre deine Beobachtung mit dem Aufbau der Stoffe!

9. Gib einige Tropfen Tinte in ein Glas mit kaltem Wasser und ebenfalls in ein Glas mit heißem Wasser! Beobachte beide Gläser einige Minuten lang!
a) Beschreibe deine Beobachtung!
b) Erkläre deine Beobachtung!
c) Was sagt dieses Experiment über die Beweglichkeit der Teilchen in Abhängigkeit von der Temperatur aus?

10. Den Rauch einer Zigarette oder den Duft eines Parfüms kann man nach kurzer Zeit im gesamten Raum wahrnehmen.
Wie ist das zu erklären?

11. Man kann Stoffe einteilen nach Elementsubstanzen, Molekülsubstanzen und Ionensubstanzen. Nenne für jede dieser Stoffklassen drei Beispiele von Stoffen und gib an, aus welchen Teilchen diese Stoffe bestehen!

12. Die Anordnung der Teilchen, ihre Beweglichkeit und die Kräfte zwischen ihnen sind in den drei Aggregatzuständen unterschiedlich. Fertige eine Übersicht an, aus der der Zusammenhang zwischen dem Aggregatzustand und dem Teilchenaufbau des Stoffes hervorgeht!

13. Erkläre mit Hilfe des Teilchenaufbaus der Stoffe,
a) warum feste und flüssige Körper ein bestimmtes Volumen haben,
b) was bei Gasen diesbezüglich anders ist,
c) weshalb feste Körper eine bestimmte Form besitzen, Flüssigkeiten aber immer die Form des Gefäßes annehmen, in das sie geschüttet werden!

Eigenschaften von Stoffen

14. Fertige eine Tabelle an, aus der hervorgeht,
a) welche Eigenschaften von Stoffen wichtig sind,
b) von welchen Bedingungen diese Eigenschaften abhängig sind,
c) wie man die Eigenschaften ermitteln kann und
d) mit welchen Sinnesorganen bzw. Sinnen der Mensch bestimmte Eigenschaften wahrnehmen kann!

15. Beschreibe drei Stoffe mit ihren Eigenschaften (z. B. Farbe, Dichte, Wärmeleitfähigkeit, Aggregatzustand, Härte) möglichst so genau, dass deine Mitschüler erkennen können, um welche Stoffe es sich handelt!

16. Stelle mit Hilfe von Nachschlagewerken eine Übersicht über Stoffe zusammen, die
a) eine möglichst kleine bzw. eine möglichst große Dichte,
b) eine möglichst niedrige bzw. eine möglichst hohe Schmelztemperatur,
c) eine besonders gute bzw. eine besonders schlechte Wärmeleitfähigkeit und
d) eine besonders gute bzw. eine besonders schlechte elektrische Leitfähigkeit besitzen!

17. Bestimme experimentell die Dichte folgender Stoffe: Zucker, Kochsalz, Aluminium und Glas!
Überlege vorher, welche Eigenschaft mit der Größe „Dichte" beschrieben wird und wie man diese berechnen kann! Überlege weiter, welche Größen man für die Berechnung der Dichte messen muss und wie man dabei vorgehen kann!

18. Die Löslichkeit eines Stoffes in Wasser kann experimentell ermittelt werden.
a) Bestimme experimentell die Löslichkeit folgender Stoffe: Natriumchlorid (Kochsalz), Kaliumcarbonat und Natriumcarbonat!
b) Vergleiche deine Ergebnisse mit Tabellenwerten!

19. Die unterschiedliche Löslichkeit von Farben muss man berücksichtigen, wenn man nach dem Streichen z. B. Flecke beseitigen, Pinsel und Hände bzw. Kleidungsstücke reinigen will. Stelle in einer Tabelle zusammen, welche Farben ihr zu Hause habt und worin sie löslich sind!

Reine Stoffe und Stoffgemische

20. Stoffgemische können aus festen, flüssigen und gasförmigen Stoffen hergestellt werden.
a) Fertige eine Übersicht über die verschiedenen Möglichkeiten des Mischens von Stoffen dieser Aggregatzustände an!
b) Gib für jede Art von Stoffgemischen Beispiele an!

21. Mische in einem Glas jeweils einen Teelöffel voll folgender Stoffe mit Wasser: Mehl, Zucker, Öl, Salz, Essig und Reis! Rühre gut um und beobachte! Spüle das Glas nach jedem Versuch gut aus!
Stelle die Beobachtungen in einer Tabelle zusammen und werte sie aus!

Mischung in Wasser	Beobachtung	Art des entstandenen Stoffgemischs
Mehl	...	...
...	...	...

22. Beim Trennen von Stoffgemischen werden die unterschiedlichen Eigenschaften der Ausgangsstoffe genutzt.
Fertige eine Tabelle an, aus der
a) die Verfahren zur Trennung von Stoffgemischen,
b) die genutzte Eigenschaft für das Verfahren und
c) Beispiele für das jeweilige Verfahren
hervorgehen!

23. Experimentiere mit Kies, Sand, Zucker, Kohlepulver und Eisenspänen!
a) Mische diese Stoffe!
b) Beschreibe und begründe, wie man diese Stoffe wieder trennen kann!
c) Führe diese Stofftrennung selbst durch!

Chemische Reaktionen

24. Die folgenden Abbildungen zeigen verschiedene Vorgänge.

Gib für jeden Vorgang an, ob es sich dabei um eine chemische Reaktion handelt oder nicht!
Begründe deine Entscheidung!

25. Nenne Vorgänge aus Natur und Technik, bei denen chemische Reaktionen ablaufen! Begründe, dass es sich bei dem Vorgang um eine chemische Reaktion handelt!

26. Damit ein Brikett aus Stein- oder Braunkohle brennen kann, muss man es zunächst anzünden.
a) Erläutere die energetischen Prozesse beim Verbrennen von Kohle! Welche Bedeutung hat das Anzünden der Kohle?

b) Warum kann man Briketts aus Stein- oder Braunkohle nicht mit einem Streichholz direkt anzünden? Beschreibe Möglichkeiten, wie man mit einem Streichholz und anderen Stoffen Briketts anzünden kann!
c) Erläutere die stofflichen Prozesse beim Verbrennen von Kohle! Gib die Reaktionsgleichung für diesen Verbrennungsprozess an!
d) Warum entstehen beim Verbrennen von Briketts Ruß und Asche? Welche Stoffe sind in ihnen enthalten?

Nachweisreaktionen

27. Manche Stoffe kann man nicht direkt beobachten oder an den beobachteten Eigenschaften erkennen. Um das Vorhandensein solcher Stoffe nachzuweisen, bringt man sie mit anderen Stoffen in Berührung oder führt Energie zu und beobachtet die ablaufenden chemischen Reaktionen. Sind entsprechende Stoffe vorhanden, so laufen die Nachweisreaktionen ab.
Sauerstoff, Wasserstoff und Kohlenstoffdioxid zeigen unterschiedliche Reaktionen gegenüber einer Flamme.
a) Beschreibe die unterschiedlichen Reaktionen von Sauerstoff, Wasserstoff und Kohlenstoffdioxid bei der „Flammenprobe"!
b) Weise das Vorhandensein dieser Gase mit der „Flammenprobe" experimentell nach!
c) Kohlenstoffdioxid wird auch dadurch nachgewiesen, dass es in Barytwasser ($Ba(OH)_2$-Lösung) oder in Kalkwasser ($Ca(OH)_2$-Lösung) eine milchig weiße Trübung hervorruft.
Weise damit experimentell Kohlenstoffdioxid in deiner ausgeatmeten Luft nach!

28. Chlorid-Ionen, z. B. von verschiedenen Salzen, werden durch „Fällungsreaktionen" nachgewiesen. Dazu gibt man in eine Lösung des zu prüfenden Stoffes, z. B. von Natriumchlorid (NaCl), einige Tropfen Silbernitratlösung ($AgNO_3$). Die Chlorid-Ionen verbinden sich mit Ionen des Nachweismittels zu schwer löslichen Salzen, die als weißer Niederschlag ausfallen.
a) Stelle die Reaktionsgleichung für die Bildung des weißen Niederschlags auf!
b) Weise Kochsalz (NaCl) experimentell mit der oben beschriebenen Nachweisreaktion nach!
c) Weise mit dieser Nachweisreaktion Chlorid-Ionen in anderen Stoffen, z. B. Kaliumchlorid, nach!

29. In der heimischen Küche könnte man Zucker und Salz durch Geschmacksproben voneinander unterscheiden. Im Labor ist das verboten.
a) Welche Gründe gibt es für das Verbot, im Labor von Stoffen zu kosten?
b) Wie kann ohne zu kosten herausgefunden werden, welcher der beiden gleich aussehenden Stoffe Zucker, welcher Salz ist?

Stoffklassen

30. Natürliche Stoffe, „künstliche" Stoffe und Kunststoffe sind Begriffe zur Stoffeinteilung.
a) Bestimme die Inhalte dieser Begriffe! Welche Beziehungen bestehen zwischen ihnen?
b) Worauf sollen die Anführungszeichen bei den „künstlichen" Stoffen hinweisen?
c) Ordne den drei Begriffen Stoffe bzw. Gegenstände zu! Nutze dafür auch das Foto!

31. „Künstliche" Stoffe entstehen aus natürlichen Stoffen, die dann die Bezeichnung Ausgangsstoffe erhalten.
   a) Welche Arten der Veränderung natürlich vorkommender Ausgangsstoffe zu „künstlichen" Stoffen sind gebräuchlich?
   b) Schreibe diese Arten der Stoffveränderung untereinander in die linke Spalte einer Tabelle und ergänze zwei Spalten mit den Überschriften „Beispiele für Ausgangsstoffe" und „daraus gewonnene künstliche Stoffe"!

32. Mit den Begriffen „organische Stoffe" und „anorganische Stoffe" ist ebenfalls eine Klassifizierung der Stoffe möglich.
   Erläutere das Hauptmerkmal der organischen Stoffe und gehe dabei auf die Experimente von FRIEDRICH WÖHLER ein!

33. Lebewesen sind auf den Stoffwechsel mit ihrer Umwelt angewiesen.
   a) Erläutere, dass dies bereits bei den Algen zutrifft. Benutze dabei die Begriffe „organische Stoffe", „anorganische Stoffe", „körperfremde Stoffe" und „körpereigene Stoffe"!
   b) Beschreibe den Stoffwechsel von Tieren und beim Menschen!

34. Leichtmetalllegierungen, Biokeramik und optische Fasern gehören zu den modernen Baustoffen.
   Stelle für zwei der genannten Werkstoffe Informationen und Materialien zusammen!

35. Gliedere Baustoffe nach natürlichen und „künstlichen" sowie nach organischen und anorganischen! Unterteile Letztere nochmals in mineralische und metallische Baustoffe!

Stoffentsorgung

36. Die Menschen müssen zur Sicherung ihrer Existenz ununterbrochen in natürliche Kreisläufe eingreifen.
   a) Begründe diese Behauptung!
   b) Erläutere an einem Beispiel diese Eingriffe!
   c) Worin besteht das Problematische dieses Eingreifens?

37. Erkunde die Abfalldeponie-Situation in deiner Siedlung bzw. deinem Kreis!
   Beurteile die Aussage des Fotos!

38. Gesetzlich ist in Deutschland eine Kreislaufwirtschaft gefordert.
   a) Was ist darunter zu verstehen?
   b) Schätze ein, wie dieses Ziel bereits erreicht ist! Nutze auch die Grafik auf S. 36!

39. Entwickle eine Tabelle zu den gegenwärtigen Möglichkeiten der Abfallverwertung!
   Ihre drei Spalten sollen heißen: Verwertungsart, Nutzen und Probleme.

40. Oft wird der Begriff „Siedlungsmüll" benutzt.
   a) Finde heraus, was darunter zu verstehen ist!
   b) Werte das Kreisdiagramm aus!

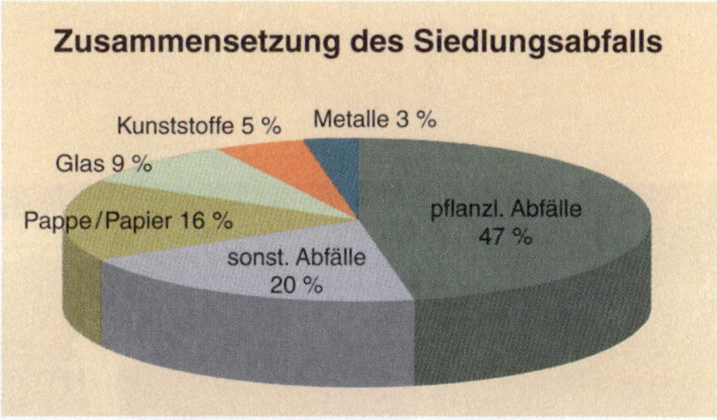

41. Abfalldeponien sind nach den heutigen technischen Möglichkeiten nicht zu vermeiden.
   a) Welche Anforderungen müssen an eine Abfalldeponie gestellt werden?
   b) Stelle Abfallarten zusammen, die nicht auf eine Deponie gehören! Wie ist das zu erreichen?
   c) Wie wird es möglich, das Volumen des Abfalls, der auf Deponien gelangt, zu verringern?

1.2 Duftstoffe

Riechen – wozu?

Wölfe sind Jäger. Um Beute aufzuspüren, müssen sie sich auf zwei Sinnesorgane verlassen können, die in ihrer Entwicklungsgeschichte zu echten Hochleistungsinstrumenten geworden sind: Gehörsinn und Geruchssinn. Mit seinem Geruchssinn, seinem wichtigsten Sinn, kann der Wolf Beutetiere auf Entfernungen bis zu 3 000 m wittern. Wegspuren von Tieren, die ja schnell „verduften", nimmt er noch nach drei Tagen wahr.

Wie funktioniert das Riechorgan Nase bei den Wölfen?
Was sind eigentlich Duft- und Riechstoffe?

Duften gleich Riechen?

Insekten fliegen von Blüte zu Blüte. Im zeitigen Frühjahr sind sie – wie hier die Biene am Seidelbast im noch lichten Laubwald – auf die ersten Blüten angewiesen. Sie sind zwar auf Nahrungssuche, doch sie erbringen den Pflanzen dafür eine „Gegenleistung": Sie tragen den befruchtenden Blütenstaub von der einen zur anderen Blüte. Pflanzen locken Insekten, aber auch Vögel und in Ausnahmefällen auch Säugetiere u. a. durch Duftstoffe an, um ihre Vermehrung zu sichern.

Wozu dienen Duftstoffe im Tierreich?
Wie nutzt der Mensch den Geruchssinn von Tieren aus?

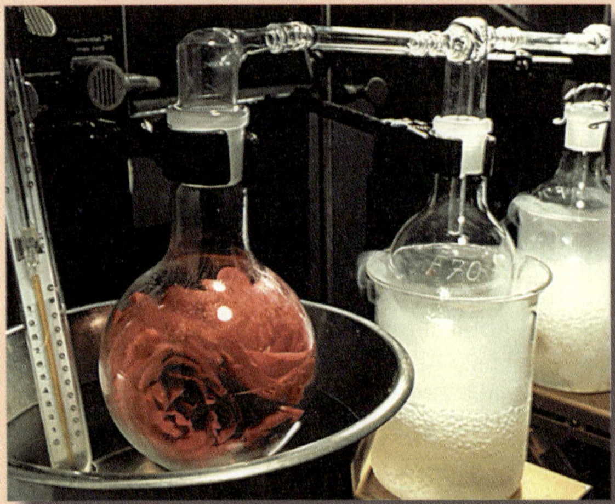

Rosenduft künstlich?

Viele Menschen „hüllen" sich gern in wohlriechende Düfte, die sie selbst nicht entwickeln können. Es entstand – zunächst in Frankreich – die moderne Parfümindustrie. Als in der Natur vorkommende Duftstoffe nicht mehr ausreichten oder ihre Gewinnung zu kostspielig wurde, lernten die Menschen, Düfte auf chemischem Wege herzustellen.

Welche Pflanzen und Pflanzenteile liefern Duftstoffe?
Wodurch gelang es, Duftstoffe synthetisch herzustellen?

1.2.1 Gerüche und ihre Wahrnehmung

Wir Menschen sind vor allem optisch und akustisch mit unserer Umwelt verbunden. Aber **Gerüche** gehören ebenso zu den Reizen auf unsere Sinne wie Licht und Schall (Abb. 2). Gerüche umgeben uns immer und überall (Abb. 1), ob uns dies bewusst ist oder nicht, weil wir uns schnell an einen bestimmten Geruch gewöhnen. Es riecht würzig, fruchtig, brenzlig, faulig, blumig, stechend ... Die „moderne" Geruchsmischung in unserer Umwelt wird in den Städten stark durch Ruß, Schwefel- und Stickoxide beeinflusst, in den ländlichen Gegenden auch durch Pestizide (s. S. 71) und Ammoniak.
Empfinden wir einen Geruch als besonders angenehm, sprechen wir von *Duft:* „Ein irrer Duft von frischem Heu". Ist dagegen der Geruch unangenehm, so wird er zum *Gestank:* „Der fürchterliche Gestank aus dem Gully".

Voraussetzungen dafür, dass wir etwas riechen können, sind das Vorhandensein von **Riechstoffen** und von **Geruchsorganen.**
So vielfältig die Welt der Düfte auch sein mag, eines haben alle Riechstoffe gemeinsam: Sie streben danach, sich zu verflüchtigen und sich als Gas in der Luft fein zu verteilen. Dies ist die Voraussetzung dafür, dass sie von uns Menschen oder den Tieren wahrgenommen werden. Sie sind *leicht flüchtige Stoffe* (Abb. 1, S. 44). Zu den leicht flüchtigen Stoffen gehört auch alles, was bei normaler Temperatur flüssig oder gasförmig ist.

Leicht flüchtige Stoffe bestehen aus kleinsten Teilchen (Molekülen), die untereinander nur durch sehr kleine Kräfte verbunden sind. Niedrige Schmelz- und Siedetemperaturen (Abb. 3), geringe Härte und häufig ein charakteristischer Geruch sind ihre Merkmale.

Stoffe die wir Menschen riechen können, besitzen besondere Strukturen und besondere Oberflächenformen. Sie müssen im direkten Kontakt mit den Sinneszellen chemische Reize

Duftstoff	Duft	Schmelztemperatur
Menthol	Pfefferminz	44 °C
Zimtalkohol	süßlicher Zimt	33 °C
Heliotropin	süßliche Blumen	36 °C
Vanillin	Vanille	80 °C
Thymol	würziger Thymian	51 °C

3 Leicht flüchtige Feststoffe, wie Menthol, Vanillin oder Thymol, sind meist sehr weich. Sie sind bei Zimmertemperatur fest, schmelzen jedoch bereits bei geringer Erwärmung.

1 Gerüche umgeben uns ständig. Sie stammen von blühenden Bäumen, Autos oder von anderen Quellen.

Sinne	Reizarten
Gehörsinn	akustische Reize
Gesichtssinn	optische Reize
Geruchssinn	chemische Reize
Geschmackssinn	chemische Reize
Gleichgewichtssinn	mechanische Reize
Temperatursinn	thermische Reize
Druck- und Berührungssinn	mechanische Reize

2 Der Geruchssinn ist einer unter vielen Sinnen, die bei Tier und Mensch ausgebildet sind. Die einzelnen Sinne nehmen unterschiedliche Reizarten wahr. Ebenso verschieden sind die Sinnesorgane (z. B. Ohr, Auge oder Geschmacksknospen der Zunge) und ihre Aufgaben.

1 In Gasen haben die Teilchen den Zusammenhalt untereinander verloren. Sie können sich unabhängig voneinander bewegen und nehmen daher jeden Raum ein, der ihnen geboten wird. Die Beweglichkeit der Teilchen ist abhängig von der Temperatur. Je größer die Temperatur, desto heftiger bewegen sich die Teilchen von Gasen.

auslösen. So kommt es, dass Stoffe mit ähnlicher Bauform, wie Benzaldehyd und Nitrobenzol, ähnlich riechen, nämlich nach Bittermandel.

Feste Stoffe, wie Salze und andere Gesteine, haben keinen Geruch. Zwischen ihren Atomen und Ionen wirken große Kräfte, die sie fest zusammenhalten. Einige können aber zum Beispiel zusammen mit dem Lösungsmittel Wasser durchaus Düfte entwickeln, also leicht flüchtige Stoffe erzeugen und freisetzen.

Stoffe, die für uns Menschen einen ausgeprägten Geruch haben, nennt man **Riechstoffe.** Wenn sie besonders gut riechen, spricht man von **Duftstoffen.** Man unterscheidet natürliche von synthetischen und halbsynthetischen Riechstoffen.

Duftstoffe begegnen uns in den natürlichen Düften im Pflanzen- und Tierreich (Abb. 2). Ihr Aufbau ist seit langem gründlich erforscht. Viele Chemiker sind damit beschäftigt, eine beträchtliche Anzahl von Duftstoffen aus der Natur in großen Mengen für die Parfüm- und Kosmetikindustrie nachzubauen. Aber die Wissenschaft hat noch längst nicht alle Geheimnisse der Düfte und des Riechens entschlüsselt. Noch immer weiß man nicht genau, welche Merkmale die Riechstoff-Moleküle an ihrer Oberfläche besitzen müssen, um in unserer Nase einen besonderen Dufteindruck hervorzurufen.

2 Duftstoffe senden keineswegs nur die Blüten von Pflanzen aus, sondern auch ihre Blätter und Stiele, wie hier beim mannshohen Lemongras in Nepal.

3 Die Riechzellen unterscheiden sich von anderen Sinneszellen dadurch, dass sie Sinnes*nerven*zellen sind, also zugleich Rezeptoren *und* Nervenzellen. Der Riechkolben des Gehirns empfängt Nachrichten der Riechzellen und leitet sie zu anderen Gehirnbereichen weiter.

Menschen und *Landwirbeltiere* verfügen über Geruchsorgane, die als Riechzellen in den **Riechfeldern** der Riechschleimhaut ausgeprägt sind (Abb. 3, S. 44). Ihnen wird beim Atmen Luft zugeführt, die auch Riechstoffe enthalten kann.

Das Riechen ist mit dem Atmen verbunden. Mit jedem Atemzug gelangen Duftstoffmoleküle zu den Riechzellen. Sie lösen im Kontakt mit ihnen elektrische Signale aus, die an das Gehirn weitergeleitet werden. Dort erzeugt ein Impuls einen Geruchseindruck.

Die Riechschleimhautflächen im Innern der Nase sind zur Vergrößerung der Oberfläche stark gefaltet und gewunden, sodass große Luftportionen schnell und intensiv von den Rezeptoren auf „duftende" Moleküle untersucht werden können.

Wolf und Hund, aber auch Rehe und andere „Riechkünstler" unter den Wildtieren haben dabei eine weitaus stärker gefaltete und verästelte und damit größere Riechschleimhaut als der Mensch (Abb. 1 und 2). Sie können selbst einzelne Duftstoffmoleküle wahrnehmen, also auch schwächste und weit entfernte Geruchsquellen aufspüren.

Die Wolfsnase arbeitet nach Erkenntnissen von Wissenschaftlern 100- bis 1 000-mal besser als die des Menschen. Wölfe können sich außerdem noch auf ein hoch entwickeltes Gehör verlassen. Bis in 10 km Entfernung können sie Geräusche wahrnehmen, auch Töne von hoher Frequenz, z. B. von Fledermäusen. Hunde nehmen noch Geruchsspuren wahr, die wir Menschen nicht einmal riechen würden, wären sie 4 000fach konzentrierter!

1 **Auch die Flächen der Riechschleimhäute von Mensch und Hund zeigen deutliche Unterschiede: Wenn die Größe der Postkarte die entsprechende Fläche beim Hund darstellt, so entspricht die Größe der Briefmarke der Fläche der Riechschleimhaut beim Menschen.**

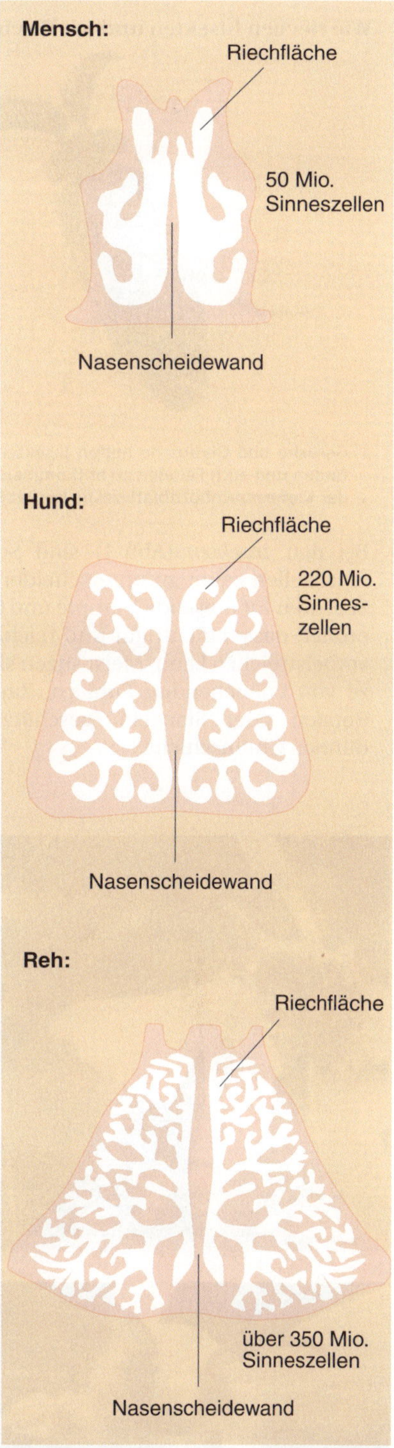

2 **Der Vergleich der Riechflächen bei Mensch, Hund und Reh macht die Unterschiede in der Größe der Riechschleimhäute und der Anzahl an Sinneszellen deutlich.**

Wie riechen Insekten und wie Fische?

1 Gerüche und Geräusche helfen Insekten, ihren Weg zu finden und auch Feinden zu entkommen. Das Männchen der Kiefernbuchhornblattwespe besitzt Riechantennen.

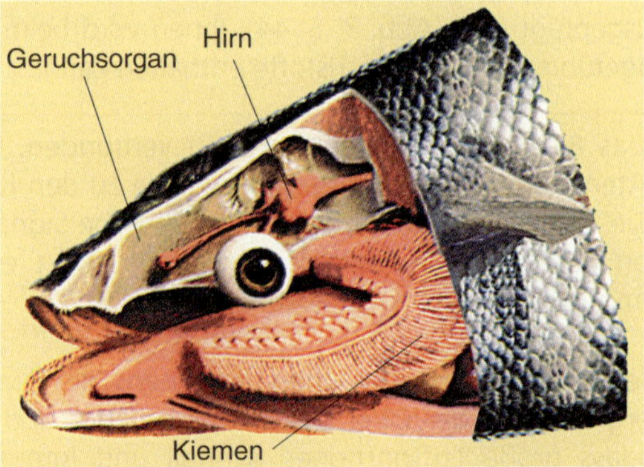

2 Den Fischen dient die Wahrnehmung von Geruchsstoffen auch der Orientierung in dunklen Gewässern, z. B. bei der Futtersuche.

Bei den *Insekten* (Abb. 1) sind Schmeck- und Riechzellen kaum zu unterscheiden. Sie sind als Sensoren für duftende Dämpfe und Gase so angeordnet, dass die Luft gut und reichlich an ihnen vorbeistreichen kann. Meist sitzen sie an der Spitze von vorstehenden Fühlern, Zapfen, Kolben, Borsten oder Stacheln, geschützt von einer dünnen Chitinschicht.

Fische (Abb. 2) tragen die Sensoren für Duftstoffe ebenfalls an der Körperoberfläche. In kleinen **Sinnesgruben** etwas oberhalb des Fischmaules sind die Riechzellen angeordnet. Die Wahrnehmung von chemischen Reizen ist bei den Fischen aber eher ein Schmecken, denn nicht die Luft, sondern das Wasser trägt die wahrgenommenen Stoffe zu den Sinneszellen.

1.2.2 Duften und Riechen in der Tier- und in der Pflanzenwelt

Von den Säugetieren – ob wild lebend oder als Haustiere – wissen wir, dass sie mit Urinspritzern **Duftmarken** setzen. Diese dienen der Reviermarkierung. Sie signalisieren den Artgenossen, ob ein Revier besetzt oder frei ist. Solcherart abgegrenzte Lebensräume können mehrere Quadratkilometer groß sein.

> Duftstoffe und ihre Wahrnehmung dienen im Tierreich der Verständigung unter Artgenossen, der Abwehr von Feinden, der Partnersuche oder der Suche nach Nahrung.

Das Weibchen des *Seidenspinners,* einer Schmetterlingsart, besitzt am Hinterleib Duftsäcke, aus denen es spezifische Duftstoffe absondert, die den Männchen sagen sollen, dass es zur Fortpflanzung fähig und bereit ist (Abb. 3).

3 Die Verständigung bei den Seidenspinnern (Bombyx mori), die in vielen Teilen der Welt (China) zur Seidenproduktion gezüchtet werden, erfolgt durch Lockstoffe, die aus Duftsäckchen der Weibchen ausströmen (oben). Diese Signale nimmt das Männchen mit seinen gewaltigen Riechantennen (unten) auf. Die Lockstoffe der Weibchen können von den Männchen noch über mehrere Kilometer Entfernung wahrgenommen werden.

Überträgt man diese Duftstoffe durch kurze Berührung der Drüsen auf einen Glasstab und nähert sich damit einem Seidenspinner-Männchen, so kann man beobachten, dass dieses ganz aufgeregt der Glasstabspitze folgt.

1 Das Züngeln dient den Schlangen dazu, möglichst viel Luft an den Gaumen zu bringen, um die Orientierung in ihrer Umgebung zu erleichtern.

Bei den *Schlangen* liegen die Sinneseindrücke von Schmecken und Riechen ganz eng beieinander. Unter dem Gaumen liegt das **jacobsonsche Organ.** Es trägt hochempfindliche Sinneszellen, die auf das Gemisch an Duftstoffen reagieren und zum Hirn weiterleiten. Dort wird die Botschaft ausgewertet nach Informationen über mögliche Beute oder Feinde (Abb. 1). Diese Art der Orientierung ist für Schlangen nicht nur von besonderer Bedeutung, weil einige nachts jagen, sondern auch weil sie nicht besonders gut sehen.

Den *Ameisen* dienen Duftstoffe zur Orientierung: Das gesamte Wegenetz eines Ameisenvolkes wird durch Duftmarkierungen geordnet (Abb. 2). Aus dem Hinterleib werden fein dosierte Spurstoffe als Orientierungshilfe auf den Wegverlauf gesetzt und wegen der Flüchtigkeit dieser Duftstoffe immer wieder erneuert. Verlassen einzelne Ameisen die duftmarkierten „Hauptstraßen", um zum Beispiel Nahrung zu erbeuten oder Baumaterial aufzunehmen, markieren sie jeweils ihre neuen Wege, um später über die Hauptstraße zum Nest zurückzufinden.

2 Leuchtpfähle oder weiße Fahrbahnstreifen sind für die kleinen, fleißigen Insekten nicht vorhanden, und dennoch finden sie ihren Weg, laufen Hin- und Rückwege wie an einer Schnur gezogen: Die Wege sind geruchsmarkiert.

Sogar mit *Alarmsubstanzen* und *Schreckstoffen* können sich Ameisen verständigen. In wenigen Sekunden kann zum Beispiel die Ernteameise alle Artgenossen im Umkreis von 6 cm mit einem bestimmten Duftsignal herbeirufen und bei Gefahr sogar in Aggressivität und Kampfbereitschaft versetzen.

Vielfältig ist die Duftsprache auch bei den *Bienen.* Die Königin eines Bienenvolkes, alleine für die Ablage der etwa 30 000 Eier zuständig, sendet Düfte aus, um den Arbeiterinnen zu signalisieren: „Sammelt fleißig Nahrung und füttert die Brut!" Diese Duftstoffe verhindern auch, dass die Arbeiterinnen geschlechtsreif werden. Andere Bienen im Volk helfen mit Duftstoffen, die sie aus dem Hinterleib absondern, den rückkehrenden Arbeiterinnen den Weg in das Einflugloch zu weisen (Abb. 3). Und wenn junge Königinnen das eine Mal in ihrem Leben zu ihrem Hochzeitsflug starten, rufen sie mit Sexuallockstoffen die männlichen Drohnen zum Paarungsplatz.

3 Honigbienen haben eine Duftstofflenkung entwickelt: Spürbienen bringen Pflanzenduftstoffe von der Trachtquelle mit in den Stock und signalisieren so, wo sich das Nektarsammeln lohnt.

Für Pflanzen stellt der Duft ihrer Blüten neben der Farbe das wichtigste Lockmittel für bestäubende Insekten dar. Einige Orchideen locken Insektenmännchen genau mit dem Duft an, den ihre Weibchen in der Paarungszeit ausströmen. Zwischen Insekten und Pflanzen gibt es Spezialisierungen. Deshalb benötigen heimische Insekten auch heimische Blütenpflanzen.

Schädlingsbekämpfung mit Tricks

Eine besonders wirkungsvolle Methode haben sich die Menschen zur Bekämpfung von schädlichen Insekten im Wald ausgedacht. Mit Sexuallockstoffen, sogenannten Pheromonen, will man verhindern, dass sich der *Borkenkäfer,* ein gefräßiger Schädling, im Walde allzu stark ausbreitet (Abb. 1).

Förster stellen deshalb Lockstofffallen auf, in denen kleine Folienbeutel mit künstlich hergestellten Duftstoffen einen für Borkenkäfer betörenden Duft verströmen (Abb. 2). Diese Fangmethode ist erst in den 70er Jahren entwickelt worden. Nachdem man die Substanzen gefunden hatte, mit denen der Borkenkäfer seine Paarungsbereitschaft anzeigt, wurden sie chemisch entschlüsselt und in passenden Portionen künstlich hergestellt. Als Fallen werden entweder flache Kästen mit Schlitzen verwendet, bei denen die heranfliegenden Käfer auf die Fläche aufprallen, abstürzen und in den Sammelbehälter gelenkt werden, aus dem sie nicht mehr entkommen. Oder man benutzt Kunststoffrohre mit rauer Außen- und glatter Innenfläche als Landefallen.

In ähnlicher Weise wird seit einigen Jahren in tropischen Ländern die für Mensch und Tier gefährliche Tsetsefliege bekämpft. Sie ist Überträger von Seuchen, z. B. der Schlafkrankheit.

Dass Insekten auf bestimmte Duftstoffe in der Luft reagieren, macht man sich auch bei der Bekämpfung von schädlichen Insekten im eigenen Haus zunutze: *Kleidermotten* wurden zu Großmutters Zeiten mit Chemikalien bekämpft. Motten und ihre Larven können vor allem Textilien befallen, die längere Zeit nicht getragen werden.

Die klassischen Mottenkugeln enthielten Naphthalin, ein gesundheitsschädlicher, für Kinder sogar hochgefährlicher Stoff mit charakteristischem Geruch. Heute nutzt man als mildere, aber trotzdem wirkungsvolle Abwehrstoffe die des Zedernholzes in Form von Repellents (Abb. 3). Auch Kräutersäckchen mit Walnussblättern, Anis, Myrte, Steinklee oder Lavendelblüten sollen diese Schädlinge fern halten.

Fliegen und *Mücken* lassen sich durch Duftölkombinationen vertreiben, in denen z. B. Lavendelöl, Eukalyptusöl, Thymianöl oder Citrusöl enthalten ist. Mit Duftlampen oder Duftschalen verteilen sich die Dämpfe langsam im ganzen Raum und vertreiben die Insekten. Nachts kann ein Tropfen Pfefferminzöl auf einem kleinen Tuch neben dem Kopfkissen in den wärmeren Monaten für einen ungestörten Schlaf sorgen, selbst bei geöffnetem Fenster.

Duftstoffe vieler weiterer Pflanzen können gegen Schädlinge eingesetzt werden, sogar wenn sie den menschlichen Körper befallen haben. So wirkt Eukalyptusöl gegen Pilze und Parasiten, Thymianöl gegen Viren, Mikroben, Bakterien und Pilze. Wahre „Wunder" werden dem Öl des australischen Teebaums (Ti Tree) nachgesagt. Es soll gegen Viren, Bakterien und Pilze sowie vorbeugend auch gegen Zecken wirksam sein.

1 Der Borkenkäfer befällt normalerweise nur absterbende oder tote Bäume, kann aber nach einer Massenvermehrung auch gesunde Bäume befallen, deren Holz unbrauchbar machen und dadurch ganze Waldgebiete schädigen.

2 Holzschädlinge im Wald werden von Sexuallockstoffen anzogen. Die angelockten Käfer kriechen durch vorgebohrte Löcher ins Innere und fallen in eine Sammeldose am unteren Ende.

3 Nicht das Heulen der „Wölfe" vertreibt die Schädlinge aus dem Kleiderschrank, sondern das Zedernholz mit seinen ätherischen Ölen, Arvenöl und Carnaubawachs hält sie auf Distanz.

1.2.3 Duftstoffe für den Menschen und zu seinem Schutz

Die Duftstoffverwendung durch die Menschen beginnt keineswegs erst am Anfang des 17. Jahrhunderts, als im südfranzösischen Grasse (Abb. 1, S. 50) die Parfümerie Fuß fasste. Sie geht vielmehr auf die Zeit vor 5 000 Jahren zurück. In den alten Kulturen in Vorderasien und am Nil betrachtete man Duftstoffe als heilige Medien: Hölzer, Zweige und Früchte, aromatische Pflanzensäfte und Harze fanden als Rauchbeigaben bei Kultopfern reichlich Verwendung. Duft, Rauch, Atem und Wind waren damals ganz sinnverwandte Begriffe. Götter wurden von Düften und Winden genährt. Folglich waren Brandopfer und andere Kulthandlungen mit Rauch- und Duftentwicklung eine Art Götterspeisung. Auch sollten das Böse vertrieben und dämonische Kräfte besiegt werden.

1 **Parfüms und kölnisch Wasser, Eau de Toilette und Aftershave, all diese duftenden Flüssigkeiten auf dem „Markt der Düfte" sind für unseren Körper, für Haut und Haar gemacht.**

Heute werden Duftstoffe – zusammengesetzt aus Duftbausteinen (Abb. 1) – zur Schaffung eines angenehmen Körpergeruchs oder zum Überdecken des Eigengeruchs von industriellen Erzeugnissen, als Aroma in Nahrungsmitteln, zu Heilzwecken, für eine angenehme Wohnatmosphäre, für religiöse Zwecke oder zur reinen Sinnesfreude verwendet. Dazu werden Mittel eingesetzt, die **Parfümöle** enthalten.

Parfümöle sind konzentrierte Mischungen von Duft- und Riechstoffen, die in alkoholischer Lösung zur Parfümierung verschiedenster Produkte verwendet werden.

Körpergeruch und Parfüm

Der eigene, individuelle Körpergeruch ist zwar etwas ganz natürliches, aber meist wird er von den Mitmenschen nicht gerade als angenehm wahrgenommen, zumal wenn die Ausdünstungen des Körpers durch den Gesundheitszustand oder durch verzehrte Speisen (Kohl, Knoblauch, Fisch, Alkohol u. a.) an Schärfe zunehmen.

Besonders unangenehmer Körpergeruch entwickelt sich bei der Zersetzung von Schweiß, Hautfett und Hautschuppen durch die Tätigkeit der Bakterien. Gerade unter den Achselhöhlen, an den Füßen und in den verborgenen Zonen des Unterleibs herrschen für die Bakterien wegen der Feuchtigkeit und Wärme beste Bedingungen. Hier werden die Hautabsonderungen zu Stoffen wie Buttersäure, Ammoniak und übel riechenden Schwefel-Kohlenwasserstoffen zersetzt.

Nach Mitteln, die diese Körpergerüche überdecken oder binden, besteht eine steigende Nachfrage, allen voran die Produkte der Parfüm-Industrie (Abb. 2).

Wie lange Duftstoffe wirksam sind, hängt nicht allein vom Gehalt an Parfümöl ab, sondern auch vom Anteil der leicht und schwer flüchtigen Stoffe.

Kosmetische Mittel	Gehalt an Parfümöl in %
Parfüms	8–25
Duftwässer	2–8
Mundwässer	5
Seifen	1–4
Cremes	0,3–0,5
Puder	0,5–1
Zahnpasten	1
Haarwässer	0,5–1
Frisiercremes	0,3–0,5
Haarsprays	0,3
Haaröle	0,5–1
Shampoos	0,4–0,5
Bademittel	4

2 **Die kosmetischen Mittel sind sehr vielfältig. Ihr Gehalt an Parfümöl schwankt deutlich.**

1 Grasse – Parfümzentrum neben Paris. In der französischen Parfüm- und Kosmetikindustrie sind 36 000 Menschen beschäftigt. Hinzu kommen noch rund 100 000 Arbeitsplätze in Zulieferindustrien.

Das südfranzösische Städtchen Grasse (Abb. 1) war zunächst ein Zentrum der Gerberei. Erst als die dortigen Handschuhmacher auf die Idee kamen, den schlechten Geruch des gegerbten Leders durch Duftimprägnierung zu überdecken, nahm die Zunft der Parfüm- und Handschuhmacher einen unaufhaltsamen Aufschwung.

Für den Anbau von Duftstoff spendenden Blütenpflanzen, wie Rosen, Jasmin, Orangen, Tuberose oder Kassia, waren in der Umgebung der Stadt günstige Bedingungen vorhanden: ein ausgesprochen mildes Klima und reichliche Wasservorkommen.

Doch seit 1850 werden in Grasse unter dem Druck der Konkurrenz aus Paris nur noch Parfümrohstoffe und deren Auszüge hergestellt.

Der große Markt der Düfte

Der große Markt der Düfte ist wesentlich umfassender als das Angebot von Parfümen: Schon seit langer Zeit wissen die Marketing-Strategen, dass sich viele Industrieprodukte besser verkaufen, wenn sie gut riechen. Wohlgerüche können in unserem Unterbewusstsein Bilder und Erinnerungen aus der Kindheit hervorrufen und dadurch positive Stimmungen und gute Gefühle erzeugen. Vom Verbraucher meist unbemerkt, lässt sich das Kauf- und Konsumverhalten durch Parfümierung zahlreicher Produkte anregen und steuern.

Zunächst wollte man unangenehme „technische“ oder „chemische“ Eigengerüche bei den Produkten überdecken oder – wie es in der Industrie heißt – „maskieren“. Schon länger geht man einen Schritt weiter: Für viele Produkte dieses Bereiches wird von Parfümeuren (Abb. 2) und Psychologen ein maßgeschneidertes Duftkonzept entworfen. Es maskiert nicht nur unangenehme Eigengerüche, sondern stattet das Produkt mit angenehmen Gerüchen aus, die zum Kauf anregen.

Tatsächlich lassen sich die Verbraucher leicht verführen, vor allem wenn diese Duftkonzepte auch durch die Werbung in Wort und Bild begleitet werden (Abb. 3). Die Botschaft zum neuen Shampoo lautet dann nicht mehr: „Es reinigt das Haar besser und gibt ihm Glanz“, sondern: „Es wirkt so, als ob Sie sich die Haare in einem duftenden Bergsee waschen“ oder: „Ihre Haare duften wie an einem Frühlingstag in einem paradiesischen Garten“. Und wer will das nicht?

Auch Nahrungs- und Genussmittel werden durch Duftstoffe verfeinert und variiert. Das ist z. B. bei Tee verbreitet und wird dann als Aromatisieren bezeichnet. Darunter versteht man das nachträgliche Hinzufügen von Blüten oder Gewürzen zum Tee, z. B. von Jasminblüten zum Grüntee.

2 Parfümeure komponieren aus hunderten von Duftbausteinen erlesene Düfte.

3 Parfüm zu verschenken ist sehr beliebt. 40 % aller Geschenke in Europa sind Parfüms.

Zu den Zulieferindustrien der Parfümproduktion gehört u. a. die Herstellung von Flakons. Als Flakons werden Gefäße bezeichnet, in denen Parfüms für den persönlichen Gebrauch in den Handel kommen. Material, Form, Farbe und Größe soll mit dem jeweiligen Duft ihres Inhalts abgestimmt sein. Heute bestehen Flakons meist aus Kristallglas. Es gab sie aber auch aus Keramik, Silber oder Meissener Porzellan.

Natürliche Duftstoffe, die in der Parfüm- und Kosmetikindustrie verwendet werden, haben ihren Ursprung in Pflanzen und Tieren. Pflanzliche Duftstoffe sind vor allem ätherische Öle (Abb. 2). Diese werden auch zu Heilzwecken verwendet.

Ätherische Öle gehören wie Balsame, Harze und Tinkturen zu den natürlichen Riechstoffen. Sie werden aus verschiedenen Teilen von Pflanzen (Abb. 1 bis 4) gewonnen. Sie sind Gemische chemischer Substanzen. Im Gegensatz zu fetten Ölen verflüchtigen sie sich ohne Rückstand.

Blüten und Früchte	Blätter und Stiele	Holz und Rinde	Wurzeln und Harz
Bergamottöl	Eukalyptusöl	Birkenöl	Angelikaöl
Jasminöl	Geranienöl	Cassiaöl	Baldrianöl
Kamillenöl	Lavendelöl	Guajyholöl	Calmusöl
Limettenöl	Lemongrasöl	Kiefernöl	Elemiöl
Mimosenöl	Majoranöl	Olibanumöl	Galbanumöl
Narzissenöl	Oreganoöl	Pineöl	Ingweröl
Neroliöl	Patschuliöl	Rosenholzöl	Irisöl
Orangenöl	Pfefferminzöl	Sandelholzöl	Styraxöl
Rosenöl	Rosmarinöl	Zedernholzöl	Tolubalsamöl
Ylang-Ylang	Salbeiöl	Zimtöl	Vetiveröl
Zitronenöl	Thymianöl	Zypressenöl	Weihrauchöl

2 Ausgewählte ätherische Öle und ihre Zuordnung zu Pflanzenteilen

1 Die Rose gehört wegen ihrer großen Vielfalt im Aussehen, aber auch wegen ihres unübertroffenen Duftes zu den beliebtesten Blütenpflanzen.

3 Sandelholz stammt vom immergrünen Sandelbaum Südostasiens (Java). Sandelholzöl gehört zu den edlen und daher teuren Duftrohstoffen.

4 In der französischen Provence, aber auch in Spanien, Italien und Marokko wird Lavendel auf riesigen Feldern kultiviert und dann komplett verarbeitet.

Zur Gewinnung der natürlichen Duftstoffe aus Pflanzenteilen (Abb. 1) gibt es verschiedene Verfahren, die in der Parfümindustrie angewendet werden. Zu ihnen gehört die **Wasserdampfdestillation:**

- In einer Destillationsapparatur (Abb. 2 und 4, Abb. 3, S. 53) leitet man überhitzten Wasserdampf als Lösungsmittel durch die auf einem Gitter liegenden zerkleinerten Pflanzenteile. Die pflanzlichen Zellwände werden zerstört und die leicht flüchtigen Duftstoffe freigesetzt.
- Wasserdampf und Inhaltsstoffe kondensieren in einem Kühlsystem und werden in einer *Florentiner Flasche* (Abb. 3) aufgefangen. Es entsteht das **Konkret** (franz. Concrète), bestehend aus ätherischem Öl und Wachsen, die in Alkohol unlöslich sind.
- Aus dem Konkret werden die ätherischen Öle durch Auswaschen mit Alkohol von den Wachsen getrennt. Durch Destillation isoliert man unter Vakuum aus der alkoholischen Lösung den „absoluten" Duft, die **Absolues** (vgl. Abb. 1 und 2, S. 53).

1 Aus den Wurzeln der Schwertlilie (Iris pallida) werden Duftstoffe gewonnen, die wegen ihres veilchenartigen, ölig-waldigen Geruchs mit süßen fruchtig-blumigen Nuancen bei Parfümeuren sehr beliebt sind.
Aus 120 kg Iris-Wurzelpulver werden etwa 240 g Konkret, die Irisbutter, gewonnen. Das entspricht einer Ausbeute von 0,2 %! Aus diesen 240 g entstehen dann ungefähr 40 g Absolue. Das sind noch 0,03 % vom Wurzelpulver. Daher ist der Marktwert beeindruckend groß: 1994 wurde 1 kg Absolue mit 500 000 Franc, mehr als 150 000 DM, gehandelt.

2 In einem Destillationssaal stehen mehrere Apparaturen nebeneinander. Dieser Saal in Miltitz ist seit vielen Jahrzehnten in Betrieb.

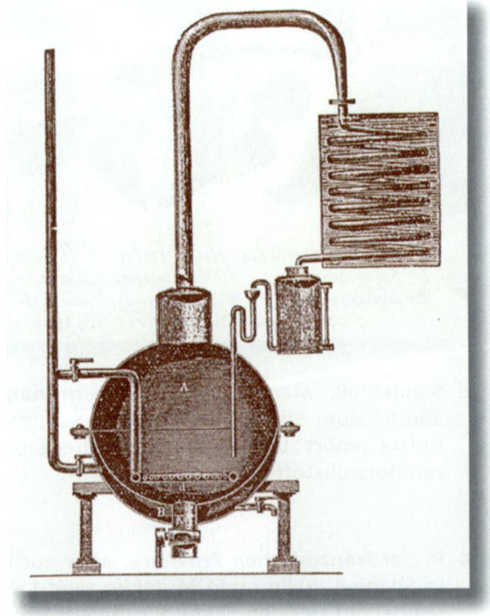

4 Die Originalzeichnung zeigt eine „Fabrikapparatur für Wasserdampfdestillation".

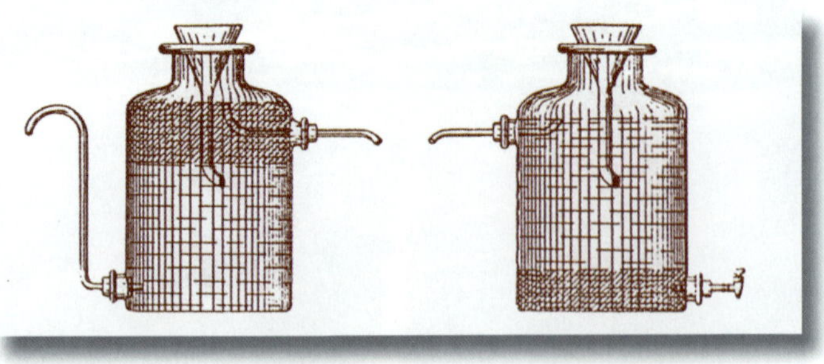

3 Florentiner Flaschen, in denen das Destillat aufgefangen wird, gibt es für leichtes Öl (links) und für schweres Öl (rechts).

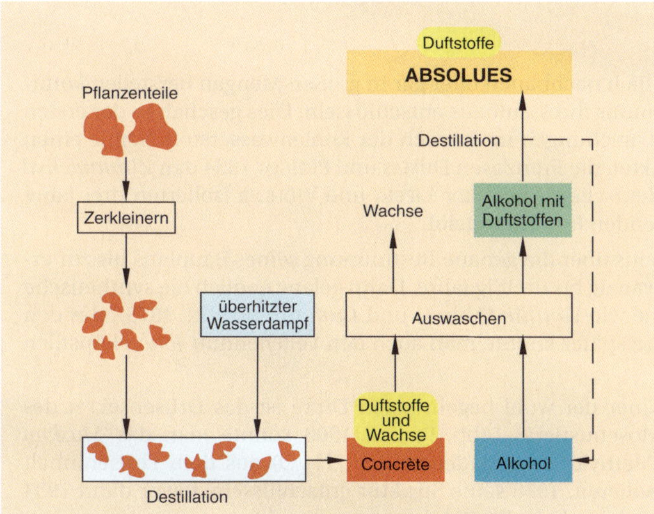

1 Schema der Gewinnung natürlicher Duftstoffe: Destillation mit überhitztem Wasserdampf, Auswaschen der Duftstoffe mit Alkohol und Destillation des Alkohols sind die Grundprozesse.

2 Für 1 kg Konkret werden 350 kg Rosenblütenblätter benötigt. Daraus entstehen nur 500 g Absolue. Das größte geschlossene Rosenanbaugebiet der Welt liegt in Bulgarien im 130 km langen Rosental südlich des Balkans.

Ätherische Öle finden zunehmend direkte Verwendung, also ohne ihre Weiterverarbeitung zu Parfümen. So werden sie als Zusatz beim Baden, bei der Massage, in der Kosmetik und zur Inhalation benutzt. Sie wirken u. a. keimtötend, virenhemmend, pilztötend, entzündungshemmend, zellregenerierend, wundheilend, vernarbungsfördernd, schleimlösend, stimulierend, stimmungshebend, gedächtnisstärkend, krampflösend, ausgleichend und beruhigend. Ätherische Öle stärken zudem die körpereigene Abwehr.

Ätherische Öle können nicht nur über die Haut und durch die Nase aufgenommen werden, sondern – bei Einhaltung genauer Vorschriften – auch über den Mund. Sie können verdünnt oder unverdünnt eingenommen oder als Würze für Speisen verwendet werden. Allerdings muss man sich vorher über mögliche unerwünschte Nebenwirkungen genau erkundigen!

Die Parfüme der Gegenwart stellen Mischungen von natürlichen und **synthetischen** (künstlichen) **Duftstoffen** dar. Durch synthetisch nachgebaute Duftstoffe wurden die Möglichkeiten der Parfümindustrie nahezu unendlich erweitert: Heute stehen den Parfümeuren neben den etwa 150 natürlichen Ölen mehr als 3 000 synthetische zur Verfügung.

3 Auch mit einfachen Mitteln, nahezu unter freiem Himmel, ist Wasserdampfdestillation möglich. In Nepal wird das Lemongras verarbeitet. Es hat einen Ölgehalt von 3 %.

Synthetische Riechstoffe sind riechende Substanzen, die aus Rohstoffen der Chemie hergestellt werden. Halbsynthetische Riechstoffe sind chemisch umgewandelte Auszüge aus Naturprodukten.

Synthetische Duftbausteine

Bevor man Duftstoffe aus der Natur künstlich nachbauen oder gar in großen Mengen herstellen konnte, mussten die Wissenschaftler das Geheimnis ihres Aufbaus entschlüsseln. Dies geschah in der ersten Hälfte des vorigen Jahrhunderts, als die Forschungen im Bereich der Kohlenwasserstoffchemie einen rasanten Aufschwung nahmen. So entdeckten die Franzosen DUMAS und PÈLIGOT 1834 den *Zimtaldehyd* in natürlichem Zimtöl und die großen deutschen Chemiker LIEBIG und WÖHLER isolierten drei Jahre später *Benzaldehyd* aus dem kräftig riechenden Bittermandelöl.

Doch von der Isolierung eines Duftbausteins über die genaue Bestimmung seines Bauplans bis zur erfolgreichen Synthese vergingen damals zwanzig bis dreißig Jahre. Dann gelang endlich die synthetische Gewinnung so bedeutender Duftbausteine wie *Vanillin* (Abb. 1) und *Cumarin* (PERKIN, 1875), das den Duft von Waldmeister prägt. Zwanzig Jahre später konnte man auch den Veilchenduft *Jonon* künstlich herstellen.

PATENT-URKUNDE

№ 576.

Dr. W. Haarmann in Holzminden

EIN PATENT ERTHEILT WORDEN

GEGENSTAND DES PATENTES IST:

Verfahren, das Vanillin künstlich darzustellen.

KAISERLICHES PATENTAMT.

1 **Im Jahre 1874 gelang HAARMANN und TIEMANN die synthetische Gewinnung des Vanillin.**

Einer der wohl begehrtesten Düfte ist das Drüsensekret des Moschustieres (Abb. 2). Erst 1906 konnte man das *Muskon* (Methylcyclopentadecanon $C_{16}H_{30}O$) aus dem Drüseninhalt isolieren, 1926 seine Struktur entschlüsseln, bevor dann 1934 die künstliche Produktion erstmals gelang.

2 **Das Moschustier „Moschus moschiferus" lebt in etwa 1 500 m Höhe in Nepal und China. Düfte aus den Drüsenbeuteln zwischen den Hinterläufen der männlichen Tiere sind teure Naturstoffe.**

3 **Computergesteuerte Dosiertechnik garantiert Qualität, Rezepturgenauigkeit und kurze Lieferzeiten des ausgemischten Parfümöls.**

Die industrielle Produktion von synthetischen Duftbausteinen geht heute wie bei einem Stammbaum auf wenige stoffliche „Wurzeln" zurück, zu denen vor allem Erdöl und Kohle gehören.

- Aus den organischen Grundchemikalien Ethen, Aceton oder Isopren stellt man in einer stufenweise ablaufenden Synthese die sogenannten **Terpenverbindungen** her, die reichlich in den Düften unserer wohlriechenden Blumen und Kräuter vorkommen. Unter den Bezeichnungen *Terpineol, Linalool, Geraniol, Citronellol, Nerol, Citral, Jonon, Sandelkörper* und *Menthol* werden sie in der Parfümindustrie vermarktet.
- In speziellen Verfahren (Abb. 3) werden auch Stoffe, die man aus Pflanzen gewinnt, zu neuen Duftbausteinen chemisch weiterverarbeitet (Halbsynthese). Dabei spielt das **Pinen,** das reichlich im Kiefernholzöl (Terpentin) vorkommt, die wichtigste Rolle. Es besteht nahezu aus den gleichen

Baugruppen wie Geraniol (Abb. 1), Menthol, Citronellol, allesamt Stoffe, deren Duftrichtung man aus dem Namen schon ahnen kann.

– **Aromatische Riechstoffe,** die in ihrem Molekül einen Benzolring aus Kohlenstoff- und Wasserstoffatomen besitzen, stellt man aus den Grundchemikalien Benzol, Toluol, Xylol oder Naphthalin her, die bei der Erdöl- oder Kohledestillation abgetrennt werden (Abb. 2).

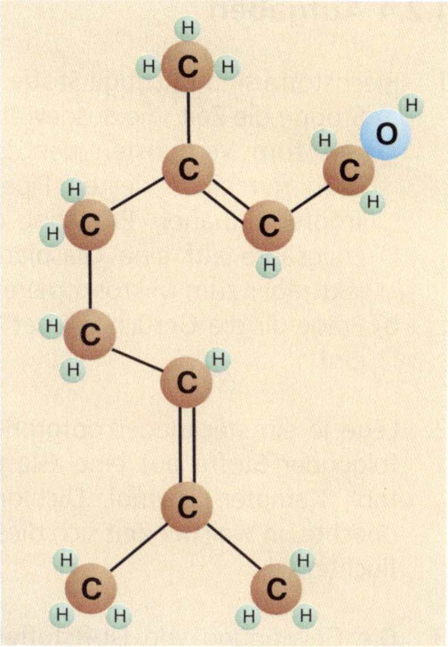

1 Typisch für den Bau vieler Duftstoffe ist der des Geraniols, ein Gebilde aus Kohlenstoff- und Wasserstoffatomen und einer sogenannten Hydroxylgruppe (OH)-Gruppe.

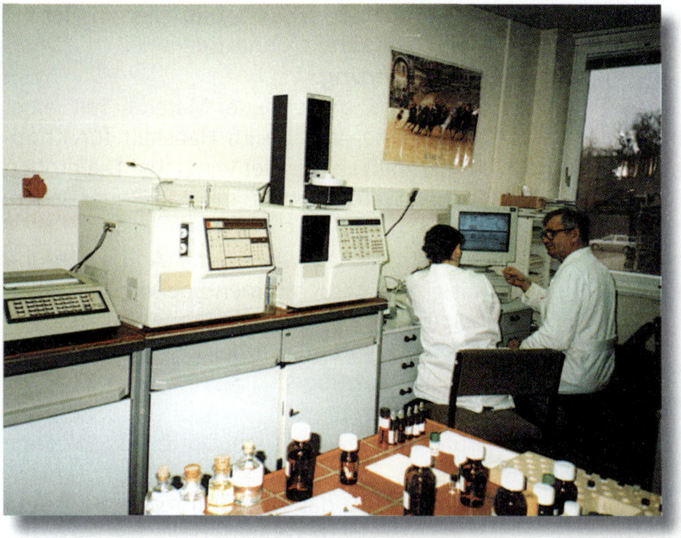

2 Die modernen „Duftküchen" stellen Hightech-Laboratorien dar.

Duft gegen Unfälle

Immer wieder kommt es zu Verkehrsunfällen mit Wildbeteiligung. Dabei verliert eine nicht geringe Anzahl von Menschen ihr Leben, noch wesentlich mehr werden schwer verletzt. Doch die Wildtiere sind nicht die Verursacher solch tragischen menschlichen Leides. Der Mensch hat die Lebensräume der Tiere durch Straßen zerschnitten. Die Zahl der zugelassenen Kraftfahrzeuge steigt weiter, es wird schneller und weiter gefahren. Das Verkehrsschild „Achtung, Wildwechsel!" veranlasst Autofahrer zu selten zum langsameren Fahren.

Allein im Bundesland Brandenburg ereignen sich Jahr für Jahr über 10 000 Verkehrsunfälle allein mit jagbarem Wild. 1996/97 waren u. a. 7 352 Rehe, 1 778 Wildschweine, 1 645 Hasen, 1 470 Füchse und 431 Dachse in Unfälle einbezogen. Viele Tiere sterben nicht sofort auf der Straße. Sie erleiden einen qualvollen Tod, z. B. durch Verhungern oder Verdursten, hinterlassen hilflose Junge.

Jetzt werden entlang der Straßen Duftmittel ausgebracht, die die Tiere vom Überqueren abhalten sollen (Abb. 3). Ganz anders als bei den Duftfallen, die anlocken, wirken Düfte hier abstoßend. Deshalb werden Duftkomponenten vom Bär, Luchs und Menschen versprüht. Noch ist nicht sicher, ob, wie und wie lange welche Tiere darauf reagieren.

3 Im Blumenthaler Forst in Ostbrandenburg wird der neue „Duftzaun" erprobt.

1.2.4 Aufgaben

1. Riechstoffe sind flüchtige Stoffe.
   a) Stoppe die Zeit, die ausgewählte Substanzen zum Verdunsten benötigen! Bringe dazu mit einer kleinen Pipette je einen Tropfen Ethanol, Propanol, Aceton und Essigsäure auf eine Glasplatte (z. B. Objektträger zum Mikroskopieren)!
   b) Präge dir die Gerüche dieser Flüssigkeiten ein!

2. Lege je ein stecknadelkopfgroßes Körnchen folgender Stoffe auf eine Glasplatte: Menthol, Kampfer, Thymol, Dichlorbenzol! Beobachte, in welcher Zeit sich diese Stoffe verflüchtigen!

3. Die Gewinnung von Duftstoffen ist mit einem großen Arbeitsaufwand verbunden.

   Beschreibe und werte die Arbeit der Orangenblütenpflücker(innen)! Beziehe dabei auch folgende Information mit ein: Erst aus 1 000 kg Orangenblüten kann 1 kg Absolue, wertvolles Neroliöl, gewonnen werden. Das entspricht einer Tagesleistung von 50–60 Pflücker(inne)n.

4. Die *Kalte Pressung* ist ein Verfahren zur Duftölgewinnung. Da die verarbeiteten Pflanzenmaterialien nicht erwärmt werden, wird ihre Zusammensetzung und Duftqualität nicht beeinträchtigt.
   Gewinne aus den Schalen von Zitrone, Orange, Limette, von den noch grünen Früchten des Bergamottbaums, von Mandarine, Clementine oder Grapefruit (Pampelmuse) durch kalte Pressung ätherische Öle!

   Vorbereitung:
   Häufig sind Zitrusfrüchte mit o-Phenylphenol gegen Fäulnis gewachst. Deshalb sollten nur naturreine unbehandelte Früchte verwendet werden. Die Schale der gewaschenen Früchte wird auf einer kleinen Haushaltsreibe abgerieben – aber nur die äußere Schicht mit den Ölzellen, nicht die weiße Schalenmasse. Man kann auch die Frucht mit einem Messerchen dünn schälen und die Schalen in kleine Stückchen schneiden.

   Durchführung:
   Presse das gewonnene Material mit einer Handpresse, wie sie im Haushalt für Knoblauchzehen verwendet wird, aus! Die groben Löcher werden zuvor mit Mull oder Watte abgedeckt.
   Die Öltröpfchen werden zur Aufbewahrung mit einem geruchsarmen Speiseöl, mit Alkohol (Ethanol) oder mit Propylenglykol vermischt: ein Tropfen ätherisches Öl auf einen Milliliter Duftträger.

   Auswertung:
   Prüfe die gewonnenen Düfte auf folgende Weise:
   1. Kannst du das Ausgangsmaterial eindeutig wieder erkennen oder hat sich der Duft verändert?
   2. Welche Duftnoten würdest du gerne in dein Parfüm einbauen:
   a) eine sportlich-frische,
   b) eine blumig-süße,
   c) eine trocken-herbwürzige oder
   d) eine schwere orientalisch-balsamische Grundnote?

5. Weihrauch ist wie Myrrhe ein aromatisches Harz. Sumerer, Babylonier und Assyrer brachten es schon vor 5 000 Jahren dem Sonnengott Baal als Opfer dar.

a) Erkundige dich bei einem Religionslehrer oder bei einem katholischen Priester nach der Bedeutung von Weihrauch innerhalb kirchlicher Gebräuche und Zeremonien!

b) Frage auch nach Texten aus der Bibel (Altes Testament), in denen über die Verwendung von Weihrauch und anderen Duftstoffen erzählt wird!

6. Duftstoffe lassen sich aus zahlreichen pflanzlichen Rohmaterialien auch mit Hilfe von Lösemitteln, z. B. mit Spiritus, durch *Schnellextraktion* gewinnen. Als Duftpräparat erhält man dann eine ethanolische Tinktur.
Wende dieses Verfahren mit ausgewählten Blättern, Blüten, Schalen und anderen Pflanzenteilen von Küchenkräutern, mit Samen von Gewürzpflanzen aller Art, zerkleinerten Nadeln von Koniferen und mit Krümeln von einheimischen oder tropischen Harzen an!
Vorbereitung:
Zerkleinere die Rohmaterialien mit dem Messer oder der Schere und gib sie zusammen mit einer kleinen Portion gereinigtem Seesand in eine Reibeschale!
Durchführung:
Verreibe mit dem Pistill zunächst trocken und setze dann 10 ml Ethanol (unvergällt, oder kosmetisches Haarwasser) hinzu und verreibe weiter! Filtriere das Gemisch durch einen Faltenfilter und fange es im Reagenzglas auf! Die so gewonnenen Tinkturen lassen sich in braunen Fläschchen längere Zeit aufbewahren. Bringt man etwas Tinktur auf die Haut oder auf ein Stück Filterpapier, so verfliegt der Duftträger Ethanol schnell und der reine Duft kann sich entfalten.
Auswertung:
Prüfe die gewonnenen Düfte auf folgende Weise:
1. Kannst du das Ausgangsmaterial eindeutig wieder erkennen oder hat sich der Duft verändert?
2. Welche Duftnoten würdest du gerne in dein Parfüm einbauen:
a) eine sportlich-frische,
b) eine blumig-süße,
c) eine trocken-herbwürzige
oder
d) eine schwere orientalisch-balsamische Grundnote?

7. Informiere dich über das Zusammenwirken von Zunge und Nase beim Schmecken! Auf welche Weise ist dein Geschmack beeinträchtigt, wenn du einen starken Schnupfen hast? Lass dir die Augen verbinden und halte deine Nase ganz zu: Versuche dann, kleine Stücke von Kohlrabi, Kartoffel, Apfel, Melone und Rote Beete am Geschmack zu unterscheiden! Wie gelingt dir das?

8. Die *Wasserdampfdestillation* stellt ein verbreitetes Verfahren für die Gewinnung von ätherischen Ölen dar.

Wende dieses Verfahren auf ausgewähltes Pflanzenmaterial an!
Vorbereitung:
Für die Wasserdampfdestillation von Pflanzenmaterial zur Gewinnung der Duftöle benötigt man einen Dampfdrucktopf, auf dessen Ventilstutzen ein Liebigkühler aufgesetzt wird. Dann benötigt man noch ein Gefäß zum Auffangen des Wasser-Öl-Gemisches, am besten einen schlanken Messzylinder (50 ml) und natürlich das dufttragende Pflanzenmaterial.
Durchführung:
Mit der Schere oder dem Messer wird das Destilliergut zunächst klein geschnitten oder in einer gut gereinigten Kaffee- oder Körnermühle zermahlen. So kommt der Wasserdampf schnell an die duftführenden Zellen der Blüten, Blätter, Samen oder Früchte heran und eine hohe Ausbeute ist garantiert. Diese liegt meist bei 2–3 % des eingesetzten Materials. Kümmel, Ingwer und Gewürznelken sind etwas ergiebiger (4–5 %). Nadeln von Koniferen, wie Fichten, Lärchen, Kiefern u. Ä., geben nicht so viel Öl (0,5 – 1,5 %).

Bei der direkten Wasserdampfdestillation wird das Destilliergut nicht mit dem Wasser (flüssig) in Kontakt gebracht, sondern nur vom Wasserdampf durchströmt. Dazu legt man es in einen Siebeinsatz, der auf einem Dreifuß ruht. Je nach Topfgröße legt man $\frac{3}{4}$ bis 1 Liter Wasser vor und destilliert 100 g trockenes bzw. 150 g frisches Pflanzenmaterial.

Nutzung der Produkte:
Die Duftöle schwimmen als Ölflecken oder als Ölschicht auf der wässrigen Phase. Auch diese trägt viele Duftstoffe. Das Öl lässt sich mit Pasteurpipetten aufnehmen und in Ethanol auflösen. Man kann damit auch Seifen, Cremes und Lotionen für die Körperpflege „beduften".

9. Die Burgen der geschützten Roten Waldameise erreichen Höhen bis zu zwei Metern.

Wenn es in eurem Wald einen Ameisenhaufen gibt, kannst du ein kleines Experiment machen:
Lege ein sauberes Taschentuch flach auf den Ameisenhaufen ohne diesen zu beschädigen und warte zwei Minuten! Nimm das Taschentuch dann wieder auf, schüttle es gut aus und rieche vorsichtig daran! Beschreibe!

10. Frage in einer Drogerie oder im Gartenfachhandel nach, ob es Lockstofffallen für Schädlinge in Haus und Garten gibt! Welche Tiere sollen mit welchen Stoffen angelockt werden?

11. Suche zu Hause bei den Waschmitteln, Reinigern und Spülmitteln, bei allen Stoffen für die Körperpflege und Kosmetik nach Duftstoffen und Parfümölen!
Achtung: Häufig sind die Inhaltsstoffe nur in englischer Sprache aufgelistet. Suche nach *„fragrance"* oder *„perfume"*! Fertige eine Liste an!

12. Bei massenhaftem Befall können Borkenkäfer die Wälder erheblich schädigen.

a) Erkundige dich in der nächstgelegenen Revierförsterei, ob in den Waldgebieten Borkenkäferfallen aufgestellt sind und wie sie wirken!
b) Erkläre die Wirkungsweise von Insektenfallen, die außer den Borkenkäfer- oder Pheromonfallen existieren! Es gibt sie als Dreiecksfallen und Variotrop-Behälter.

13. Wie viele Düfte kannst du unterscheiden? Schreibe alle Düfte auf, die du innerhalb der vier Gruppen *Blumen – Früchte – Kräuter – Gewürze* eindeutig erkennen und benennen kannst!

14. Florentiner Flaschen weisen unterschiedliche Konstruktionen auf.

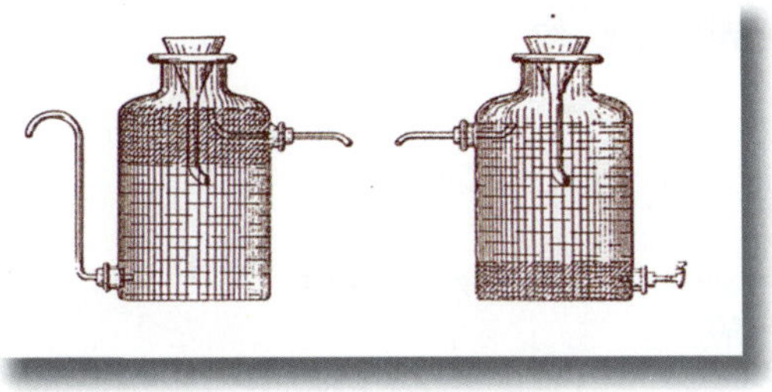

Beschreibe ihren unterschiedlichen Bau und begründe diesen!

15. Bei vielen Anlässen sind Wachskerzen beliebt. Sie werden nicht nur in der Weihnachtszeit gern verwendet. Eine besondere Wirkung kann von Kerzen ausgehen, wenn sie duften. Stelle schwimmende Kerzen her, die z. B. nach Rosen duften!

Vorbereitung:

a) Überlege, wie diese Aufgabe zu lösen ist!

b) Besorge an Materialien und Geräten: Paraffinwachs (Menge je nach Anzahl der herzustellenden Kerzen, z. B. 250 g), Topf mit Einsatz, rosa oder orangenen Wachsfarbstoff, Wachsparfüm oder ätherisches Öl „Rose", Törtchenformen aus Metall, mehrere Zentimeter Kerzendochte, Blumen mit flachen Köpfen (z. B. Ringelblumen), Schmuckteller oder -schale!

Durchführung:

a) Gieße Wasser in den Topf und gib Paraffinwachs in den Topfeinsatz! Erwärme das Wasser, bis das Wachs langsam schmilzt!

b) Gib ein kleines Stück Wachsfarbstoff zum geschmolzenen Wachs! Die Größe des Stücks bestimmt die Farbe der Kerzen.

c) Tropfe etwas Wachsparfüm bzw. ätherisches Öl in die Masse!

d) Gieße die Wachsmasse vorsichtig in die Törtchenformen!

e) Stecke die zugeschnittenen Dochte in die Mitte der Formen, wenn das Wachs beginnt, fest zu werden!

f) Gieße – falls erforderlich – noch etwas Wachs nach!

g) Hebe die Kerzen nach dem Erkalten des Wachses aus den Formen!

Nutzung des Produkts:

Verteile mehrere Kerzen auf einem schönen Teller oder in einer Schale, die mit Wasser gefüllt sind. Lege jeweils zwischen die Kerzen Blüten der Ringelblumen! Die brennenden Kerzen verbreiten einen angenehmen Rosenduft.

16. Gegen trockene raue Hände, die beim Arbeiten oder durch häufiges Händewaschen immer wieder entstehen, können selbst gefertigte Handcremes helfen.
Stelle eine Ringelblumen-Handcreme auf der Grundlage von Holunder-Aufguss her!

Vorbereitung:

a) Gib frischen oder getrockneten Holunder in einen Topf! Gieße darüber abgekochtes destilliertes Wasser!
Decke den Topf zu und lass das Ganze eine Stunde ziehen! Siebe die Masse dann in Gläser, stelle diese in den Kühlschrank!

b) Bereite folgende Materialien und Geräte vor: Topf für Wasserbad, 1 Esslöffel Bienenwachs, 1 Esslöffel Lanolin, 1 Esslöffel Kakaobutter, 25 ml Ringelblumenöl, 1 Teelöffel Glycerin, 1 Teelöffel Borax, 2 Esslöffel des vorbereiteten Holunderaufgusses, Melissenöl, Keramikkrug, Keramikschüssel!

Durchführung:

a) Lass das Bienenwachs langsam im Wasserbad schmelzen! Rühre dann Lanolin und Kakaobutter unter!

b) Gib erwärmtes Ringelblumenöl und Glycerin zu der bei a) hergestellten Mischung!

c) Löse im Keramikkrug das Borax in erwärmten Holunderaufguss auf! Schütte die Lösung zur vorher entstandenen Mischung! Rühre solange, bis die Masse durch Erkalten fest zu werden beginnt!

d) Rühre 5 Tropfen Melissenöl unter und fülle das Ganze in eine kleine Keramikschüssel!

Nutzung des Produkts:

Die Holunder-Ringelblumen-Handcreme dient als Nährcreme zur Pflege rauer Hände.

1.3 Giftstoffe

„... alle ding sind gifft..."?

PARACELSUS (1493–1541), Schweizer Arzt und Naturforscher, hat sich schon frühzeitig dazu geäußert:

„Was ist das nit gifft ist: alle ding sind gifft
und nichts ohn gifft
Allein die dosis macht das ein ding kein gifft ist. Als ein Exempel
ein jetliche speiß und ein jetlich getranck
so es über sein dosin eingenommen wirdt
so ist es gifft
das beweist sein ausgang: Ich geb auch zu das gifft
gifft sey."

Wie ist PARACELSUS' Aussage zu interpretieren?
Ist diese Gift-Bestimmung auch in unserer Zeit noch gültig?

Gifte für den Menschen – wozu?

Gifte sind in der belebten wie in der unbelebten Natur vielfältig vorhanden. Kreuzotter, Fliegenpilz und Quecksilber flößen den Menschen, die sich vor Vergiftungen bis hin zum Tod schützen wollen, von jeher Respekt ein. Doch dem Menschen reichen die natürlichen Gifte noch nicht aus: Es werden immer neue, synthetische Gifte produziert!

Sind Gifte von Tieren, Pflanzen oder in Gesteinen für den Menschen wirklich so gefährlich?
Was bewegt Menschen dazu, im Labor neue Gifte zu entwickeln und herzustellen?

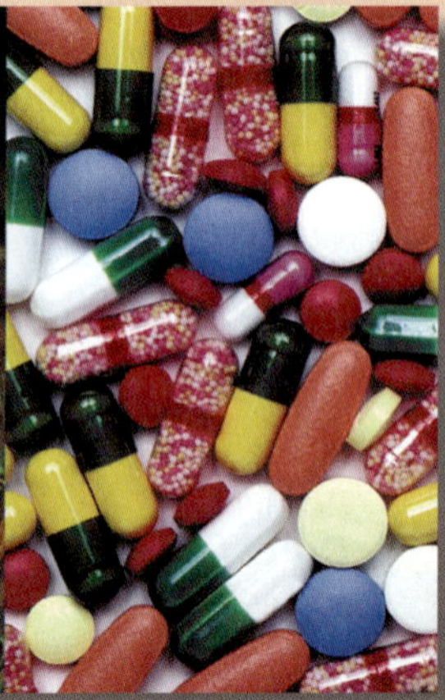

Vergiften wir die Umwelt?

Unfälle mit Öl oder Chemikalien sowie Großbrände in Industriebetrieben oder Lagerhallen sind nicht völlig auszuschließen. Durch solche Unfälle gelangen immer wieder Gifte in die Umwelt. Das Erschrecken ist groß, wenn die Bevölkerung aufgefordert werden muss, Fenster und Türen gut verschlossen zu halten oder kein Wasser aus Brunnen zu verwenden. Um im Katastrophenfall schnell und richtig handeln zu können, werden immer wieder Notfallübungen durchgeführt (Abb.).

Sind solche Katastrophen die einzigen Ursachen für Gifte in der Umwelt?
Kommen wir täglich nicht auch unbewusst mit vielen Giftstoffen aus der Umwelt in Berührung?
Wie gefährlich sind diese Gifte für uns Menschen?

1.3.1 Gifte, ihre Wirkung und ihre Verwendung in der Geschichte

Paracelsus' Aussage (s. S. 60) – vor etwa 450 Jahren formuliert – trifft auch heute noch den Kern der Sache: Alles ist giftig, es kommt nur auf die Menge an. Allerdings ist diese Feststellung im täglichen Leben wenig brauchbar. Deshalb ist in der „Verordnung zum Schutz vor gefährlichen Stoffen" (Gefahrstoffverordnung – GefStoffV; Abb. 1 und 3) der Bundesrepublik Deutschland eine auf die Menschen bezogene Bestimmung von Giften enthalten:

> „Stoffe sind giftig, wenn sie in geringer Menge bei Einatmen, Verschlucken oder Aufnahme über die Haut zum Tode führen oder akute oder chronische Gesundheitsschäden verursachen können."

Was genau eine „geringe Menge" ist, bleibt offen. Diese ist auch schwer festzulegen. Viele Stoffe sind in geringsten Mengen, als Spurenelemente, lebensnotwendig oder besitzen eine Heilwirkung. Von einer bestimmten **Dosis** an oder in Verbindung mit anderen Stoffen wirken sie giftig und verursachen Krankheiten oder führen zum Tod (Abb. 1, S. 62).

Die **Wirkung** von Giftstoffen auf verschiedene Menschen – etwa unterschiedlichen Alters – ist bei gleicher Dosis sehr verschieden: Während bei Erwachsenen kaum eine Reaktion auftritt, sind für einen Säugling schon 2–3 g Kochsalz lebensbedrohlich. Eine Vergiftung, das Kochsalzfieber, tritt auf. Hohe Dosen können auch bei Erwachsenen zu Kopfschmerzen, Hirnhautentzündung und Magen-Darm-Erkrankungen führen. Ähnlich ist es bei Amalgam (Abb. 2).

Ein Maß für die **Giftigkeit** eines Stoffes ist die LD_{50}-Dosis, die tödliche Dosis (letale Dosis). Die Höhe der Dosis wird durch Tierversuch (z. B. mit Ratten) ermittelt. Es ist die Dosis, bei der 50 % der Versuchstiere getötet werden.

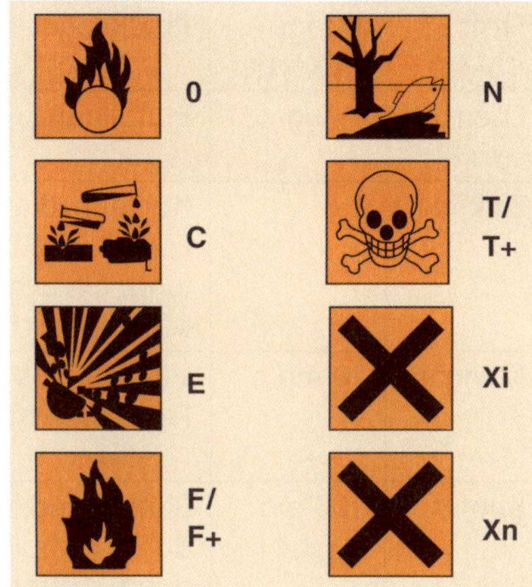

1 Gefahrstoffsymbole

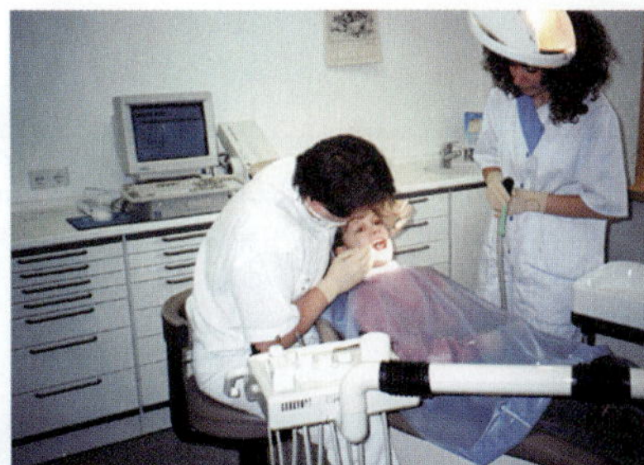

2 Wie umstritten die giftigen Wirkungen von Stoffen sind, zeigt sich am Beispiel des Amalgams, einer Legierung von Quecksilber mit Silber und Kupfer, die als Füllung für kranke Zähne verwendet wird. Während einige Menschen diese Legierung gut vertragen, führt sie bei anderen zu Krankheitserscheinungen. Das können Allergien, Bauchschmerzen, Kopfschmerzen oder allgemeine Befindlichkeitsstörungen sein. Es wird auch vermutet, dass einige chronische Erkrankungen mit Amalgam in Zusammenhang stehen.

brandfördend	**0**	umweltgefährlich	**N**
ätzend	**C**	reizend	**Xi**
explosionsgefährlich	**E**	gesundheitsschädlich	**Xn**
leicht entzündlich	**F**	sensibilisierend (allergen)	**Xn/Xi**
hoch entzündlich	**F+**	Krebs erzeugend (karzinogen)	**T/Xn**
giftig	**T**	fortpflanzungsgefährdend (reproduktionstoxisch)	**T/Xn**
sehr giftig	**T+**	erbgutverändernd (mutagen)	**T/Xn**

3 Die Gefahrstoffverordnung regelt Einstufung, Kennzeichnung und Verpackung von gefährlichen Stoffen sowie den Umgang mit ihnen. Die Kennzeichnung erfolgt durch gut sichtbare Gefahrstoffsymbole.

Stoff	Menge im Körper	Physiologische Funktion	Mangelerscheinung	Vergiftungs-erscheinungen
Eisen	4–5 g	Blutbildung	Blutarmut (Eisenmangelanämie)	Störungen verschiedener Körperfunktionen
Zink	1 g	Kohlenhydrat- und Eiweißabbau, Wundheilung, Geruchs- und Geschmacks-schärfe	Eiweißsynthese, Muskelvergiftung, Verlust von Geschmack und Geruchsempfinden, Haarausfall	Übelkeit, Erbrechen, Durchfall, Bauchschmerzen
Mangan	20 mg	Vitamin B_1-Verwertung, Fettsäuresynthese	bei Menschen nicht bekannt	Gedächtnisstörungen, Nervenkrankheiten, Lungenentzündung
Kupfer	100 mg	Blutbildung, Knochenbildung, Farbpigmentbildung, Aufrechterhaltung des Gehirngewebes	Blockierung der Atmung, Weißfärbung der Haare, Blutarmut, Abwehrschwäche	Vergiftungserscheinungen, wie Übelkeit und Erbrechen, Tod
Cobalt	5 µg	Blutbildung	Ausbleiben der Bildung von Erbinformationen, Blutarmut	Herzmuskelrückbildung bis hin zum Herzversagen, Magenerkrankungen

1 Der Einfluss der vom Körper aufgenommenen Menge an Spurenelementen hängt von vielen Faktoren, wie Alter, Geschlecht oder Ernährungsart, ab. Hier erweist sich das auf PARACELSUS zurückgehende Sprichwort „Allzu viel ist ungesund" als zutreffend.

2 Kokain, Opium, Marihuana, Nikotin und Alkohol gehören zu den Giftstoffen, die wir meiden können. Bei Arzneimitteln sollten wir nur die vom Arzt als unverzichtbar angegebene Menge zu uns nehmen.

Mit vielen Gift- und Schadstoffen kommen wir *unbewusst* in Berührung, weil sie sich in unserer Umwelt befinden und wir ihnen im Alltag nicht aus dem Wege gehen können. Sie befinden sich in der Luft, im Wasser, in der Nahrung, in unserer Kleidung oder in Möbeln. Dazu gehören z. B. Ozon, Stickstoffoxide, Kohlenstoffoxide, Formaldehyd, Schwermetalle, Pflanzenschutz- und Schädlingsbekämpfungsmittel (s. Abschnitt 1.3.2). Andere Gifte können wir meist *bewusst* von uns fernhalten (Abb. 2).

Gift- und Schadstoffe führen beim Menschen zu akuten oder chronischen Wirkungen. Die akuten Wirkungen unterteilt man in lokale (örtliche) Schädigungen (eines Organs, eines Gewebes) und in Schädigungen von Organsystemen.

Akute Wirkungen treten plötzlich auf und verlaufen schnell. **Chronische Wirkungen** treten langsam auf und dauern lange an.

Akute, unvermittelt auftretende **Wirkungen** zeigen sich meist nach einmaliger Aufnahme eines Giftes in einer bestimmten Menge. Zu den *akuten lokalen Schädigungen* zählen z. B. Verätzungen der Haut oder der Atmungsorgane. Bei *akuten Schädigungen von Organsystemen* können z. B. Magen-Darm-Störungen, Leber-Nieren-Erkrankungen, Herz-Kreislauf-Schädigungen, Beeinflussungen des Blutdrucks,

Schädigungen des Hirns und des Nervensystems auftreten. Meist werden von bestimmten giftigen Stoffen nur ganz bestimmte Organsysteme geschädigt. Am häufigsten betrifft dies das Zentralnervensystem. Aber auch in Blut, Leber und Nieren werden Gifte besonders wirksam.

Bei **chronischen Wirkungen** ist die Giftaufnahme akut nicht nachweisbar, jedoch sind ihre Dauer und Häufigkeit entscheidend. Entsprechend der Feststellung von PARACELSUS werden Stoffe, die bei ein- oder mehrmaligem Kontakt nicht giftig sind, bei ständiger Aufnahme im Körper gespeichert und so zu giftigen Konzentrationen angereichert. Die Speicherorgane des menschlichen Körpers sind vor allem Leber und Nieren, aber auch Bauchspeicheldrüse, Haut, Knochenmark, Körperfette und Gehirn.

Wie groß Gift- oder Schadstoffwirkungen sind, die bis zum Tod führen können (Abb. 1), hängt von vielen Faktoren ab. Dazu gehören
- der Grad der Aufnahme des Giftstoffes in Blut- und Lymphsystem (schnell – langsam),
- die Art des Stoffes (Abb. 2), der durch den Organismus aufgenommen wird (fest – leicht flüchtig),
- die Art der im Organismus ablaufenden chemischen Umwandlungs- und Abbaureaktionen und
- die Geschwindigkeit des Abbaus und der Ausscheidung des Giftes über Nieren, Darm, Lungen und Haut.

Für den Schutz von Beschäftigten an Arbeitsplätzen sind in Deutschland Richtwerte festgelegt worden.

MAK-, TRK- und BAT-Werte

Die **MAK-Werte** (Maximale Arbeitsplatzkonzentrationen) geben die maximal erlaubte Konzentration eines gas-, dampf- oder staubförmigen Stoffes am Arbeitsplatz an, die nach dem derzeitigen Stand der wissenschaftlichen Erkenntnisse auch bei wiederholter und langfristiger, in der Regel achtstündiger Einwirkung bei einer durchschnittlichen Wochenarbeitszeit von 40 Stunden im allgemeinen die Gesundheit der Beschäftigten nicht beeinträchtigt und diese nicht unangenehm belästigt. Sie gelten für gesunde Personen im arbeitsfähigen Alter.

Die **TRK-Werte** (Technische Richtkonzentrationen) wurden für eine Reihe von Krebs erzeugenden und erbgutverändernden Arbeitsstoffen festgelegt, für die kein MAK-Wert bestimmt werden kann. Ein gesundheitsschädliches Risiko können TRK-Werte jedoch nicht ausschließen.

Die **BAT-Werte** (Biologische Arbeitsplatztoleranzwerte) gelten für gefährliche Arbeitsstoffe, die über die Lunge oder über die Haut aufgenommen werden können. Ihre Konzentration bezieht sich auf Blut oder Harn.

Todesursache	Gestorbene
Vergiftungen durch Medikamente und Drogen	1 762
Vergiftungen durch Alkohol	135
Vergiftungen durch Säuren und Ätzlaugen	21
Vergiftungen durch Kohlenmonooxid	732
Vergiftungen mit sonstigen Gasen, Dämpfen und Rauch	224
Vergiftungen mit sonstigen Substanzen	224

1 Die Tabelle zeigt nur die in Deutschland 1996 erfolgten Vergiftungen mit Todesfolge. Die Anzahl der Vergiftungen insgesamt liegt wesentlich höher.

Einteilung der Giftstoffe

- **nach den Wegen, auf denen sie in den Körper gelangen:**
  - durch den Mund
  - durch die Blutbahn
  - durch die Haut
  - durch Einatmen
- **nach der Wirkung, die sie auslösen:**
  - Nervengifte
  - Stoffwechselgifte
  - Blutgifte
  - Atemgifte
  - Bienengifte
  - Fischgifte
  - Umweltgifte
- **nach ihrer Herkunft oder Form:**
  - pflanzliche Gifte
  - tierische Gifte
  - Giftgase
  - synthetische Gifte
  - mineralische Gifte
- **nach ihrer Verwendung:**
  - Rattengift
  - Mottengift
  - Pfeilgift
  - Pilzgift (Fungizide)
  - Bakteriengift (Bakterizide)

2 Giftstoffe können nicht eindeutig eingeteilt werden. Eine Gliederung nach weiteren Gesichtspunkten, z. B. nach Herstellungsart und nach Stoffklasse, ist möglich.

1 Indianische Jäger benutzen das Pfeilgift *Curare*, um Beutetiere auch auf größere Entfernung mit dem Blasrohr zu erlegen. Das Gift wird aus der Strychnospflanze und dem Chondrodendron gewonnen und ist so entweder Strychnin oder Curarin. Das Gift lähmt Muskeln und Atmung des Opfers, wird dann aber schnell abgebaut und im menschlichen Organismus nicht aktiviert. Deshalb kann die Beute auch verzehrt werden.

Gifte in der Weltgeschichte

Gifte sind wie auch Duftstoffe in der Geschichte der Menschheit von alters her genutzt worden. Die Ziele der Giftstoff-Verwendung waren (und sind) vielfältig:
Während Indianerstämme in Südamerika noch heute Gifte einsetzen, um ihre *Ernährung* zu sichern (Abb. 1), dienten Gifte bereits in der Antike der Durchsetzung von *Machtinteressen* (Abb. 2) und wurden zu *Selbstmorden* (Abb. 3) herangezogen. Später, vor allem im Mittelalter, gab es dann Versuche, Gifte auch als Mittel zur *Krankheitsbekämpfung* zu verwenden (Abb. 4).

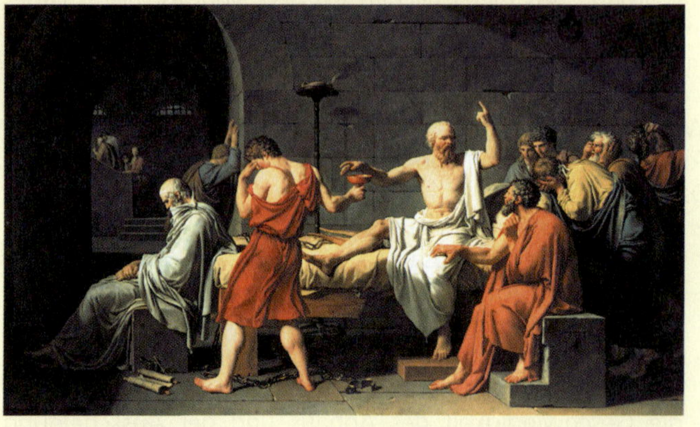

2 Der griechische Philosoph SOKRATES (470–399 v. u. Z.) wurde in Athen hingerichtet, indem ihm der Schierlingsbecher gereicht wurde, den er auch trank. Schierling ist eine hochgiftige Pflanze, die das Alkaloid Conin enthält. Sokrates hatte sich den Hass der Machthaber zugezogen, weil er gängige Auffassungen in Frage stellte und somit die Jugend verführt und die Staatsgötter geleugnet habe.

4 Die große Zeit der Alchemisten war das Mittelalter. Man suchte den *Stein der Weisen*, der alle Krankheiten heilen und außerdem noch unedle Metalle in Gold verwandeln konnte. Mit quecksilberhaltiger Salbe wurde die weit verbreitete Syphilis behandelt. Die „Quacksalber" lieferten mit ihren Mixturen aber auch die Gifte für eine Vielzahl von Morden und Selbstmorden.

3 Die ägyptische Königin KLEOPATRA VII., die Große (69–30 v. u. Z.), plante nach der Ermordung CAESARS im Jahre 47 v. u. Z., gemeinsam mit MARCUS ANTONIUS, dem neuen Machthaber des östlichen Römischen Reiches, ein neues Großreich zu schaffen. Doch nach einer militärischen Niederlage wählte sie den Freitod, standesgemäß durch Schlangenbiss. Diese Todesart verleiht nach altägyptischem Glauben die Unsterblichkeit.

Aber auch die *Unkenntnis* von naturwissenschaftlich zu erklärenden Zusammenhängen führte zum Gifttod. So war im antiken Rom eine Wasserleitung aus reinem Blei gebaut worden. Die Römer waren sehr stolz auf diesen technischen Fortschritt. Niemand konnte sich erklären, warum sie im Vergleich zu anderen antiken Städten öfter krank waren und sogar früher starben.

Zur Weltgeschichte gehört der Gifteinsatz im 20. Jahrhundert. Millionen von Menschen auf der ganzen Erde waren und sind in unterschiedlichem Maße davon betroffen. Er ist vor allem durch zwei Erscheinungen gekennzeichnet: durch gezielte *massenhafte Vernichtung von Menschen,* Pflanzen und Tieren und durch zum Teil unwissentliche Beeinträchtigung menschlichen Lebens, die sich über Generationen hinweg zeigt. Giftstoffe verbreiten sich als *Umweltgifte* (s. S. 73) über die ganze Erde und wirken über große Zeiträume hinweg weiter. Angesichts des Ausmaßes von Verbrechen gegen die Menschheit und die zum Teil unumkehrbare Vernichtung ihrer Umwelt erscheinen die Giftfläschchen der Alchemisten des Mittelalters nahezu lächerlich!

Zu den beschämendsten Tatsachen des 20. Jahrhunderts und der Menschheit überhaupt gehören der Einsatz von Giften als Massenvernichtungsmittel an den Fronten der beiden *Weltkriege* (Abb. 1), zu medizinischen Menschenversuchen und zum Völkermord in den faschistischen deutschen *Konzentrationslagern* (Abb. 2). Im amerikanischen Vietnamkrieg wurden Gifte zum Zwecke der *„Entlaubung"* eingesetzt (Abb. 1, S. 66).

Bemühungen von Kriegsgegnern, chemische Kampfstoffe zu verbieten, waren viele Jahrzehnte erfolglos. 1925 wurde zwar im Völkerbund ein Protokoll gegen chemische und biologische Kriegsführung verabschiedet, jedoch militärisch starke Länder, wie die USA, unterzeichneten es nicht.

Erst Ende April 1997 ist nach jahrelangen internationalen Bemühungen, chemische Kampfmittel weltweit abzuschaffen, die C-Waffen-Konvention in Kraft getreten. Bis dahin hatten 164 Staaten die Konvention unterschrieben und 76 ratifiziert. Sie verbietet Entwicklung, Produktion, Erwerb, Lagerung, Weitergabe und Einsatz chemischer Kampfstoffe. Die C-Waffen sollen innerhalb von 10 Jahren vernichtet werden.

Doch noch existieren in den USA und in der Russischen Föderation, den einzigen Staaten, die den Besitz von C-Waffen angegeben haben, zusammen etwa 70 000 t hochgiftiger

1 Die Geschichte des Einsatzes chemischer Kampfstoffe begann am 22. April 1915, als die kaiserliche deutsche Armee mit ihrer „Blitzkriegsstrategie" gegen Frankreich gescheitert war und nun auf den „lautlosen Tod" in Form des senfartig riechenden Dichlordiethylsulfids setzte. Es wurde auch Chlor- oder Senfgas genannt und hatte enorme Lungen- und hautschädigende Wirkung. Der zeitweilige deutsche „Erfolg" trat vor allem deshalb ein, weil die französischen Soldaten auf den Einsatz von Giftgasen nicht vorbereitet waren und keinerlei Schutz besaßen.

2 Das „Konzentrationslager" Auschwitz (Oświęcim) wurde zum Symbol des industrialisierten Massenmordes an wehrlosen Menschen durch Gift. Massenvergiftungen mit dem Blausäureprodukt *Zyklon B* wurden zuerst an sowjetischen Kriegsgefangenen vorgenommen, dann aber vor allem zur Vernichtung von Menschen jüdischen Glaubens aus nahezu allen Ländern Europas. In Auschwitz, seinen Lagern Birkenau und Monowitz und weiteren 38 Nebenlagern kamen nach Feststellung des Internationalen Militärgerichtshofs in Nürnberg über 4 Millionen Menschen ums Leben. Entmenschte Nazis mordeten, der IG-Farben-Konzern verdiente an seinem Zyklon B, die Erfurter Firma Topf & Söhne lieferte die Öfen für die Krematorien.

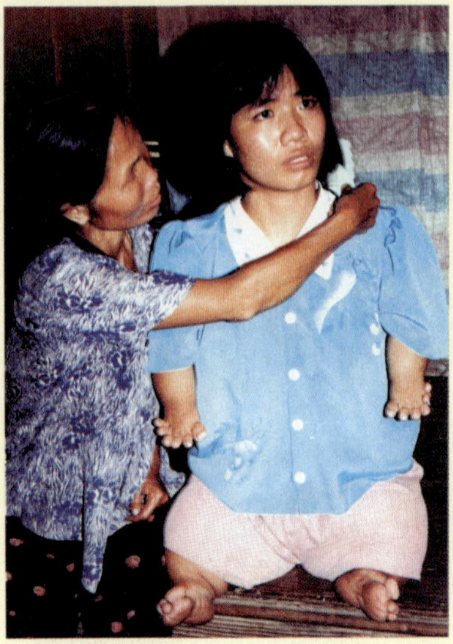

chemischer Kampfmittel. Meist sind es Phosphorsäureester, darunter das 1942 in Deutschland entwickelte Nervengas *Sarin* und die in den 70er Jahren hergestellten V-Kampfstoffe, von denen bereits 1 mg tödlich wirkt. Von weiteren 20 Staaten wird vermutet, dass auch sie C-Waffen besitzen.

Besonders in der Russischen Föderation gibt es Bedenken, die 10-Jahres-Frist einhalten zu können, da die benötigten finanziellen Mittel fehlen.

1 Beim Versuch, ihrer militärischen Niederlage in Südvietnam zu entgehen, versprühten die USA zwischen 1962 und 1971 etwa 72 Mio. Liter giftiger Chemikalien als „Entlaubungsmittel", bis zu 15 Litern je Einwohner. Das *Agent Orange* enthielt unter anderem als Wirkstoff das hochwirksame Dioxin. 1956 wurde es bei Boehringer in Deutschland entdeckt, als Nebenprodukt bei der Forschung für Holzschutzmittel. Die hochgiftige Wirkung der Substanz 2,3,7,8-Tetrachlordibenzodioxin (TCDD) wurde geheim gehalten. Heute, rund 30 Jahre nach Einsatz von Agent Orange, sind die Folgen bei amerikanischen Kriegsveteranen und vor allem aber bei rund 2 Millionen vietnamesischen Agent-Orange-Opfern, darunter 500 000 Kindern, offensichtlich.

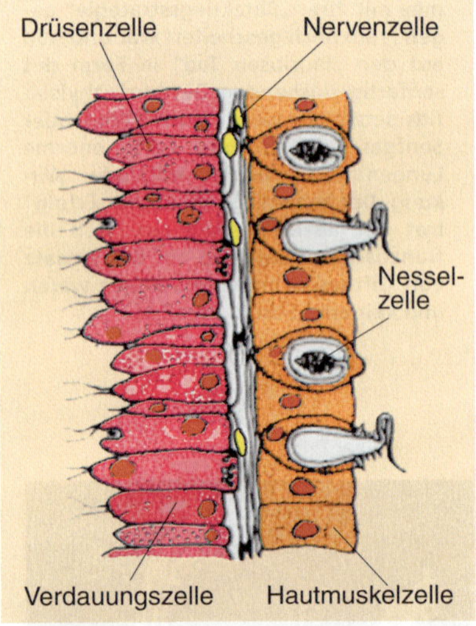

2 Hohltiere, wie der Süßwasserpolyp, besitzen auch an den Fangarmen eine Außenschicht und eine Innenschicht, zwischen denen sich eine Stützschicht befindet. Die Nesselzellen befinden sich in der Außenschicht.
Süßwasserpolypen ernähren sich von kleinen Wassertieren, wie Wasserflöhen und Hüpferlingen, die oft ebenso groß sind wie die Polypen. Die Beute wird mit den Fangarmen erfasst und mit vielen gifthaltigen Geschossen gelähmt. Diese kleinen Giftpfeile schnellen bei der geringsten Berührung der Fangarme aus den Nesselzellen hervor. Die wehrlose Beute wird nun durch die Mundöffnung in die Magenhöhle gestopft und verdaut.

1.3.2 Gifte in der Natur und aus dem Labor

Giftstoffe in der Natur sind in Tieren, Pflanzen und Pilzen weit verbreitet. Aber auch in der unbelebten Natur, in Mineralien und Gesteinen oder in der Luft, kommen ohne Zutun des Menschen Stoffe vor, die giftig sind oder giftig wirken können. In Forschungslabors und in der Industrie werden vom Menschen jedoch weitere Stoffe hergestellt, die als Gifte wirken sollen oder wirken können.

Im **Tierreich** dienen Gifte vor allem der Verteidigung oder dem Nahrungserwerb. Hierfür haben sich spezielle Vorgehensweisen, die mit der Ausbildung bestimmter Giftwerkzeuge verbunden sind, herausgebildet.

Polypen, Quallen und Korallen sind Hohltiere. Sie besitzen an ihren Fangarmen eine Vielzahl von raffiniert gebauten *Giftkapseln,* die Nesselzellen (Abb. 2). In ihnen befinden sich harpunenähnliche Haken und ein Giftschlauch. Bei Berührung mit einem Beutetier dringen die Haken in dieses ein und das Gift lähmt es.
Bei einigen tropischen Meeresschnecken, den Kegelschnecken, haben sich Teile der Zunge in *Giftpfeile* mit Widerhaken umgebildet. Die Pfeile können auf ein Beutetier geschossen werden und dieses lähmen oder töten.
Manche Insekten, so die weiblichen Bienen und Wespen, besitzen einen komplizierten *Stachelapparat,* der sich aus der Legeröhre entwickelt hat (Abb. 1, S. 67).
Die Wirkung von Wespen- und Bienenstichen kann recht unterschiedlich sein. Bei Menschen mit allergischen Reak-

tionen treten starke Schwellungen, eventuell auch Atemnot und Kreislaufstörungen auf. Der Stachel der Biene muss schnell und ohne Druck entfernt werden, weil er beim Stich mit dem gesamten Stachelapparat (Muskeln, Giftblase und Nerven) im gestochenen Säugetier oder Mensch verbleibt und auch ohne den Körper des Insekts weiter funktioniert. Gegebenenfalls muss ein Arzt aufgesucht werden!

Auch manche Seeigel schützen sich mit giftigen Stacheln, die bei Berührung leicht abbrechen und tief eindringen können. Rotfeuerfische (Abb. 2), das Petermännchen oder Stachelrochen haben ebenfalls Giftstachel, die meist an den Flossen oder Kiemendeckeln sitzen. Giftstachel sind auch bei Skorpionen (Abb. 3) und Taranteln vorhanden, die damit ihre Beute stechen und töten.

Unter den Schlangen gibt es nicht wenige Arten, die mit *Giftzähnen* (Abb. 4) ausgestattet sind. Sie kommen besonders in wärmeren Ländern vor.

Bei uns in Mitteleuropa sind außer der Kreuzotter, die wie alle Schlangen geschützt ist, lediglich noch die Sandotter und die Aspisviper giftig. Bei der Begegnung mit einer Schlange in der freien Natur wird die Schlange immer versuchen zu fliehen. Sie beißt nur, wenn sie bedrängt oder getreten wird! An äußeren Merkmalen lässt sich sehr leicht unterscheiden, ob es sich um eine Kreuzotter, um eine harmlose Ringelnatter oder nur um eine schlangenähnliche Blindschleiche handelt. Feste Schuhe, lange Hosen und Umsicht in unübersichtlichem Gelände sind die besten Vorsichtsmaßnahmen. Wenn doch ein Biss durch eine Kreuzotter erfolgt, ist er recht schmerzhaft. Übelkeit und Schweißausbrüche folgen gewöhnlich. Eine tödliche Atemlähmung ist selten, kommt aber vor. Betroffene Gliedmaßen müssen ruhig gestellt werden. Es ist sofort ein Arzt aufzusuchen!

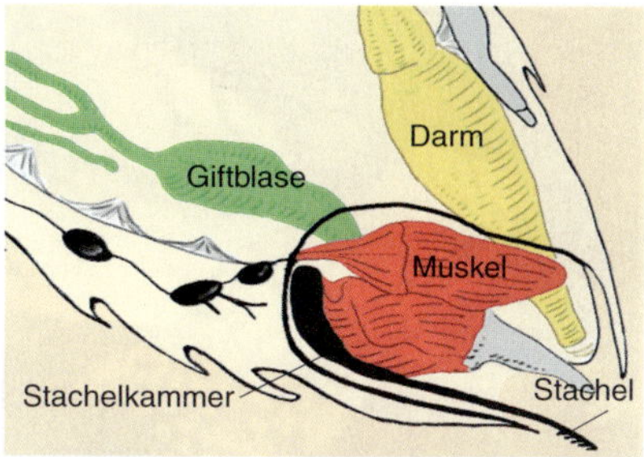

1 Der Stachel einer Biene besteht aus zwei Stechborsten sowie einer Stachelrinne. Er besitzt Widerhaken und ist mit einer Giftblase verbunden. Er funktioniert ähnlich wie ein Stechbohrer. Muskeln drücken das Gift aus der Blase in das gestochene Opfer.

2 Jährlich kommt es zu etwa 100 tödlichen Vergiftungsunfällen durch Berührung von Fischen. Besondere Vorsicht ist in tropischen Meeren sowie bei der Haltung giftiger Fische im Aquarium geboten. Die Berührung der Giftstacheln der Rotfeuerfische verursacht sehr heftige Schmerzen.

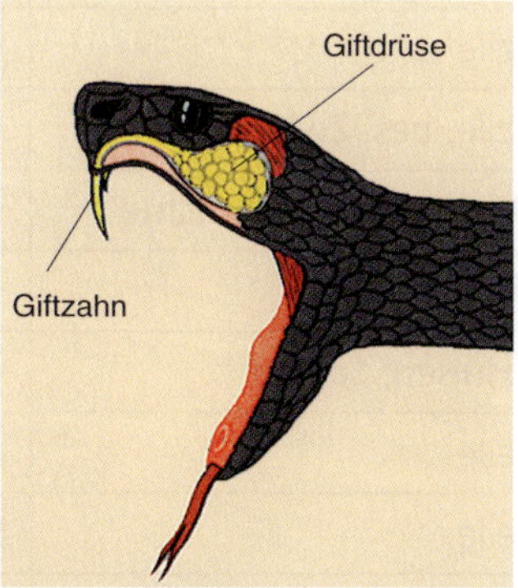

4 Beim Biss der Schlange wird das Blutgift über einen Kanal aus der Giftdrüse in das Beutetier gespritzt. Manche Schlangen, wie die Speikobras, sprühen ihr Gift, das als Nervengift wirkt, gezielt über zwei Meter hinweg in die Augen ihrer Opfer.

3 Skorpione sind Spinnentiere. Sie leben in tropischen und subtropischen Ländern. Ihre Stiche schmerzen sehr, ihr Gift ruft Übelkeit hervor und kann bei empfindlichen Menschen auch tödlich wirken. Demgegenüber ist das Gift der heimischen Kreuzspinne für den Menschen bedeutungslos.

1 Die farbenprächtigen Pfeilgiftfrösche der Tropen gehören zu den giftigsten Tieren überhaupt. Sie enthalten in ihrer Haut stark giftige Stoffe, die bei Kontakt mit ihnen zu Atembeschwerden und Herzversagen führen können. Seine auffällige Färbung soll mögliche Angreifer fern halten.

Außer den Tieren, die mit ihren Giftwerkzeugen *aktiv operieren,* gibt es auch Tiere, die Gift im Körper gebildet haben, um es ausschließlich zur Abwehr zu benutzen. Sie werden als *passiv giftig* bezeichnet. Dazu gehören der Kugelfisch und der Pfeilgiftfrosch (Abb. 1). Der Kugelfisch bewohnt Korallenriffe und besitzt Gift im ganzen Körper. So schützt er sich vorm Gefressenwerden. Allerdings wird er in Japan nach spezieller Zubereitung dennoch als Leckerbissen verspeist.

Die Anzahl der **Pflanzen,** die Giftstoffe enthalten, ist viel größer, als viele Menschen annehmen (Abb. 2). Allerdings ist die Bedeutung der Giftstoffe vieler Pflanzen bisher noch nicht bekannt. Zwar weiß man, dass manche Giftpflanzen von einigen Tieren nicht gefressen werden. Für andere Tiere sind sie aber völlig ungefährlich. Ebenso können Pflanzen und Pilze, die für uns Menschen äußerst giftig sind, von Tieren gern als Nahrung aufgenommen werden.

Pflanzengifte können in allen Pflanzenteilen vorkommen, so in den Blättern, den Blüten, den Früchten oder in den Wurzeln.

Für uns Menschen ist das Wissen über diese Gifte sehr wichtig, da wir auch Giftpflanzen bzw. Teile von ihnen als Nahrungsmittel, als Rohstoff für Arzneimittel und Rauschgifte nutzen oder als Zierpflanzen um uns haben (Abb. 1–4 und 6, S. 69).

Name	giftige Teile	Giftigkeit
Gefleckter Aronstab	alle Teile, auch Beeren	giftig bis sehr giftig
Blauer Eisenhut	alle Teile	tödlich giftig
Eibe	Nadeln	giftig bis sehr giftig
Gemeiner Goldregen	alle Teile, besonders Samen	giftig bis sehr giftig
Herbstzeitlose	alle Teile	sehr giftig
Osterglocke	alle Teile, bes. Zwiebel	gering giftig bis giftig
Kartoffel	bes. Keime, Blüten, Früchte	giftig
Virginischer Tabak	alle Teile	sehr giftig
Gartenbohne	rohe Hülsen, Samen	giftig
Roter Fliegenpilz	alle Teile	giftig
Grüner Knollenblätterpilz	alle Teile	tödlich giftig
Tollkirsche	alle Teile, bes. Früchte	tödlich giftig

2 Die Tabelle enthält nur einen geringen Teil von Pflanzen und Pilzen, die ganz oder teilweise giftig sind. Deshalb dürfen nicht eindeutig bekannte Pflanzen und ihre Teile weder gegessen noch auch nur in den Mund genommen werden!

Jährlich sterben auch in Deutschland Menschen an Vergiftungen, vor allem durch den Verzehr giftiger Pilze (Abb. 5). Wer Pilze sammelt, sollte Pilze kennen! Nur bekannte Speisepilze gehören in den Korb. Im Zweifelsfall sollten die Pilze stehen gelassen oder einem Pilzberater vorgelegt werden. Bei Pilzvergiftungen ist *unbedingt* das Krankenhaus aufzusuchen! Pilzreste und Erbrochenes sollten dem Arzt gezeigt werden. Sie helfen ihm, das Gegenmittel zu finden!

Manche Winzlinge unter den niederen Pilzen, die **Schimmelpilze,** können ebenso zu Vergiftungen führen. Haben sie sich auf Brot, Konserven oder anderen Nahrungsmitteln ausgebreitet, können sie schwere Gesundheitsschäden, sogar Krebs hervorrufen.

1 Der Rote Fingerhut (Digitalis purpurea) kommt vom Atlantik bis zum Harz und zum Thüringer Wald vor. Er blüht von Juni bis August. Seit 1785 wird er als Arzneimittel genutzt. Bei Vergiftungen treten Übelkeit, Erbrechen und Farbsehstörungen auf, später Herzrhythmusstörungen und Ausfall von Zentralnerven- und von Atmungssystem.

2 Die auch als Christrose bekannte Schwarze Nieswurz (Helleboris niger), die in der Natur vor allem in den südlichen und östlichen Kalkalpen vorkommt, blüht zwischen Dezember und April. Ihre Heilwirkung wie Giftigkeit waren schon im Altertum bekannt. Ihr Gift reizt die Schleimhäute und kann zu Herzschwäche und Atemnot führen.

3 Die Weiße Narzisse (Narcissus poeticus) blüht von April bis Juni auf Bergwiesen im südlichen und westlichen Europa. Sie ist als Zierpflanze häufig in Gärten anzutreffen. Besonders Zwiebeln enthalten Gifte. Werden sie mit Speisezwiebeln verwechselt, so können Übelkeit, Erbrechen, Durchfall und Schweißausbruch die Folge sein.

4 Die Einbeere (Paris quadrifolia), die in schattigen und feuchten Laub- und Mischwäldern lebt, bringt als Frucht jeweils nur eine, fast kirschgroße blauschwarze Beere hervor. Ihr Verzehr führt zu Übelkeit, Erbrechen, Durchfall, Schwindel, Kopfschmerz, Pupillenverengung und auch zu Atemlähmung.

5 Während der Fliegenpilz aufgrund seiner auffällig roten Kappe, meist sicher als Giftpilz erkannt wird, kommt es beim Grünen Knollenblätterpilz, durch nur flüchtiges Hinsehen immer wieder zu Verwechslungen mit dem Wiesenchampignon. Der Grüne Knollenblätterpilz ist *tödlich* giftig.

6 Die Eibe (Taxus baccata) ist ein Nadelgehölz in Strauch- oder Baumform, das auf kalkhaltigen Standorten in Europa und im südwestlichen Asien vorkommt. Vor allem ihre Nadeln sind stark giftig. Ihr Gift wurde früher sogar als Pfeilgift verwendet. Selbst Tiere, die von der Eibe fressen, sind gefährdet. Die Eibe, die in Wäldern nur noch selten anzutreffen ist, findet sich als Zierpflanze oft in Hausgärten.

1 Die Gifte in den Mutterkörnern sind Alkaloide. Sie lösen Krämpfe, Kopfschmerzen und Übelkeit aus. Durch moderne Verfahren zur Reinigung des Getreides besteht kaum mehr ein Risiko einer Lebensmittelvergiftung durch diesen Pilz.

Es nützt nichts, diese Pilze nur an der Oberfläche zu entfernen. Mit ihren langen Pilzfäden sind sie für uns unsichtbar tief in die Lebensmittel hineingewachsen. Befallene Produkte müssen daher insgesamt weggeworfen werden.

Einige Schimmelpilze sind aber sehr bedeutsam für die Herstellung von Lebensmitteln, z. B. von Jogurt, Käse oder Weißbrot.

Andere niedere Pilze, die **Schlauchpilze,** leben als Parasiten auf Gräsern. Bei Getreide wird besonders Roggen befallen (Abb. 1). Die betroffenen Körner färben sich dunkelviolett bis schwarz, sind deutlich vergrößert und halbmondförmig gebogen. Sie werden als *Mutterkorn* bezeichnet.

Gifte in der unbelebten Natur

Unter den natürlich vorkommenden Elementen in Mineralen, anorganischen Salzen, Schwermetallen und Gasen haben nur einige für den Menschen und die anderen Lebewesen der Erde gesundheitsschädliche oder tödliche Wirkung. Hätte sich sonst das Leben auf der Erde in so vielfältiger Weise herausbilden können?

Viel giftiger als das Kochsalz (s. S. 61) sind **Quecksilber** (Abb. 2) und das aus dem Mineral **Arsenkies** gewonnene Arsenik. Letzteres galt lange Zeit als das „Gift der Gifte". Nur 0,1 g wirkt beim Menschen absolut tödlich. Erst 1832 konnte eine Methode entwickelt werden, die seinen Nachweis in den Opfern ermöglichte. Bis dahin blieben Giftmorde ungesühnt. Arsenik wurde daher benutzt, um unliebsame Gegner, überdrüssige Ehegatten und zu Beerbende aus dem Weg zu räumen.

Zu den giftigen Schwermetallen gehören vor allem Blei, Chrom, Nickel, Cadmium und Thallium. Auch Verbindungen mit **Kupfer** (Abb. 3), wie das Kupfervitriol, sind giftig. Das Schwermetall **Cadmium** tritt in Gesteinen meist in Gesellschaft mit **Zink** auf, z. B. in Zinkerzen. Schon in geringen Mengen, ab 40 mg, kann Cadmium für den menschlichen Organismus tödlich sein. In Japan kam es zwischen 1947 und 1968 bei Einwohnern mehrerer Dörfer in der Nähe einer Zinkmine zum Auftreten von Knochendeformationen und Skelettschrumpfungen bis zu 30 cm. Diese als Itai-Itai-Krankheit bekannt gewordenen Vergiftungssymptome wurden auf viel zu große Cadmiumkonzentrationen im Trinkwasser durch den alten Zinkbergbau zurückgeführt.

2 In der Natur kommt Quecksilber, das einzige flüssige Metall, nur sehr selten rein in Tröpfchenform im Gestein oder als rotes Quecksilbersulfid, das Zinnober, vor. Gefährlich sind vor allem Quecksilberdämpfe, die über die Atemwege aufgenommen werden. Schon Isaac Newton litt nach seinen Experimenten mit Arsen und Quecksilber unter schweren Schlafstörungen, Depressionen und Gedächtnisschwund.

3 Am nördlichen Rand der Atacama-Wüste in Chiles Großem Norden befindet sich in Chuquicamata die größte Kupfermine der Erde. Die in 2 830 m über der Küste des Pazifischen Ozeans gelegene Tagebaugrube ist 4,3 km lang, 3 km breit und 780 m tief. Täglich werden 350 000 t Abraum und 160 000 t Erz mit einem Kupfergehalt von 1 % gefördert. Das Erz wird unter Einsatz großer Energie- und Wassermengen am Ort verhüttet.

Eine andere Gefahr stellen die **„strahlenden" Gifte** für den menschlichen Organismus dar. Die natürliche erdeigene Strahlung geht hauptsächlich von den in der Erdkruste vorhandenen Uran- und Thoriumlagerstätten aus (Abb. 1). Die radioaktive Strahlung dieser Elemente kann zu Änderungen im genetischen Erbgut bzw. zur Bildung von bösartigen Tumoren führen. Seit Jahrhunderten war bei den Bergleuten im Silber-, Kupfer- und Bleierzbergbau des Erzgebirges die „Schneeberger Krankheit", eine Art des Lungenkrebses, bekannt. Sie konnte damals aber nicht erklärt werden.

In der Atmosphäre existiert eine Reihe von **Gasen,** die in konzentrierter Form gesundheitsschädigend oder giftig sind. Hierzu zählen Ozon, Schwefel-, Kohlenstoff- und Stickstoffoxide. Sie werden durch den Vulkanismus oder die Sonneneinstrahlung freigesetzt.

In der Nähe von tätigen Vulkangebieten kann es durch plötzlichen, explosionsartigen Austritt von vorher aufgestauten giftigen Gasen zur Bedrohungen der Tierwelt und der Menschen kommen. Ein Beispiel für eine derartige Naturkatastrophe ereignete sich am 21. August 1986 am Nyossee in Kamerun. Dort trat binnen weniger Minuten das gesamte unter dem Kratersee des Vulkans Nyos gestaute und konzentrierte Vulkangas mit seinen giftigen Bestandteilen an die Erdoberfläche und zog die Berghänge hinunter in ein dicht besiedeltes Tal.

1 Im Raum Ronneburg–Seelingstädt–Gera sind Spuren des eingestellten Uranerzbergbaus der Wismut GmbH sichtbar. 60 % aller Halden befinden sich in Thüringen. Nicht sichtbar sind die Strahlungswerte in der Luft über diesem Sanierungsgebiet.

Durch die größere Dichte des CO_2 gegenüber der Luft sammelte sich im Tal eine bis zu 50 m hohe Giftwolke und erstickte alle Tiere und Menschen innerhalb weniger Minuten. Insgesamt wurden ca. 3 000 Haustiere und 1734 Menschen getötet. In der Hauptsiedlung Upper Nyos überlebten von 1200 Einwohnern ganze 6 Menschen.

Die Gefährdung des Menschen durch natürliche Gifte in der Nähe der Erdoberfläche ist insgesamt sehr gering. Vielmehr sorgt der Mensch durch Abholzung von Wäldern, Landwirtschaft, industrielle Produktion, Bergbau, Energieverbrauch und Abfallentstehung für wesentlich höhere Gefährdungsquellen (s. Abschnitt 1.3.3). Diese müssen im Interesse des Überlebens der Menschheit und der dazu erforderlichen Erhaltung der belebten Natur deutlich gemindert werden.

Zu den **Giften aus dem Labor** gehören sowohl die Rauschgifte oder Drogen (s. S. 74), die chemischen Kampfstoffe und viele weitere Stoffe, unter ihnen auch Arzneimittel, Farbstoffe, Herbizide, Fungizide oder Insektizide.

Bereits die sehr unvollständige Aufzählung der Giftstoffe aus dem Labor lässt erkennen, dass längst nicht alle für die Vernichtung oder Schädigung von Menschen (s. S. 65) entwickelt worden sind. Im Gegenteil: Sie sollen u. a. der Gesundheit des Menschen und der Sicherung seiner Ernährung dienen. Allerdings zeigt die Nachsilbe „-zid" an, dass auch manche dieser Stoffe töten sollen (lat. „cida" = „Mörder"). So die **Pestizide** (Abb. 2 und Abb. 1, S. 72).

Herbizide gibt es gegen fast alles, was auf dem Acker nicht wachsen soll (Abb. 2, S. 72), weil es entweder die Ernte mindert oder bei der Ernte stört. Es gibt Herbizide, die alle Pflanzen vernichten, und Herbizide, die nur bestimmte Gewächse angreifen. Beide Gruppen von Herbiziden wirken

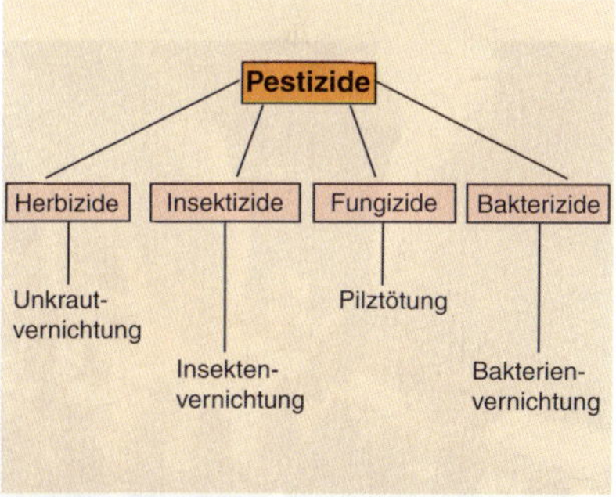

2 Die ersten Pestizide waren Arsen, Kupfer oder Nikotin. Es folgte eine zweite Generation mit Chlorkohlenwasserstoffen, Organophosphaten und Carbamaten. Viele dieser Wirkstoffe sind problematisch, weil sie neben den Schädlingen auch nützliche oder unbeteiligte Lebewesen töten. Heute werden zunehmend andere Schädlingsbekämpfungsverfahren, z. B. unter Nutzung von Duftstoffen (s. S. 48), zur Anwendung gebracht.

Pflanzen-schutzmittel	1991	1992	1993	1994	1995
Herbizide	18 922	15 622	12 688	14 834	16 065
Insektizide	3 901	4 094	4 327	4 006	4 925
Fungizide	9 760	9 368	7 660	7 698	9 652
Sonstige	4 284	4 401	4 255	3 231	3 889
insgesamt	36 937	33 485	28 930	29 769	34 531

1 Der Inlandsabsatz an Pflanzenschutzmitteln in Deutschland veränderte sich von 1991 bis 1995 nicht gleichartig. Ihr Einsatz ist auch von den Witterungsverhältnissen abhängig.

2 Pflanzenschutzmittel beseitigen Unkräuter und Schadgräser, ohne den Kulturpflanzen, wie Sojabohnen, Kartoffeln, Tomaten oder Mais (Abb.), zu schaden. Bei Nichteinhaltung von Dosierungsvorschriften und Einsatzzeitpunkten können Herbizide in Lebensmittel und Wasser gelangen und so unsere Gesundheit schädigen.

entweder nur auf die Pflanzenteile, mit denen sie in Berührung kommen, stören die innere Chemie der Pflanzen oder werden mit dem Wasser aus dem Boden aufgenommen. Auch die Entlaubungsmittel (s. S. 66) sind Herbizide.

Insektizide töten Schadinsekten, vor allem in der Land- und Forstwirtschaft. Sie scheinen in vielen Gebieten der Erde noch unverzichtbar, um den Hunger der Menschen nicht noch weiter zu vergrößern. Blattlaus, Reisstengelbohrer, Nonne, Baumwollkapselkäfer und Wanderheuschrecken (Abb. 3) sind einige der häufig die Ernte gefährdenden Insekten. Es gibt Fraß-, Kontakt- und Ateminsektizide. Es werden u. a. Arsen-, Barium-, Fluor- und Phosphorverbindungen eingesetzt. Insektizide werden in der Natur kaum abgebaut und bleiben daher für lange Zeit gefährlich. Sie reichern sich in der Nahrung an und bedrohen so auch den Menschen. Deshalb müssen die chemischen Insektizide allmählich durch günstige Anbaumethoden und durch biologische Schädlingsbekämpfungsmittel abgelöst werden.

3 Wo die Wanderheuschrecken einfallen, werden die Felder restlos kahl gefressen. Ein einziger Schwarm – eine „Wolke" von 25 km Länge und 2 km Breite mit etwa 30 Mrd. Tieren – frisst pro Tag 3 000 t Pflanzen. Es hilft nur, sie zur rechten Zeit in ihren Brutgebieten im nördlichen Afrika mit Insektiziden zu bekämpfen.

Auch **Fungizide** werden in der Landwirtschaft angewendet (s. Abb. 1, S. 70). Getreidepilzkrankheiten, wie Weizensteinbrand, Gelbrost, Flugbrand oder Mehltau, die weit verbreitet sind, gehören zu den Alpträumen jedes Getreidebauern. Oftmals konnte die Jahresernte einer Region nur durch den Fungizideinsatz zur rechten Zeit gerettet werden. Gegenwärtig gibt es Fungizide, die nur noch zu einem Zehntel der früher erforderlichen Menge ausgebracht werden müssen. Fungizide sind jedoch in starkem Maße in der Medizin von Bedeutung und heißen dort Antimykotika (Abb. 4).

4 Fungizide bzw. Antimykotika müssen in großer Zahl entwickelt werden, weil sie nur kurze Zeit wirksam bleiben, da die Pilze resistent werden. Zu Pilzerkrankungen des Menschen kommt es häufig nach der Einnahme von Antibiotika.

Bakterizide sind Desinfektionsmittel, Konservierungsmittel und Antibiotika. Viele von ihnen sind der Natur abgeguckt und chemisch verändert, um ihre Eigenschaften zu verbessern, etwa die Wirkung, Hitzestabilität, Löslichkeit oder Haltbarkeit. Während die Desinfektionsmittel recht allgemein wirken, bekämpfen Antibiotika jeweils bestimmte Keime gezielt. Dies geschieht, indem sie die innere Chemie der Bakterien (Abb. 1) stören oder schädigen, so dass sich diese nicht weiter vermehren können oder absterben.

Antibiotika wirken nicht nur gegen schädliche Bakterien, sondern töten auch für den Körper wichtige Bakterien. Dadurch können sich z. B. im Darm Pilze ansiedeln und zu Pilzerkrankungen führen. Ein großes Problem bei der Anwendung von Bakteriziden besteht darin, dass immer einige Bakterien überleben. Diese sind dann besonders widerstandsfähig und reagieren nicht mehr auf Bakterizide. Deshalb führt ein häufiger Gebrauch von Desinfektionsmitteln und Antibiotika dazu, dass immer mehr und andere Bakterizide entwickelt und angewendet werden müssen.

1 Stoffe, die Ärzte gegen Bakterien, Viren, Pilze, höhere Einzeller und gegen Krebszellen einsetzen, werden als Chemotherapeutika bezeichnet.

1.3.3 Gifte in Alltag und Umwelt

Immer wieder berichten die Medien von Unfällen und Katastrophen, die uns und unsere Umwelt schädigen oder gefährden: von Tankerhavarien, durch die riesige Ölteppiche entstehen und massenhaft Tiere sterben (Abb. 2), von Bränden, deren Giftwolken große Teile der Bevölkerung gefährden, von Verkehrsunfällen, bei denen Chemikalien auslaufen und das Grundwasser vergiften.

Aber auch ohne Katastrophenmeldungen sind wir ständig von Stoffen umgeben, die giftige Wirkungen haben, wenn sie in genügender Menge angereichert sind. Sie sind in unserer Umwelt verteilt, wir begegnen ihnen im Alltag. Sie befinden sich in der Luft, im Wasser und im Boden, werden bereits mit der Muttermilch aufgenommen, sind in Nahrungsmitteln, Kleidungsgegenständen, Lacken, Farben, Arzneimitteln, Klebstoffen, Waschmitteln, Brennstoffen, Taschenlampenbatterien, Computer-Disketten, Holzschutzmitteln und tausend anderen Gegenständen enthalten.

Immer mehr Menschen leiden unter schwer zu behandelnden Krankheiten oder Störungen (z. B. Allergien, Immunschwäche, unklare Beschwerden). Die große Gefahr entsteht dadurch, dass die meisten Alltags- und Umweltgifte Speichergifte sind (s. S. 63), d. h., dass sie im Körper gelagert und nicht ausgeschieden werden. Der einzelne Mensch kann sich nur bedingt vor ihnen schützen.

Alltags- und Umweltgifte sind Stoffe, die uns täglich in allen Lebensbereichen umgeben, die meist von den Menschen selbst verursacht sind, die eine giftige Wirkung auf Pflanzen und Tiere ausüben und chronische Schäden verursachen können.

2 Unter den vielen Ölkatastrophen leiden vor allem die Seevögel. Sie verenden nicht wegen der verölten Federn, sondern durch das Schlucken von Öl. Neuere Untersuchungen haben ergeben, dass das Öl häufig nicht von Tankerunfällen stammt, sondern von Rückständen billiger Schiffstreibstoffe, die illegal ins Meer abgelassen werden, um Kosten zu sparen.

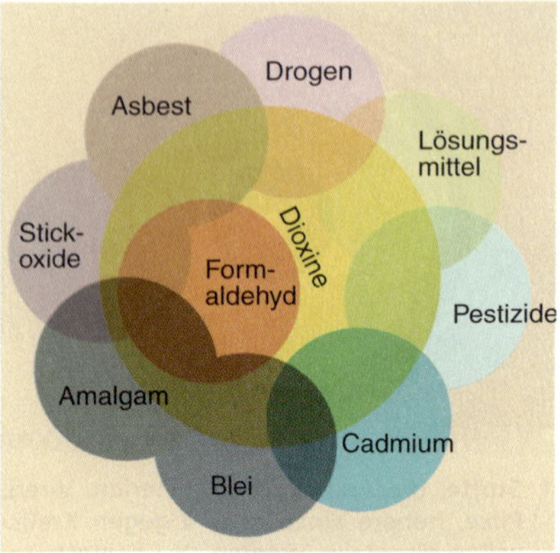

1 Oftmals wäre ein Stoff allein für die Menschen und ihre Umwelt weitgehend ungiftig. Die Gifteinwirkung kommt häufig erst in Wechselwirkung mit anderen Stoffen zustande oder wird dadurch verstärkt. Menschen sind in unserer gegenwärtigen Welt niemals nur einem Alltags- und Umweltgift allein ausgesetzt. Das gilt für jeden Winkel unserer Erde. Viele Gifte sind unsichtbar, geruch- und geschmacklos.

Deshalb muss man trotzdem nicht in Angst vor Vergiftungen leben. Doch durch eine gesunde und verantwortungsbewusste Ernährung, vorsichtige und zurückhaltende Nutzung von Arzneimitteln, Anwendung von Naturheilverfahren, Beachtung der Nutzungshinweise für Farbstoffe, Reinigungsmittel und andere Chemikalien können Gefahren gemindert werden. So sollte man sich z. B. über die Inhaltsstoffe von Lebensmitteln anhand der Verpackungsangaben und über die Nebenwirkungen von Medikamenten durch Lesen des Beipackzettels gründlich informieren.

Ein gesunder Mensch mit guten Abwehrkräften ist kaum anfällig für Alltags- und Umweltgifte.

Zu den Alltags- und Umweltgiften, die uns ständig umgeben, gehören z. B.: Alkohole, Amalgam, Benzine, Dioxine, Ester, Flammschutzmittel, Formaldehyde, Halogene, Kohlenwasserstoffe (Benzine, Benzol, Dieselkraftstoffe), Lösemittel, Metalle (Aluminium, Cadmium), Mineralfasern, Ozon, Pestizide, Radon (radioaktiv), Schimmelpilze, Sommersmog, Tabakrauch, Terpene und viele andere mehr (Abb. 1).

Die Wirkung von „Alltags“drogen auf den Menschen

Eindeutig zu den Alltagsgiften gehören **Alkohol** und **Tabakrauch.** Bei Missbrauch zeigen diese „Alltagsdrogen“ ihre zerstörerische Wirkung an Körper und Seele des „Süchtigen“.

Alkohol ist in Form von Ethanol in allen alkoholischen Getränken, vielen flüssigen Arzneien, in leicht flüchtigen Kosmetika (s. Abschnitt 1.2), Lacken, Scheibenwaschmitteln und Brennspiritus enthalten. Alkoholische Getränke sind Genussmittel und legale Drogen zugleich. Sie haben einen unterschiedlichen Alkoholgehalt (Abb. 2).

Alkohol verändert nicht nur das Verhalten des Menschen, sondern seine regelmäßige Einnahme kann auch zu Abhängigkeit und zur Schädigung innerer Organe (Abb. 1, S. 75) führen.

Da Alkohole Nerven- und Immungifte sind, werden Erinnerungsvermögen, Konzentrations- und Gedächtnisleistungen nachteilig beeinflusst. Die Einnahme von großen Mengen Alkohols kann in sehr kurzer Zeit zu Störungen der Herz- und der Atemtätigkeit, zu Bewusstlosigkeit und auch zum Tode führen. Gegenwärtig sterben in Deutschland jährlich etwa 10 000 Menschen an den Folgen von Alkoholismus. Diese Zahl enthält nicht die Toten der Verkehrsunfälle, die von alkoholisierten Autofahrern verursacht werden.

Tabakrauch enthält eine Vielzahl von Substanzen, unter ihnen die Krebsgifte Anilin, Cadmium und Formaldehyd. Das Nikotin der Tabakpflanze führt auch ohne die Todesfolge zu körperlichen Schäden (Abb. 2, S. 75). Dazu gehören Verengung und Verkalkung der Blutgefäße. Diese führen zu Durchblutungsstörungen, insbesondere des Herzens und der Beine. Herzinfarkt und „Raucherbein“ können die Folge sein. Jährlich sterben allein in Deutschland etwa 250 000 Raucher an den Folgen ihres Tuns, darunter sind 24 000 Krebstote. 80 000 Beine von gefäßgeschädigten Rauchern werden jährlich amputiert.

2 Der Alkoholgehalt ist in den einzelnen alkoholischen Getränken sehr unterschiedlich. Er wird in Volumenprozent angegeben. Der trinkbare Alkohol entsteht durch Gärung aus den Kohlenhydraten, die in den Ausgangsstoffen Obst, Getreide oder Kartoffeln enthalten sind.

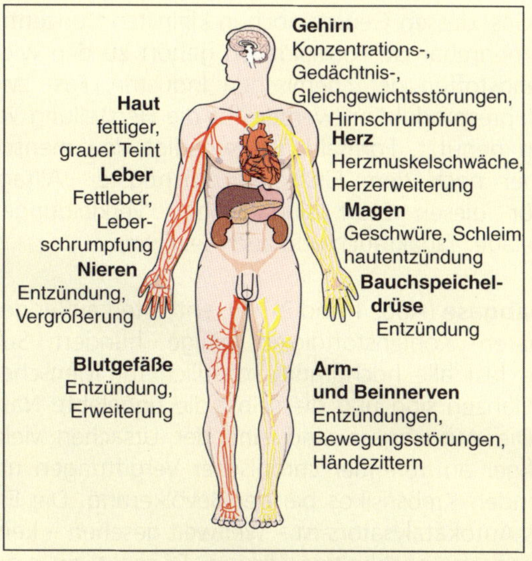

1 Die Schädigung innerer Organe des Menschen durch Alkohol ist sehr vielfältig. Besonders gefährdet sind Kinder und Jugendliche. Deshalb dürfen an sie bis zum 16. Lebensjahr keine alkoholischen Getränke verkauft werden. Verstärkt wirkt Alkohol mit anderen Schadstoffen.

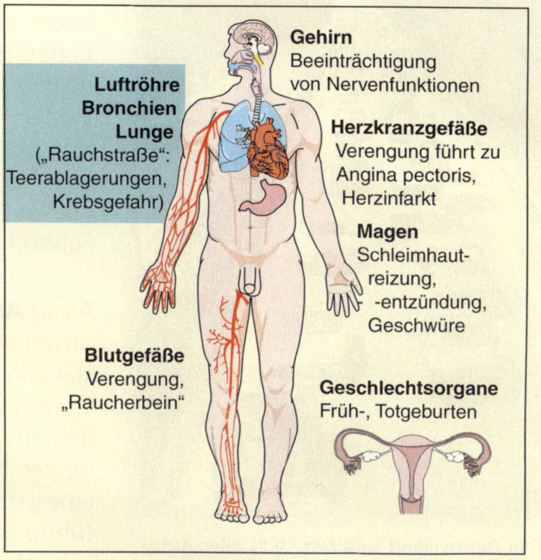

2 Tabakrauch führt nicht nur zu Schädigungen bei den Rauchern selbst, sondern auch bei denen, die zum „Passivrauchen" gezwungen sind. So treten Mittelohrentzündungen gehäuft bei Kindern in Raucherfamilien auf. Passivraucher sind neuerdings vom Gesetz geschützt.

Im Alltag verbreitet ist auch das häufige Trinken von **Kaffee** (Abb. 3) und **Tee** (Abb. 4). Obwohl sie meist nicht zu den Alltagsgiften gerechnet werden, haben sie dennoch deutliche Wirkungen auf den menschlichen Körper.

Der in den Kaffeebohnen enthaltene, auf den menschlichen Körper wirkende Stoff ist das *Koffein*. In kleinen Mengen genossen, regt es die Muskel- und die Herztätigkeit an, erhöht den Blutdruck und die Körpertemperatur. Größere Koffeinmengen verursachen eine Überreizung der Magenschleimhaut, Schlaflosigkeit, Herzklopfen und sogar Angstgefühle und Übelkeit. Daher ist Kaffee besonders für Kinder und Jugendliche schädlich.

Beim Tee muss man zwischen grünem und schwarzem Tee unterscheiden. Beide Arten stammen von der Teepflanze. Der schwarze Tee stellt jedoch eine aufwendigere Bearbeitung der Teeblätter dar. Der Tee enthält wie der Kaffee das in unserem Körper wirkende Koffein. Tee, gemischt mit Säften, kann jedoch auch Kindern und Jugendlichen empfohlen werden. Solche selbst hergestellten Mixgetränke sind auf jeden Fall gesünder als zuckerhaltige Limonaden.

3 Kaffee wird u.a. in Brasilien, Kolumbien, Mexiko, Äthiopien, Zaire und Indien angebaut. Die Früchte werden in rotem Zustand geerntet.

4 Bedeutende Teeanbauländer sind die VR China, Japan, Indien und Ceylon. Gepflückt werden beim Tee die Blätter.

1 In Deutschland sind fast 10 % aller Autos der Welt zugelassen. Zu den Giften ihrer Abgase gehören z. B. Aldehyde, Benzol, Phenole, Anilin, Dioxine und Furane, Cyanide, Kohlenstoffmonooxid, Stickoxide, Palladium, Platin, Ruß, Schwefeloxide und Schwefelwasserstoff.

Ottomotoren ohne Katalysator
Aldehyde Benzole, Phenole Cyanide Kohlenstoffmonooxid Stickoxide Schwefeloxide Kohlenwasserstoffe
Ottomotoren mit Katalysator
Ammoniak Palladium Platin Schwefelwasserstoff sowie reduziert Schadstoffe aus Ottomotoren ohne Katalysator
Dieselmotoren
Aldeyhyde Kohlenwasserstoff Rußpartikel

2 Die Übersicht über die hauptsächlichsten Substanzen in Autoabgasen macht Unterschiede deutlich, die auf die verschiedenen Motorenarten und ihre Ausrüstung zurückzuführen sind.

Formaldehyd ist ein sehr giftiges, farbloses, stechend riechendes Gas, dessen Geruch noch in kleinsten Konzentrationen wahrnehmbar ist. Formaldehyd gehört zu den wichtigsten Grundstoffen der chemischen Industrie. Fast zwei Drittel der Jahresproduktion werden für die Herstellung von Kunststoffen genutzt. Formaldehyd schädigt den menschlichen Körper nach dem Einatmen. Wichtigste „Alltagsquellen" für diesen Stoff sind Möbel, Verkleidungen, Fußbodenbeläge, Tabakrauch und auch Textilien.

Allein **Autoabgase** (Abb. 1 und 2) z. B. enthalten außer dem unvermeidbaren Kohlenstoffdioxid einige hundert Substanzen, die fast alle hochgradig schädlich für Menschen, Tiere und Pflanzen sind und die selbst die unbelebte Natur angreifen. Die Autoabgase sind eine der Ursachen vieler, immer häufiger auftretender chronischer Vergiftungen und eines steigenden Krebsrisikos bei der Bevölkerung. Die Einführung des Autokatalysators ist – weltweit gesehen – keine zukunftsorientierte, nachhaltige Lösung. Er senkt zwar den Schadstoffausstoß in den Gebieten mit hohem Autoverkehr, seine Produktion erhöht jedoch gleichzeitig die Umweltprobleme am Ort der Rohstoffgewinnung für den Katalysator.

Minerale, Schwermetalle und Gase sind in ihrem natürlichen Zustand nur selten giftig (s. S. 70). Erst durch chemische Reaktionen bei der Gewinnung und Nutzung der Metalle traten in der Vergangenheit häufig Vergiftungen auf. So beim Cadmium, Zink, Gold (Cyanidlaugerei), Kupfer, Silber, Quecksilber, Beryllium, Cobalt, Nickel, Chrom, Blei, dem extrem giftigen Thallium und anderen Metallen. Giftige Verbindungen können auch freigesetzt werden, wenn Erze verwittern. Mit der Entdeckung und der Gewinnung der verschiedensten Schwermetalle wurden immer mehr mineralische Gifte und ihre Wirkung bekannt.

Cadmium wird vor allem als Nebenprodukt bei der Zinkverhüttung freigesetzt. Früher wurde es auch bei der Herstellung z. B. von Anstrichen, in PVC-Kunststoffen und in Nickel-Cadmium-Batterien verwendet. Dadurch gelangte es bei leichtfertiger Entsorgung auch in Hausmülldeponien. Es wurde durch Müllverbrennungsanlagen und durch Klärschlamm weiträumig verteilt. So ist es fester Bestandteil unserer Nahrungskette geworden. Phosphatdünger aktivieren Cadmium im Boden. Stark belastet sind die Nieren älterer Schlachttiere. Zink wirkt dagegen entgiftend.

Ein Problem besteht darin, dass vom Menschen hergestellte „künstliche" Stoffe existieren, die nicht wieder in ihren ursprünglichen, naturgegebenen Zustand und damit in natürliche Kreisläufe zurückgeführt werden können: „Die ich rief, die Geister, werd ich nun nicht los?"

1.3.4 Aufgaben

Wirkungen von Stoffen als Gift

1. Manche Stoffe sind für den Menschen lebensnotwendig und gleichzeitig giftig.

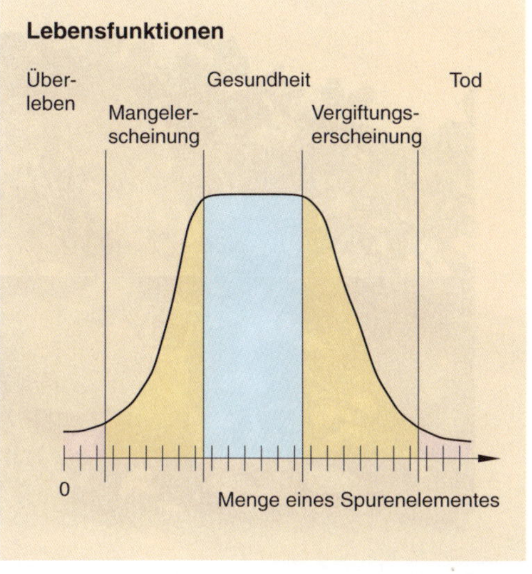

Erkläre diesen (scheinbaren) Widerspruch! Werte dazu das Diagramm aus!

2. Im menschlichen Körper sind u. a. folgende Stoffe enthalten: Natrium, Kalium, Calcium, Magnesium, Phosphor und Schwefel.
   a) Stelle in einer Tabelle (vgl. S. 62) zusammen, welche Funktionen diese Stoffe im Körper haben und welche Folgen bei Mangel und Überangebot (Vergiftung) auftreten! Nutze dazu weitere Literatur!
   b) Gib für jeden Stoff drei Lebensmittel an, in denen er reichlich vorhanden ist!
   c) Lege zu deinen Untersuchungsergebnissen eine Datenbank mit mehreren Datenfeldern an! Beziehe in die Datenbank auch die Tabelle 1, S. 62 ein!

3. Vergiftungen treten als akute und als chronische auf.
   a) Erkläre den Unterschied zwischen beiden Formen!
   b) Kann man eine der beiden Formen von Vergiftungen als die gefährlichere bezeichnen? Begründe!

Gifte in der Natur

4. „Giftige" Tiere werden hinsichtlich der Giftanwendung in passive und aktive unterteilt. Letztere besitzen sehr unterschiedliche Giftwerkzeuge.
   a) Fertige eine Übersicht an, in der Tiernamen diesen Gruppen (passive bzw. aktive Giftanwendung) zugeordnet sind! Gib für die Tiere mit aktiver Giftanwendung an, welche Giftwerkzeuge sie besitzen!
   b) Welche Ziele verfolgen Tiere mit der Anwendung von Gift?

5. Kreuzotter (oben) und Ringelnatter (unten) besitzen äußere Merkmale, durch die sie eindeutig voneinander unterschieden werden können.

   a) Beschreibe die äußeren Merkmale, mit denen man Kreuzotter und Ringelnatter eindeutig voneinander unterscheiden kann!
   b) Durch welche Maßnahmen kann man sich vor Schlangenbissen, vor allem vor denen der Kreuzotter, schützen?

6. Insektenstich und Schlangenbiss erfordern schnelles Handeln.
   Welche Maßnahmen sind
   a) bei einem Wespenstich und
   b) bei einem Kreuzotterbiss
   zu treffen bzw. zu unterlassen?

7. Nicht wenige Pflanzen könnten als „giftige Heilpflanze“ bzw. als „heilende Giftpflanze“ bezeichnet werden.
   a) Erkläre diese paradoxen Bezeichnungen! Beziehe auch die Aussage von PARACELSUS (s. S. 60) ein!
   b) Ergänze unter Nutzung von Büchern und Zeitschriften die folgende Übersicht!

Pflanzenname	heilende Wirkung	giftige Wirkung
Eberesche	Gewinnung von Vitamin C	Schleimhautreizung
...		

8. Aus Wildpflanzen lassen sich heilende Tees, Salben und Tinkturen gewinnen, so auch aus Spitzwegerich (links) und Schafgarbe (rechts), die man häufig findet.

   a) Wundsalbe aus Spitzwegerich hilft bei der Behandlung von Schnitt- und Schürfwunden. Zur Herstellung dieser Salbe werden 7 Esslöffel Wegerichblätter und 4 Teelöffel Sauerampfer in 1/2 Liter Wasser gekocht, bis das Wasser zur Hälfte verdampft ist. Die Blätter werden danach abgesiebt. Die Flüssigkeit wird anschließend mit 50 g erwärmtem Lanolin aus der Apotheke verrührt und in ein kleines, verschließbares Gefäß gefüllt.
   Stellt nach dieser Anleitung eine Wundsalbe her!
   b) Schafgarbe hilft bei Magenschmerzen, z. B. nach übermäßigem Verzehr von Süßigkeiten. Dazu werden drei frische oder getrocknete Schafgarbenblättchen in einer Tasse mit kochendem Wasser übergossen. Lasst den Tee 5 Minuten ziehen und dann könnt ihr ihn trinken.
   Probiert dieses Rezept aus!

9. Nicht selten vergiften sich jüngere Kinder mit Pflanzenteilen.

   Begründe, warum manche Pflanzen zum Kosten verleiten!
   Werte dabei die beiden Fotos aus!

10. Stelle eine Liste mit Pflanzen zusammen, die du zu Hause oder im Garten hast!
    Informiere dich in der Literatur über die Giftigkeit dieser Pflanzen!
    Fertige eine Tabelle an, aus der hervorgeht, welche Teile dieser Pflanzen schwach giftig, stark giftig oder tödlich giftig sind!

11. Fotografiere auf einer Exkursion Pflanzen, deren Teile giftig sind!
    Fertige anschließend ein Poster an, das vor allem Kinder vor diesen Vergiftungen warnen soll! Stelle auf dem Poster auch Anzeichen einer Vergiftung und Erste-Hilfe-Ratschläge dar!

12. Entwickle eine Datenbank zu heimischen Giftpflanzen!
    Lege zu jeder Giftpflanze einen Datensatz mit folgenden Datenfeldern an: Name der Pflanze, besondere Merkmale, giftige Teile, Vergiftungserscheinungen und Art der Giftigkeit!

13. Pilze können bei oberflächlichem Hinsehen verwechselt werden.
Erarbeite unter Nutzung von Pilzbestimmungsbüchern eine Tabelle, in der Speisepilze ihren giftigen Doppelgängern gegenübergestellt werden und in der wichtige Bestimmungsmerkmale enthalten sind!

Gifte aus dem Labor

14. Chemikalien aus dem Labor, wie Arzneimittel, Herbizide, Insektizide, Farben, Lacke und Reinigungs- bzw. Lösungsmittel, besitzen Vorzüge und Nachteile.
Stelle diese tabellarisch zusammen!

Name	Vorzug	Nachteil
Insektizide	wirksame Vernichtung von Schadinsekten	mögliche Gefährdung des Menschen
...		

15. Gefährliche Stoffe, zu denen auch die Giftstoffe gehören, sind nach der Gefahrstoffverordnung zu kennzeichnen. Jedoch existieren nicht für alle Arten von gefährlichen Stoffen eigene Kennzeichen.
Was muss daher bei der Kennzeichnung bzw. beim Deuten der Kennzeichen gefährlicher Stoffe beachtet werden?

16. Bei Farben, Lacken, Lösungs- und Holzschutzmitteln sind die auf der Verpackung angegebenen Verarbeitungshinweise zu beachten, weil es sonst zu gesundheitlichen Beeinträchtigungen kommen kann.

a) Welche Eigenschaften der enthaltenen Stoffe führen dazu, dass sich diese Stoffe in der Luft anreichern und damit beim Atmen aufgenommen werden können?
b) Wie kann man das Einatmen solcher Stoffe und damit mögliche gesundheitliche Beeinträchtigungen verhindern?
c) Stelle in einer Übersicht wichtige Verarbeitungshinweise von Farben, Lacken usw. zusammen, die ihr im Haushalt habt!

17. Auch Reinigungsmittel für Küche, Bad und WC können mitunter, besonders für Kinder, giftig sein. Fertige eine Tabelle an, aus der hervorgeht, welche Reinigungsmittel ihr zu Hause habt, welche Inhaltsstoffe diese besitzen und ob sie für den Menschen giftig sind!

18. Die wohl gefährlichsten Gifte im Haushalt sind Arzneimittel, wenn sie nicht vorschriftsmäßig und ohne wirkliche Notwendigkeit eingenommen werden. Deshalb müssen sie vor kleinen Kindern sicher aufbewahrt werden. Man sollte auch die Beipackzettel der Medikamente kennen.
Stelle für Medikamente aus eurer Hausapotheke die Nebenwirkungen zusammen! Nutze dazu die Beipackzettel!
Können diese Nebenwirkungen nur bei unsachgemäßem Gebrauch auftreten?

19. Nicht wenige Menschen und Menschengruppen fordern, Pflanzenschädlinge in der Landwirtschaft ab sofort ausschließlich mit nichtchemischen Mitteln zu bekämpfen.
a) Erläutere, was darunter zu verstehen ist!
b) Beurteile diese Forderung! Werte dazu die Bildgrafik aus!

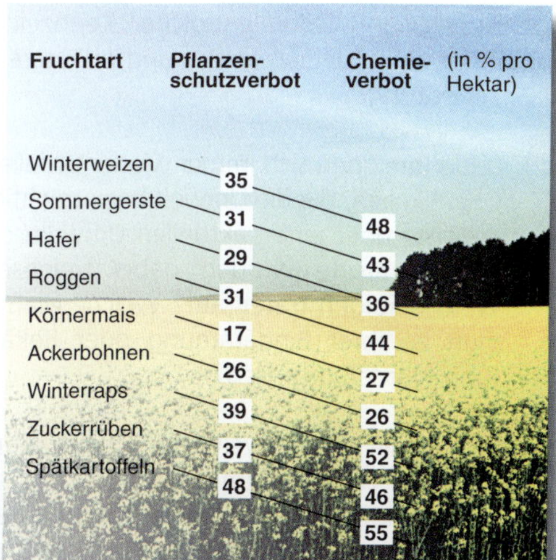

20. Die chemische Industrie ist heute dazu übergegangen, Pflanzenschutzmittel (Pestizide) herzustellen, die in geringeren Mengen als zuvor ausgebracht werden können und sich schneller abbauen.
    a) Welche Vorzüge besitzt diese „neue Generation" von Pflanzenschutzmitteln?
    b) Welches Interesse haben Landwirte, Pflanzenschutzmittel auszubringen, dies aber im geringsten möglichen Umfang?

21. Einige Schadinsekten werden schon recht gut auf chemisch-biologische Art bekämpft.

    a) Beschreibe die Funktionsweise des abgebildeten Gerätes!
    b) Erläutere, warum es auch hier nicht ohne Chemie geht!

Alltags- und Umweltgifte

22. Es gibt Kennzeichen an Produkten aus Landwirtschaft und Industrie, die den Käufer auf ihre besondere Umweltfreundlichkeit hinweisen sollen. Sammle solche Kennzeichen, klebe sie in deinen Hefter und erläutere ihre Bedeutung!

23. Leider ereignen sich immer wieder Unfälle mit Chemikalien, die die Umwelt beeinträchtigen. Berichte über einen aktuellen Umweltunfall! Welche Stoffe wurden dabei freigesetzt? Welche Folgen traten auf? Welche Maßnahmen zu ihrer Eindämmung oder Bekämpfung wurden ergriffen?

24. Stoffe, die als Umweltgifte wirken können, befinden sich in jedem Haushalt.
    a) Liste auf, welche dieser Stoffe sich bei dir zu Hause befinden!
    b) Wie müssen sie verwendet und entsorgt werden?

25. In Städten und Gemeinden bzw. Kreisen befinden sich Umweltämter.
    Informiere dich dort über mögliche Schadstoffbelastungen von Luft, Wasser oder Boden und beurteile die diesbezügliche Situation!

26. Immer wieder tritt in Meeresteilen die „Ölpest" auf, durch die Vögel, Fische und Meeressäuger betroffen sind.

    a) Sammle Pressemeldungen zu solchen Ereignissen und registriere das jeweilige Datum!
    b) Fertige dazu eine Weltkarte an, in die du die Gebiete des Geschehens sowie die Daten einträgst!

27. Das Nikotin des Tabakrauches fördert durch Ablagerungen die Verengung der Blutgefäße.
    Welche Folgen können eintreten?

28. Untersuche Lebensmittel in eurem Haushalt auf Lebensmittelzusatzstoffe, die mit den sogenannten „E-Nummern" auf den Verpackungen angegeben sind!
    Stelle in einer Tabelle zusammen, welche Zusatzstoffe in den jeweiligen Lebensmitteln enthalten sind, welche Wirkungen diese haben, und gib eine Empfehlung für den Verzehr!
    Nutze hierzu eine Tabelle der E-Nummern!
    Beziehe in deine Untersuchung vor allem Süßigkeiten mit ein!
    Welche Zusatzstoffe würdest du für entbehrlich halten?

2 Gesundheit des Menschen – Ergebnis seiner Lebensweise?

Gesundheit ist ein Geschenk, das man sich selber machen muss.

(Schwedisches Sprichwort)

Wenn bei uns ein Kind zur Welt kommt, hat es in der Regel alle Voraussetzungen, um im Durchschnitt 70 bis 80 Jahre leben zu können. Wie es heranwächst, sich entwickelt und sein Leben gestalten kann, hängt besonders davon ab, ob es gesund bleibt. Gesundheit ist deshalb einer der häufigsten Wünsche zu Geburtstagen, zum neuen Jahr und zu anderen Anlässen.

Unter Gesundheit versteht die Weltgesundheitsorganisation (WHO) einen Zustand des völligen körperlichen, geistigen, seelischen und sozialen Wohlbefindens des Menschen. Diese Definition ist sehr umfassend und wahrscheinlich ist danach kein einziger Mensch wirklich gesund. Bei der Anwesenheitskontrolle in der Klasse wird nun aber festgestellt, wer krank ist und deshalb fehlt.

Wann ist jemand gesund und wann krank?
Was kann man selbst tun, um gesund zu bleiben?

Viele Faktoren beeinflussen unsere Gesundheit: unsere Lebensweise, unsere Umwelt und unsere Ernährung. Die Ernährungsgewohnheiten der Menschen haben sich in den letzten einhundert Jahren stark verändert. Wir essen nicht nur zu unserer Ernährung, sondern auch weil es uns Spaß macht. In den heutigen Industriestaaten gibt es ein Überangebot an Nahrungsmitteln. Neben den zum Leben notwendigen Dingen werden viele Arten von Süßigkeiten und anderen Genussmitteln angeboten. Oft ist für den Verbraucher gar nicht mehr feststellbar, woraus die Nahrungs- und Genussmittel bestehen und wie sie hergestellt wurden.

Welche Auswirkungen haben unsere heutigen Ernährungsgewohnheiten auf unsere Gesundheit und unsere Umwelt?
Wie kann die Herstellung und der Verbrauch gesunder und umweltgerechter Nahrungsmittel gefördert werden?

Während bei uns ein Überangebot an Nahrungsmitteln existiert, herrscht in anderen Teilen der Welt – vor allem in Entwicklungsländern – Hunger. Und die Bevölkerungszahl auf der Erde, vor allem in diesen Ländern, wächst weiter. Die landwirtschaftlich nutzbare Fläche kann jedoch kaum noch erweitert werden.

Wie wird es möglich, auch eine wachsende Weltbevölkerung ausreichend zu ernähren?
Was können wir in den Industriestaaten zur Bekämpfung des Hungers in der Welt tun?
Welche Chancen und Gefahren sind mit der Nutzung neuer wissenschaftlicher Erkenntnisse und Verfahren, z. B. der Gentechnik oder der Herstellung synthetischer Nahrungsmittel, verbunden?

Trotz gesunder Lebensweise und Ernährung kann jeder Mensch krank werden oder einen Unfall erleiden. Bei uns und in anderen Industriestaaten ist im Gegensatz zu vielen Ländern der Dritten Welt eine umfassende medizinische Versorgung vorhanden. Ärzten, Heilpraktikern und Krankenschwestern stehen viele Möglichkeiten zur Verfügung zu helfen und zu heilen. Trotzdem sind die meisten Krankheiten nicht besiegt und treten immer wieder auf. Neue Krankheiten brechen aus und einige sind nach wie vor nicht heilbar.

Was sind die Ursachen für Krankheiten?
Welche Mittel und Methoden helfen bei bestimmten Erkrankungen wirksam?
Wodurch können die katastrophalen gesundheitlichen Bedingungen der Menschen in Ländern der Dritten Welt überwunden werden?

Hauptsache es schmeckt?

Die Vielfalt der Nahrungsmittel für uns Menschen ist kaum zu überblicken. Ständig kommen neue Produkte auf den Markt. Glaubt man der Werbung, sind sie alle gesund, bekömmlich oder die reinsten Schlankmacher. Um sich orientieren zu können, was und wie viel man essen sollte, muss man die Wirkung der Nahrungsmittel auf den menschlichen Organismus kennen.

Was ist alles in unserer Nahrung drin?
Warum ernähren sich die Menschen so unterschiedlich?
Was gehört zu einer gesunden Ernährungsweise?

Bleib in Bewegung!

Bis weit in das 20. Jahrhundert hinein war die regelmäßige körperliche Bewegung im Arbeitsprozess des Menschen oder auch für den Weg zum Arbeitsplatz ausreichend gegeben. Die Tätigkeit vieler Menschen war mit schwerer körperlicher Arbeit verbunden, die auch zu gesundheitlichen Problemen führen konnte. Heute nimmt uns die Technik viele körperliche Arbeiten ab. Deshalb führt Bewegungsmangel zu gesundheitlichen Problemen.

Weshalb ist die körperliche Bewegung so wichtig für die Erhaltung der Gesundheit?
Was kann man tun, um körperlich aktiver zu sein?

Gefährlicher Sommersmog?

Das Gas Ozon ist in kleinen Konzentrationen in der Luft für den Menschen nicht gefährlich. Steigt die Ozonkonzentration in der Atemluft an, so kann es zu gesundheitlichen Problemen beim Menschen kommen. Besonders im Sommer können die Ozonwerte in der Luft ansteigen. Hauptverursacher (zu 50–70 %) des Sommersmogs ist der Autoverkehr.

Was ist Ozon und wie kommt es zur verstärkten Ozonbildung beim Sommersmog?
Welche gesundheitlichen Probleme können starke Ozonbelastungen hervorrufen?

2.1.1 Ernährung und Gesundheit

Die Ernährung gehört zu den Stoff- und Energiewechselprozessen. Zwischen Ernährung des Menschen und seiner Gesundheit bestehen vielfältige Zusammenhänge.

Unsere Gesundheit ist jedoch keinesfalls ausschließlich von der Ernährung abhängig. Wir nehmen Nahrungsmittel auch nicht einzig und allein deshalb auf, um unsere Gesundheit zu pflegen, weil wir unseren Körper mit Nährstoffen versorgen müssen oder weil wir manchmal Hunger verspüren. Wir essen auch, weil es uns schmeckt und weil wir uns beim Essen mit Freunden oder in der Familie ausführlich unterhalten und so unser Wohlbefinden steigern können.

In großen Teilen der Welt stellt die Sicherung der Ernährung der Bevölkerung noch immer eine wichtige Aufgabe dar, die angesichts des Bevölkerungswachstums nicht geringer wird (s. S. 86). In einigen Ländern dagegen besteht ein Überangebot an Nahrungsmitteln. In der Europäischen Union wird sogar die Nahrungsmittelproduktion mit Obergrenzen belegt.

Für die meisten Menschen bei uns ist eine üppige Ernährung gesichert. Für viele ist dadurch Überernährung ein gesundheitliches Problem geworden. Schon als Kind und Jugendlicher hat jeder durch die Art und Weise seiner Ernährung Einfluss auf seine Gesundheit, auf Beschwerden und Erkrankungen in seinem heutigen und vor allem in seinem späteren Leben. **Gesunde Ernährung** ist vor allem bewusste Ernährung (Abb. 1).

Durch die Nahrung versorgen wir unseren Körper mit **Stoffen** und mit **Energie.**

Stoffe benötigt der menschliche Körper zum Aufbau körpereigener Substanz, für sein Wachstum und seine Entwicklung. Energie muss für die Ausführung aller wichtigen Lebensprozesse bereitgestellt werden, z. B. für Bewegung, Verdauung, Atmung, geistige Tätigkeit oder für die Aufrechterhaltung der eigenen Körpertemperatur. Der menschliche Körper gewinnt die Energie durch **biologische Oxidation.** Dabei werden Nahrungsbestandteile in den Körperzellen durch Sauerstoffzufuhr abgebaut, „verbrannt" (Abb. 2).

Der Energiebedarf des menschlichen Körpers setzt sich aus Grundumsatz und Arbeitsumsatz zusammen.

Ein Erwachsener, der gesund und ruhig im Bett liegt, benötigt zur Aufrechterhaltung aller Stoffwechselvorgänge etwa 4,2 kJ je kg Körpergewicht und Stunde. Diese Energie wird vor allem für die Herztätigkeit, die Atmung, die Tätigkeit des Gehirns und die Wärmeproduktion benötigt.

Nahrungsmittel	1900	1990
Getreideerzeugnisse	118	66,0
Hülsenfrüchte	7	0,5
Kartoffeln	228	72,0
Zucker	8	34,0
Gemüse	58	82,0
Frischobst	23	89,0
Südfrüchte	2	35,0
Fleisch	38	101,0
Milch	120	91,0
Fette	15	27,0
Eier	3	15,0

1 Die Tabelle zeigt den Pro-Kopf-Verbrauch der deutschen Bevölkerung an Nahrungsmitteln in Kilogramm. Die deutlichen Unterschiede zwischen beiden Jahren sind kaum Ausdruck für bewusste Ernährung in der Gegenwart, sondern haben vielfältige Ursachen.

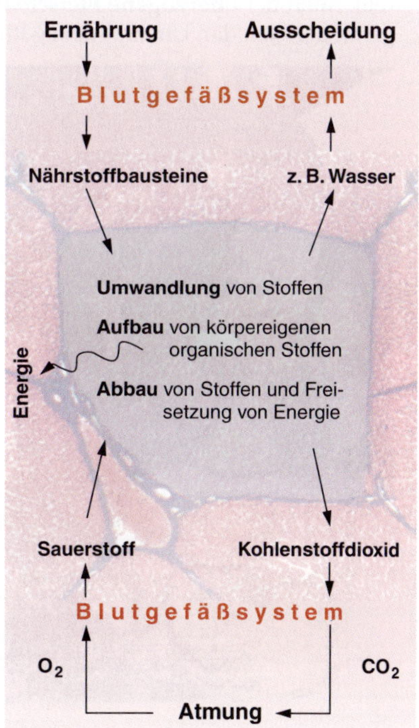

2 Die zur biologischen Oxidation erforderlichen Nährstoffbausteine und den Sauerstoff erhalten die Körperzellen über das Blutgefäßsystem.

Hunger und Armut

Nach Einschätzung der Welternährungsorganisation FAO herrschte im Jahre 1997 in nicht weniger als 29 Ländern der Erde, vor allem in Afrika, Asien und Osteuropa, Nahrungsmittelknappheit. Etwa 800 Mio. Menschen hungern immer noch, obwohl deren Anzahl von 940 Mio. (1970) etwas abgenommen hat. Etwa 190 Mio. Kinder im Vorschulalter sind unterernährt. Täglich sterben ca. 40 000 Kinder an ernährungsbedingten Krankheiten. Nicht immer sind es Todesfolgen, die der **Hunger** hervorbringt. Besonders Kinder sind durch Fehl- oder **Mangelernährung** einer lebenslangen körperlichen und geistigen Fehlentwicklung ausgesetzt (Abb. 1).

Häufig wird vorschnell das **Bevölkerungswachstum** auf der Erde als die Ursache für Hunger angesehen. Zwar verkleinert sich die für die Ernährung jedes einzelnen Menschen zur Verfügung stehende landwirtschaftliche Nutzfläche ständig weiter. So standen 1950 für jeden Menschen noch 0,3 ha zur Verfügung. Derzeit sind es nur noch 0,17 ha. Bei einer Weltbevölkerung von 12 Mrd. wären es dann weniger als 0,1 ha. Doch konnte die Erzeugung von Nahrungsmitteln in den letzten drei Jahrzehnten nicht nur Schritt halten, sondern ging sogar schneller vor sich als die Bevölkerungsentwicklung.

Die Erde kann eigentlich alle Menschen ernähren und genügend Nahrungsmittel bereitstellen (Abb. 2). Würde die weltweit produzierte Nahrung gleichmäßig verteilt, kämen auf jeden Erdenbürger heute täglich ca. 10 460 kJ Energiegehalt der Nahrungsmittel, etwa 628 kJ mehr, als für eine gesunde Ernährung im Durchschnitt nötig wären. Die Hauptursache für Hunger und Mangelernährung mit all ihren Folgen ist nicht die ungenügende Nahrungsmittelproduktion, sondern **Armut** und die nicht zu jeder Zeit garantierte Lebensmittelversorgung.

Die Hungerregionen der Erde sind deckungsgleich mit den Armutsregionen. Dazu gehören afrikanische Länder südlich der Sahara, Länder in Südostasien sowie Regionen in Ostasien und Lateinamerika. Hier werden das Menschenrecht auf Nahrung und die Ernährungssicherheit in grober Weise verletzt. Im Gegensatz dazu gibt es in anderen Regionen einen verschwenderischen Umgang mit Lebensmitteln. Auch der **überzogene Fleischverbrauch** in den Industrieländern stellt eine Ursache für den Hunger in der Welt dar. Um z. B. 0,5 kg Rindfleisch zu erzeugen, müssen 8 kg Getreide verfüttert werden. Die Differenz setzt das Rind in Energie um bzw. geht als Gülle oder Mist verloren. Etwa ein Drittel der Getreideernte und zwei Drittel der Ölsamen werden an das Vieh verfüttert. Gigantische Sojafelder in Südamerika sorgen für dieses Futter. Der tropische Regenwald wird abgebrannt, um weitere Landwirtschaftsflächen zu schaffen. Bei einer fleischärmeren Ernährungsweise könnten sofort wesentlich mehr Menschen ernährt werden und die Umwelt würde weniger belastet.

1 Nichtregierungsorganisationen, wie die Deutsche Welthungerhilfe, können oft nur die größte Not lindern, die durch Kriege, Umweltzerstörung oder Naturkatastrophen entstehen.

2 Dem bevölkerungsreichsten Land der Erde, der VR China, ist es trotz weiter wachsender Bevölkerung gelungen, nicht nur den Hunger zu besiegen, sondern auch zum Export von Nahrungsmitteln überzugehen. Aber auch dort werden Flächen der Landwirtschaft entzogen, z. B. für den Wohnungsbau oder die Anlage von Verkehrswegen.

Die Energiemenge, die wir bei völliger körperlicher Ruhe verbrauchen, heißt **Grundumsatz**.

Nahrungsaufnahme, Denken und Muskeltätigkeit benötigen zusätzliche Energie. Der Energiebedarf für Muskelarbeit ist dabei am höchsten, hängt aber stark von dem Ausmaß der körperlichen Anstrengung ab. Er wird als **Arbeitsumsatz** bezeichnet. Die Skelettmuskulatur, die bis zu 50 % des Körpergewichts ausmacht, kann ihren Bedarf in Abhängigkeit von Dauer und Intensität der Belastung auf mehr als das 20fache steigern. Ebenso trifft ein höherer Energiebedarf für die körperliche und sportliche Betätigung in der Freizeit zu.

Kennt man die Energiemenge, die man mit der Nahrung aufnimmt, und die Energiemenge, die man bei Arbeit und Freizeit umsetzt, kann man unter Einbeziehung des Grundumsatzes berechnen, ob der Energiehaushalt im Gleichgewicht steht. Man kann seine Energiezufuhr danach richten.

Ist die Energiezufuhr größer als der Energiebedarf, werden die körpereigenen Speicher aufgefüllt, man nimmt an Gewicht zu. Im umgekehrten Fall werden die Speicher abgebaut, man nimmt ab.

Der Energieverbrauch jedes einzelnen Menschen kann sich sehr deutlich von dem eines anderen Menschen unterscheiden, weil der persönliche Grund- und Arbeitsumsatz von vielen Faktoren abhängig ist, z. B. vom Alter oder vom Umfang der Muskelarbeit. Wir sollten diesen Gegebenheiten durch ein daran orientiertes Essverhalten Rechnung tragen (Abb. 1).

Aber nicht nur mit dem gesamten Energieverbrauch des einzelnen Menschen sollte seine Energiezufuhr abgestimmt sein. Von Bedeutung für unsere Gesundheit ist es auch, zu welchem Zeitpunkt wir im Laufe des Tages Nahrung aufnehmen. Es ist auch während Arbeit und Freizeit nicht erforderlich, ständig zu essen! Der Körper hat gute Reservelager. Sinnvoll ist es jedoch, unseren Rhythmus der Nahrungsaufnahme mit dem Rhythmus unserer Aktivität in Einklang zu bringen.

Das Sprichwort „Iss morgens wie ein Kaiser, mittags wie ein König und abends wie ein Bettelmann" muss man ja nicht unbedingt wörtlich nehmen.
Sein wahrer Kern ist jedoch:
Um den höchsten Leistungen des Vormittags zu genügen, sollte unbedingt ein *Frühstück* eingenommen werden. Es sollte ausreichend sein, seine Einnahme in Ruhe erfolgen. Da bis zum Mittag nicht nur Zeit vergeht, sondern auch viel geleistet werden soll, ist eine *Zwischenmahlzeit* sinnvoll.

bei ca. 1 Std. Tätigkeit	verbrauchte Energie in Kalorien (Joule)	das entspricht
Schreiben	90 (380)	1 Glas Cola
Hausarbeit	100 (420)	1 Scheibe Mischbrot
Spazierengehen	120 (500)	1 Banane/ 1 Brötchen
Gymnastik	290 (1 220)	1 Stück Schwarzw. Kirschtorte
Tanzen/ Skilanglauf	360 (1 510)	1 Kasseler Rippchen
Fahrradfahren/ Dauerlauf	450 (1 890)	1 Eisbecher m. Sahne u. Früchten

1 Der Energieverbrauch bei körperlicher Tätigkeit ist für je 1 Stunde angegeben. Die genannten Nahrungsmittel stellen Beispiele für die jeweilige Energiemenge dar.

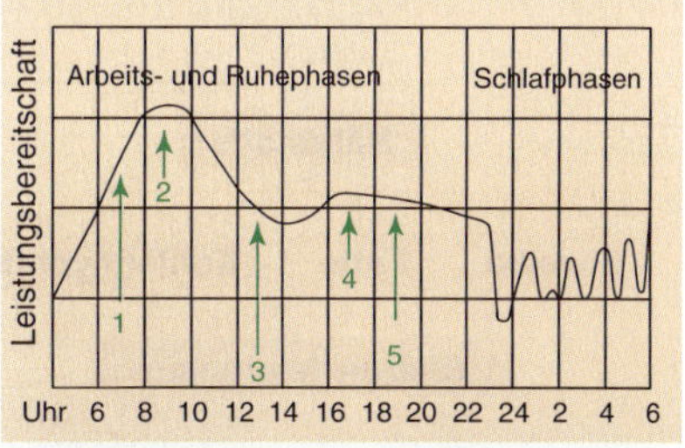

2 Die Leistungsbereitschaft des menschlichen Körpers ist im Tagesverlauf nicht gleichmäßig ausgeprägt. Die Aufnahme der Energie (Anteile in Prozent) sollte damit abgestimmt erfolgen: 1 – Frühstück (25–30 %), 2 – Zwischenmahlzeit (10 %), 3 – Mittagessen (30 %), 4 – kleine Zwischenmahlzeit (10 %), 5 – Abendessen (20–25 %) der täglichen Energiemenge.

Das *Mittagessen* soll maßvoll sein: Sowohl ein zu großer Umfang als auch ein völliges Einsparen würde zu Konzentrationsschwäche und Ermüdung führen. Zwischen Mittag und Abendessen ist wiederum eine *kleine Mahlzeit* angebracht. Das *Abendessen* sollte nicht zu ausgiebig sein, da die zu viel angebotene Energie gar nicht mehr umgesetzt werden kann, also im Körper gespeichert wird. Außerdem stört ein voller Magen den Schlaf (Abb. 2, S. 87).

Für eine gesunde Ernährung ist nicht nur von Bedeutung, *wie viel* Energie wir durch die Nahrung aufnehmen und in welchem Tagesrhythmus dies geschieht. Ganz entscheidend ist auch, *welche* Nahrung wir zu uns nehmen, welche **Inhaltsstoffe** diese Nahrung besitzt (Abb. 1 bis 4 und 1, S. 89). Unsere Nahrung ist ein Gemisch aus den vielfältigsten Stoffen. Manche bestimmen ihre Farbe, andere ihren Geschmack oder Geruch.

1 In Nahrungsmitteln, die pflanzliche Fette enthalten, befinden sich besonders viele ungesättigte Fettsäuren. Tierische Fette enthalten vor allem gesättigte Fettsäuren.

2 Ballaststoffe (z.B. Cellulose) kommen in Getreide bzw. Getreideprodukten, Obst, Kartoffeln, Gemüse und Hülsenfrüchten vor. Lange Zeit wurden sie als nutzlos betrachtet.

3 Vitamine sorgen in kleinsten Mengen dafür, dass der menschliche Körper gesund und leistungsfähig bleibt. Unter- wie Überversorgung mit Vitaminen sollte vermieden werden.

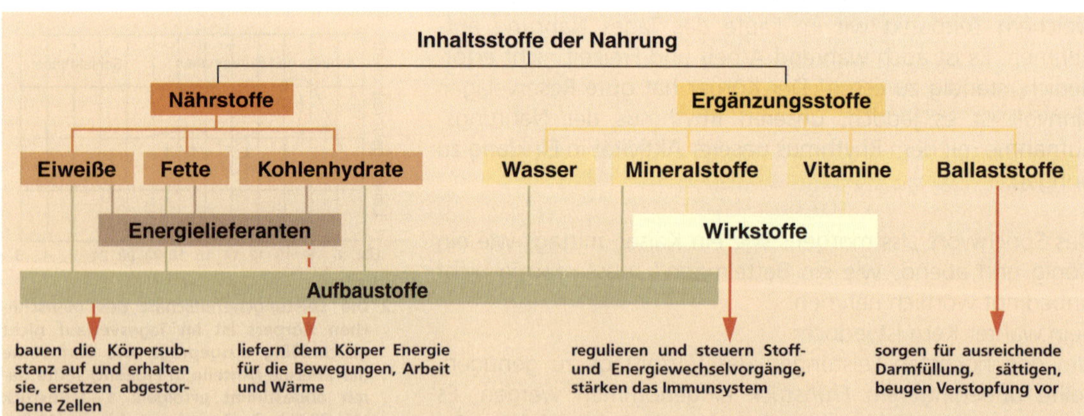

4 Die Inhaltsstoffe unserer Nahrung – Eiweiße, Fette, Kohlenhydrate, Wasser, Mineralstoffe, Vitamine und Ballaststoffe – können verschieden gruppiert werden und haben unterschiedliche Wirkungen für die Gesunderhaltung unseres Körpers.

Alle diese Inhaltsstoffe der Nahrung können in ihrer natürlichen Form nicht isoliert voneinander aufgenommen werden.

Daher ist es für eine gesunde Ernährung viel besser handhabbar, unsere Nahrung in sieben Lebensmittelgruppen zu gliedern. Man muss dann „nur noch" darauf achten, von diesen Gruppen solche Mengen zu sich zu nehmen, die einem gesunden Mischungsverhältnis entsprechen. Diese sieben Gruppen wurden in einem **Ernährungskreis** zusammengestellt (Abb. 4). Die Größe der Kreisausschnitte entspricht dem benötigten Anteil der jeweiligen Nahrungsmittelgruppe (Abb. 2).

Man sollte seine Ernährung innerhalb bestimmter Zeiträume (z. B. einer Woche) entsprechend dieses Kreises gestalten.

Ob unsere Ernährung zur Erhaltung unserer Gesundheit beiträgt oder ob wir damit ernährungsbedingte Krankheiten fördern, fängt schon beim Einkaufen an. Viele Menschen holen ihre Lebensmittel aus Selbstbedienungsläden, was den Zugriff stark erleichtert. Hier kann aus einer verwirrenden Fülle ausgewählt werden. Die Supermärkte haben heute 10 000 bis 12 000 Artikel ständig im Angebot.

1 In eiweißhaltigen Nahrungsmitteln befinden sich nicht nur Eiweiße. So enthält Milch z. B. auch Fett, Mineralstoffe und Wasser, Fisch u. a. Fett, Mineralstoffe und Vitamine.

2 Hauptbestandteile von Getreide, Getreideprodukten und Kartoffeln, der „Nr. 1" im Ernährungskreis, sind Kohlenhydrate, B-Vitamine, Eiweiß und Mineralstoffe.

4 Getreide, Getreideprodukte und Kartoffeln sowie Hülsenfrüchte sind nach dem Ernährungskreis zu bevorzugen, da diese beiden Lebensmittelgruppen den größten Anteil am Kreis haben. Fette und Öle sowie Fisch, Fleisch und Eier sind dagegen sparsam zu verzehren. Da jede Nahrungsmittelgruppe eine Vielzahl an Erzeugnissen enthält, die gar nicht alle abgebildet werden können, ist ein langweiliger Speiseplan nicht zu befürchten.

Zehn Ernährungstipps zum Fitbleiben	
1	Vielseitig – aber nicht viel
2	Weniger fettreich
3	Würzig, aber nicht salzig
4	Wenig Süßes
5	Mehr Vollkornprodukte
6	Viel Gemüse / Kartoffeln / Obst
7	Weniger tierisches Eiweiß
8	Trinken mit Verstand
9	Öfter kleine Mahlzeiten
10	Nährstoffschonend zubereiten

3 Diese 10 Tipps der Deutschen Gesellschaft für Ernährung (DGE) sind auf ein vollwertiges Essen und Trinken gerichtet, das gesund, fit und leistungsfähig erhält. Die Einhaltung der Tipps erfordert jedoch genauere Informationen.

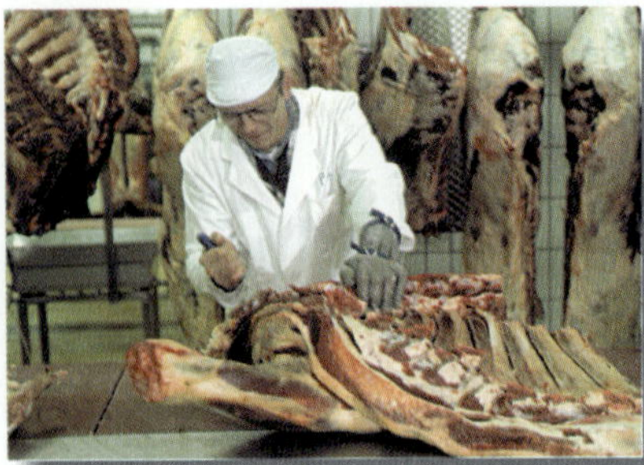

1 In Schlachthöfen und Betrieben der Fleischverarbeitung werden Tiere zerlegt und weiterverarbeitet.

2 Um bei den vielen Käsesorten einen bestimmten Geschmack zu erzielen, werden z. B. Molke-Proteine zugesetzt.

Lebensmittelzusatzstoffe	
Art der Stoffe	E-Nr.
Farbstoffe	100–180
Konservierungsstoffe	200–252
Säuerungsmittel	260–297
Antioxydantien	300–385
Verdickungsmittel	400–422
Emulgatoren	432–495
andere Zusatzstoffe	500–585
Geschmacksverstärker	620–948
Süßstoffe	950–1 518

3 Unter den Lebensmittelzusatzstoffen, die in einer für den Verbraucher recht unübersichtlichen Fülle existieren, befinden sich einige, die bei häufiger Aufnahme auch schädlich wirken können.

Doch in den **Verbrauchermärkten** werden Nahrungsmittel nur sehr selten hergestellt, sie kommen aus Betrieben der **Nahrungs- und Genussmittelindustrie** (Abb. 1).

Nur wenige Nahrungsmittel, die in den Verbrauchermärkten angeboten werden, sind gegenüber ihrer Herstellungsform in der Landwirtschaft nur gering verändert. Dazu gehören z. B. Kartoffeln, Obst und Gemüse, die für den Verkauf im Laden nur gereinigt, sortiert, portioniert und verpackt werden.

Andere Nahrungsmittel kommen in die Verkaufseinrichtungen, die in der Nahrungsmittelindustrie so weit verarbeitet worden sind, dass sie ihrem landwirtschaftlichen Ausgangsprodukt nicht mehr ähneln. Das trifft z. B. auf Teigwaren oder Zucker zu. Sie sind ohne besondere Mittel lange Zeit haltbar und können für verschiedenste Speisen verwendet werden. Schon seit vielen Jahren kommen aber tischfertige Produkte auf den Markt, als Konserve oder als Tiefkühlkost. Sie brauchen vor dem Verzehr meist nur noch erwärmt zu werden.

Schließlich werden uns industriell hergestellte Nahrungsmittel angeboten, bei denen Zulieferungen aus der Landwirtschaft nicht nur zu fertigen Gerichten verarbeitet wurden. Vielmehr werden sie in ihrer Zusammensetzung und hinsichtlich ihres Geschmacks gegenüber den Ausgangsprodukten verändert (Abb. 2).

Die Veränderung von Nahrungsmitteln geschieht durch den Entzug von Stoffen, die von Natur aus in Nahrungsmitteln enthalten sind, und durch den Zusatz von Stoffen, die von Natur aus nicht in Nahrungsmitteln vorkommen.

So werden bei den „Light"-Produkten Stoffe entzogen. Es gibt z. B. Käse mit verringertem Fettgehalt oder Süßigkeiten mit verringertem Zuckergehalt. Durch den Entzug solcher Stoffe geht oft auch ein Teil wichtiger Inhaltsstoffe verloren. Beispielsweise ist bei fettarmer oder entrahmter Milch nicht nur der Fettgehalt niedriger, sondern auch der Gehalt an fettlöslichen Vitaminen.

Um Eigenschaften von Nahrungsmitteln zu verändern, werden ihnen in der Industrie Stoffe zugesetzt. Zu den **Lebensmittel-Zusatzstoffen** gehören Farbstoffe, Konservierungsstoffe, Säuerungsmittel, Antioxidantien, Verdickungs- und Geliermittel, Emulgatoren, Geschmacksverstärker sowie Süßstoffe bzw. Zuckeraustauschstoffe. Diese Zusatzstoffe sollen die Haltbarkeit von Lebensmitteln verlängern, die Zubereitung erleichtern sowie den Geschmack und das Aussehen verbessern. Diejenigen Lebensmittel-Zusatzstoffe, die in der Europäischen Union als gesundheitlich unbedenklich gelten, haben eine „E-Nummer" erhalten (Abb. 3).

Die Betriebe der Nahrungs- und Genussmittelindustrie werden mit Rohstoffen vorwiegend aus der **Landwirtschaft** oder aus mit ihr verwandten Wirtschaftszweigen versorgt.

Landwirtschaft wird auf der Erde in sehr vielfältiger Weise betrieben. Unter dem Gesichtspunkt der gesunden Ernährung sind vor allem zwei Formen für uns bedeutsam: die konventionelle Landwirtschaft und die biologische Landwirtschaft.

Die **konventionelle Landwirtschaft** gilt als die „moderne" Art des Landbaus. Zu ihren Merkmalen gehören die Großflächenwirtschaft in Monokulturen, der Einsatz großer Mengen von Chemikalien (mineralischer Dünger, Schädlingsbekämpfungsmittel) und die Massentierhaltung.

Die konventionelle Landwirtschaft ist äußerst wirtschaftlich zu gestalten. Sie kann bei geringem Arbeitskräfteeinsatz große Mengen an Produkten herstellen und viele Menschen ernähren (Abb. 1).

Von der konventionellen Landwirtschaft gehen erhebliche Belastungen der Umwelt aus. Dazu gehören Landschaftsverbrauch, Belastung des Grundwassers mit Nitraten, Bodenerosion und Schädigungen des gesamten Ökosystems. Die anfallenden großen Mengen von Gülle und Ammoniak belasten Boden, Wasser und Luft.

Um Lebensmittel umweltschonender und auch gesünder zu produzieren sowie den Nutztieren bessere Bedingungen zu gewährleisten, werden Wege erprobt und praktiziert, die zusammen als **biologische Landwirtschaft** (auch: Biolandwirtschaft oder biologischer Landbau) bezeichnet werden.

Die auf Rohstoffe aus der biologischen Landwirtschaft zurückgehenden Nahrungsmittel sind durch die in diesem Zusammenhang vergebenen Warenbezeichnungen „Bio" oder „Öko" gekennzeichnet.

Sie sind an bestimmte Normen gebunden und gesetzlich geschützt (Abb. 2). Andere Bezeichnungen wie „umweltfreundlich", „aus integriertem Landbau" oder „naturnah" garantieren die Herkunft aus dem Biolandbau nicht.

Obwohl viele Menschen auf Qualitätsprodukte für ihre Ernährung achten, ist der Anteil von Bioprodukten bei den verkauften Lebensmitteln noch sehr gering. Er beträgt z. B. weniger als 2 Prozent von den ca. 230 Mrd. DM, die je Jahr von der Bevölkerung für Lebensmittel ausgegeben werden.

Ein wichtiger Nahrungsmittellieferant für Kaufhallen oder die verarbeitende Industrie ist die **Fischereiwirtschaft** (Abb. 3).

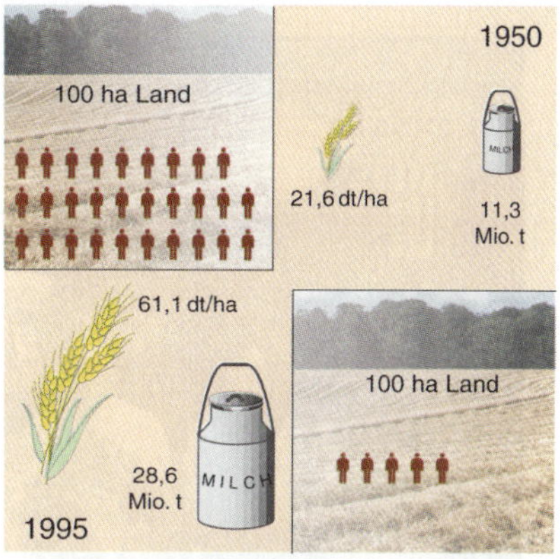

1 Immer weniger Landwirte erzeugen immer mehr. Diese Intensivierung in der konventionellen Landwirtschaft führte nicht nur zu Umweltproblemen, sondern auch zu „Milchseen" und „Butterbergen", zu Flächenstilllegungen und Strafen für zu viel Produkte.

2 Für die Kennzeichnung von Produkten aus der biologischen Landwirtschaft gilt jetzt dieses bundeseinheitliche Prüfzeichen.

3 Fische stellten schon immer eine wichtige Eiweißquelle für den Menschen dar. Sie sind auch reich an Mineralstoffen und Vitaminen.

1 Während in den USA die gentechnisch veränderte Sojabohne zu den wichtigsten landwirtschaftlichen Nutzpflanzen gehört, sind Freilandversuche mit Tomaten, Kartoffeln, Bohnen, Raps und anderen Kulturen in Europa heftig umstritten. Teile der Bevölkerung befürchten negative Wirkungen von gentechnisch veränderten Pflanzen auf Mensch, Tier und andere Pflanzen.

Neue Erzeugnisse aus der Landwirtschaft: Genprodukte

Die Flächen, die für den Anbau von Nutzpflanzen geeignet sind, können kaum noch ausgeweitet werden. Eine weitere Intensivierung der Landwirtschaft wird daher unumgänglich. Es muss also auf einer gleich bleibenden oder kleiner werdenden Fläche mehr als bisher geerntet werden, um die wachsende Weltbevölkerung zu ernähren.

Die Intensivierung der Landwirtschaft auf konventioneller Basis bereitet massive Umweltprobleme. Die biologische Landwirtschaft, die diese Nachteile überwinden soll, ist weniger produktiv und kann bisher auch nur teurer wirtschaften als die konventionelle.

Ein Ausweg scheint die Schaffung von Kulturpflanzen, die einen hohen Ernteertrag erzielen und deren Anbau die Umwelt kaum belastet. Hierfür wird durch komplizierte Verfahren die Erbsubstanz von Pflanzen, die sogenannten Gene, verändert. Die so mittels Genomik und **Gentechnik** erzeugten Kulturpflanzen (Abb. 1) sollen unempfindlicher (resistenter) gegen Schadorganismen (Insekten, Pilze, Bakterien, Viren) vor und nach der Ernte sein, den Einsatz umweltfreundlicher Unkrautbekämpfungsmittel ermöglichen, extreme Klimaschwankungen (Dürre, Frost) leichter vertragen, verbesserte Inhaltsstoffe besitzen sowie in Anbau und Ernte einfacher zu handhaben sein (z. B. gleichzeitiges Reifen). Gentechnisch veränderte Sojabohnen sind auch in der Europäischen Union zugelassen.

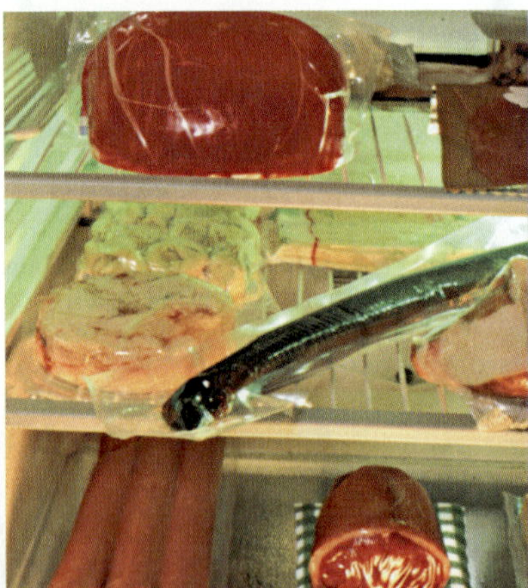

2 Dass Lebensmittel, die keine Konservierungsstoffe enthalten, nur begrenzt haltbar sind und dem raschen Verderb z. B. durch Schimmelpilze ausgesetzt sind, weiß schon jedes Kind. Weniger bekannt jedoch ist, dass Schadstoffe (Bisphenol A u. a.) durch Weichmacher, die in Plastikfolien bzw. -tüten enthalten sind, bei Kontakt mit fetthaltigen Nahrungsmitteln (Wurst, Käse, Milch) entstehen können.

In Deutschland unterliegen alle Lebensmittel, aber auch Genussmittel, Tabakwaren und kosmetische Erzeugnisse einer gesetzlichen Kontrolle.

Durch das **Lebensmittelgesetz** werden die Hersteller und Vermarkter verpflichtet, nur solche Produkte anzubieten, die keine gesundheitsschädigenden Wirkungen auf die Konsumenten haben können.

Es regelt u. a. Art und Menge der zugesetzten Konservierungsstoffe, Höchstgrenzen für eventuell enthaltene Fremdstoffe wie Dünge-, Pflanzenschutz- und Schädlingsbekämpfungsmittel, die Beschriftung sowie die Durchführung der Lebensmittelüberwachung.
Als Verbraucher kann man sich recht gut an der vorgeschriebenen Beschriftung über die Haltbarkeit und Zusammensetzung der Lebensmittel informieren. Damit soll es ermöglicht werden, z. B. Lebensmittel mit Zusatzstoffen nicht zu kaufen, wenn man dies *nicht* wünscht.

Trotz aller gesetzlichen Vorschriften ist es nicht auszuschließen, dass in Lebensmitteln **Schadstoffe** enthalten sind oder bei unsachgemäßem Umgang entstehen können (Abb. 2).

Zum Beispiel Salmonellen

Bei Lebensmitteln, die wahrnehmbar verdorben sind, die z. B. faulig riechen oder mit Schimmel überzogen sind, besteht nur eine geringe Gefahr, dass jemand diese noch zu sich nimmt. Wenn sich aber Bakterien in Nahrungsmitteln ausgebreitet haben, ohne dass diese verdorben aussehen oder riechen, kann es nach deren Genuss gefährlich werden. Leider hat sich in Deutschland die Zahl der lebensmittelbedingten Darminfektionen zwischen 1987 und 1998 verdoppelt – ein Zeichen für zu sorglosen Umgang mit Nahrungsmitteln.

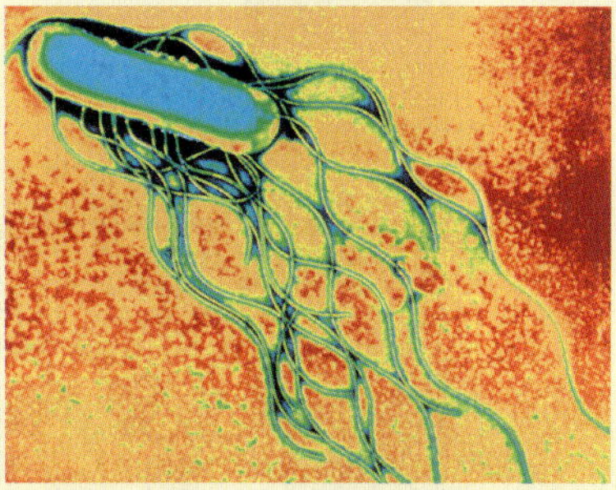

1 Salmonellen leben im Darm von Tieren. Häufig sind sie in Hühnereiern zu finden. Deshalb können sie über Eier und Hühnerfleisch in die Küche gelangen und sich dann vor allem in zubereiteten Speisen vermehren.

Zu den Bakterien, die sich in Lebensmitteln gut vermehren können und oftmals zu Lebensmittelvergiftungen führen, gehören die **Salmonellen** (Abb. 1). Es sind bisher rund 2 000 Arten davon bekannt. 1997 wurden allein bei Salmonellenerkrankungen in Deutschland 105 000 Betroffene gemeldet. Salmonellenvergiftungen stellen eine akute Lebensbedrohung dar.

Frisch gelegte Hühnereier enthalten kaum Salmonellen. Bei Kühlschranklagerung bleibt das auch so. Doch schon bei Temperaturen über 7 °C kommt es innerhalb weniger Stunden zur Massenvermehrung der Salmonellen, die Lebensmittel ungenießbar macht. Ihr Verzehr führt zur Vergiftung.

War Geflügelfleisch vor dem Tieffrosten bereits von Salmonellen befallen, so sterben diese auch beim Einfrosten *nicht* ab, sondern werden mit konserviert. Sie sind im Tauwasser noch enthalten und können sich dann explosionsartig vermehren. Deshalb muss das Tauwasser sofort weggeschüttet werden. Alle Gegenstände, die damit in Berührung gekommen sind, müssen sorgfältig abgespült werden. Erst gründliches Erhitzen über 70 °C führt zum Absterben der Salmonellen.

Salmonellen breiten sich nicht nur in Geflügelfleisch und Eierspeisen aus, sondern auch in Fisch, Hackfleisch und Majonäse. Deshalb ist es wichtig, diese Lebensmittel grundsätzlich im Kühlschrank zu lagern und möglichst bald zu verzehren. Zubereitete Speisen sollten nicht wieder aufgewärmt werden.

Salmonellenvergiftungen äußern sich in Übelkeit, Erbrechen, Durchfall und Fieber. Den meisten Menschen wird es schon dadurch besser, dass sie durch Erbrechen oder Durchfall die Salmonellen wieder von sich geben. Kleinkinder, Kranke und alte Menschen können aber durch den dabei eintretenden Wasserverlust lebensbedrohliche Kreislaufprobleme bekommen. In schweren Fällen sollte die Behandlung durch einen Arzt erfolgen. Bei Lebensmittelvergiftungen nach dem Essen in einer Gaststätte sollte in jedem Fall die Gesundheitsbehörde benachrichtigt werden.

2.1.2 Lebensweise und Gesundheit

Um durch die eigene Lebensweise zur Gesundheit beizutragen, sind neben der Ernährung viele weitere Gesichtspunkte zu beachten. Dazu gehören die Einhaltung der Regeln für Sauberkeit und Hygiene ebenso wie eine der jeweiligen Witterung angemessene Kleidung oder das Bestreben, sein Immunsystem zu stärken, sich „abzuhärten“.

2 Besondere Bedeutung für die Erhaltung der Gesundheit besitzen körperliche und geistige Akitivität des Menschen vom Kindes- und Jugendalter an sowie das Meiden von Drogen.

Jeder kann durch sein Verhalten vieles dazu beitragen, seine Gesundheit bis ins hohe Alter zu erhalten, indem er seinen Körper pflegt, fit hält und schützt, damit später möglichst wenig „Reparaturen“ erforderlich werden (Abb. 2).

Körperliche und geistige **Aktivität** wird am besten immer im Zusammenhang mit **Entspannung** gesehen. Dauerhaft an-

1 **Heute sind bei uns Bauern, die den Pflug selber ziehen, Waldarbeiter, die nur mit der Handsäge arbeiten, Zimmerleute, die Balken für ein Haus mit der Axt zuhauen, oder Bauarbeiter, die Beton nur mit der Schaufel mischen, kaum noch vorstellbar.**

strengende Belastungen von Körper und Geist, vor allem wenn sie einseitig sind oder gar in Stress ausarten, sind für die Gesundheit nicht förderlich. Abwechslung und Ruhephasen sollten folgen.

Bewegung, **körperliche Aktivität**, ist eine grundlegende Eigenschaft auch des Menschen. Sie ist eine wesentliche Bedingung, die Gesundheit zu erhalten.

Der Mensch hat sich eine Technik geschaffen, die ihm die schwere körperliche Arbeit (Abb. 1) immer mehr abgenommen hat. Doch mit immer mehr technischen Mitteln im Arbeitsprozess, mit der Zunahme sitzender Tätigkeiten – auch vor Fernseher oder Computer – oder durch immer bequemere Verkehrsmittel hat in den so genannten entwickelten Ländern die körperliche Aktivität für viele Menschen ein so geringes Maß angenommen, dass durch Mangel an Bewegung Beschwerden, Krankheiten und sogar eine Beeinträchtigung der Lebenserwartung auftreten.
Ein Ausgleich kann z. B. sportliche Betätigung sein. Ideale Sportarten dafür sind Laufen, Radfahren, Schwimmen, Tanzen, Wandern, Paddeln, Skilanglauf. Sie alle belasten viele Muskeln und erfordern Ausdauer.

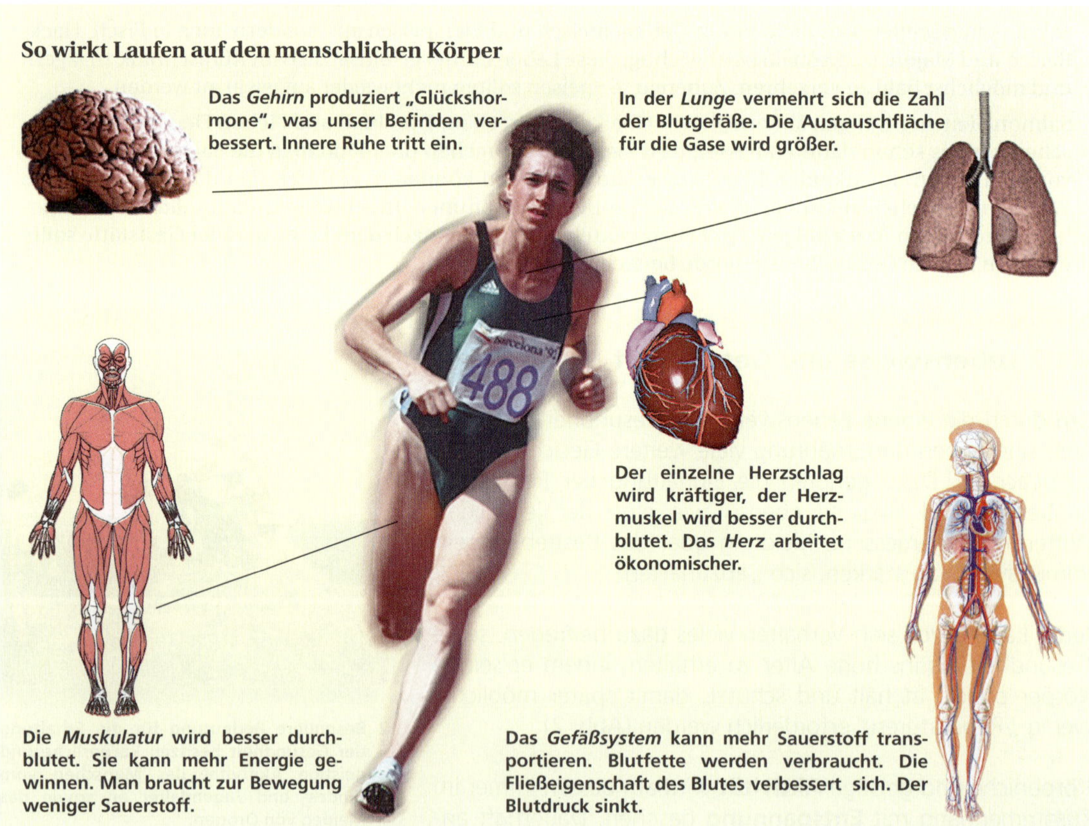

Durch regelmäßigen Sport können sogar Krankheiten überwunden werden. Das trifft auf ständige Müdigkeit und auf Niedergeschlagenheit (Depressionen) zu. Durch körperliches Training können auch schwere Herz-Kreislauf-Erkrankungen so weit gebessert werden, dass keine weiteren Medikamente notwendig sind und der frühere Patient keinen Arzt mehr benötigt (Abb. 1).

Bei allen positiven Auswirkungen des Sportes muss jedoch stets das persönlich verträgliche Maß beachtet werden. Zu dem Ausruf „Sport ist Mord" besteht dann kein Grund. Sicherlich ist die Wahrscheinlichkeit, sich beim Sport eine Verletzung zuzuziehen, größer als bei trägem Sitzen vor dem Fernseher (Abb. 2).

Sport ist jedoch nur eine Form körperlicher Aktivität (Abb. 3). Man kann seinem Körper auf andere Weise Gutes tun: Wenn man z. B. im 6. Stock wohnt und sich zur Aufgabe stellt, nie den Fahrstuhl zu benutzen.
Ähnliche Wirkungen erreicht man, wenn längere Strecken zu Fuß oder mit dem Fahrrad zurückgelegt werden, anstatt den Bus zu benutzen oder sich von den Eltern fahren zu lassen. Auch Tanzen ist eine ideale Konditionierungsmöglichkeit und hat den Vorteil, dass man es nie allein tun muss.

Es gilt als erwiesen, dass auch **geistige Aktivität** der Erhaltung der Gesundheit dient.

Der regelmäßige Gebrauch von Denken und Sprache hilft fit zu bleiben. Möglichkeiten dafür, geistig aktiv und produktiv zu sein, gibt es in allen Bereichen des Lebens, ob es nun Wissenschaft und Technik, Kunst und Literatur oder andere gesellschaftliche Bereiche sind.
Hohe Anforderungen an das Gehirn halten es im besonderen Maße fit. Doch auch kleine Dinge wirken sich messbar aus, z. B. Kartenspiele, lehrreiche Computerprogramme oder das Lösen von Kreuzworträtseln. Für Schüler ist das intensive Lernen sicherlich die Hauptform geistiger Aktivität.

Kein Mensch kann ständig geistig oder körperlich aktiv sein. Aktivität muss immer ihren Gegenpol in **Entspannung** finden.

Besonders einseitige und dauerhafte geistige Anstrengungen an der oberen Belastungsgrenze und die häufige pausenlose Einwirkung von Sinnesreizen durch Fernsehen, Computer u. a. Medien der gegenwärtigen Gesellschaft können sich nachhaltig auf die Gesundheit auswirken.

Körperliche und geistige **Belastung** bewirken eine Ermüdung. Eine Ermüdung setzt der weiteren Leistungsfähigkeit jedoch Grenzen.

1 Durch Sport können sich auch Körperbehinderte befähigen, mit ihrer Behinderung besser zu leben.

Tipps zur Verhinderung von Verletzungen bei sportlicher Betätigung
Muskeln vorher aufwärmen.
Nicht mit vollem Magen starten.
Bei Muskelkater einen Tag aussetzen und dann die gleiche Belastung wiederholen.
Sachgerechte Kleidung und Ausrüstung tragen.

2 Sportverletzungen können größtenteils vermieden werden, wenn man diese Tipps einhält.

Energieverbrauch in einer Stunde bei körperlicher Betätigung in kJ (kcal) pro kg Körpergewicht	
Spazierengehen	10,5 (2,5)
Wandern 6 km/h	16,7 (4,0)
Schwimmen (je nach Tempo)	12,6–16,7 (3,0–4,0)
Radfahren (15 km/h)	23,0 (5,5)
Laufen 9 km/h	38,5 (9,2)

3 Sport führt zu erhöhtem Energieumsatz.

1 Menschen, die das ganze Jahr über vorwiegend eine sitzende Tätigkeit ausüben, sollten dies nicht auch noch während ihres Urlaubs tun. Dieser sollte vielmehr auch zu anstrengender körperlicher Bewegung, z. B. zu Bergwanderungen, genutzt werden.

Schall bzw. Lärm	dB
Hörschwelle	0
normale Unterhaltung, leise Musik	40
Staubsauger, ICE	60
Straßenverkehr, laute Musik im Zimmer	80
Presslufthammer, Disko	100
Rockkonzert, Flugzeugtriebwerk, Donner	120
Schmerzschwelle	130

2 Entscheidend dafür, ob wir Schall als Lärm empfinden oder nicht, ist die Lautstärke. Sie wird in Dezibel (dB) oder in Phon gemessen. Ständige Lärmeinwirkung über 85 dB kann längerfristig zu Hörschäden führen. Bei 130 dB genügt schon kurzfristige Einwirkung, um das menschliche Ohr unumkehrbar zu schädigen.

3 Lärm belastet und schädigt zunächst unser Innenohr, wohin der Schall über Gehörgang, Trommelfell und die Gehörknöchelchen übertragen wird.

Wird unsere Leistungsfähigkeit besonders beansprucht, z. B. durch eine Prüfungssituation oder aber auch durch schwere körperliche Tätigkeit, dann wird unsere Ermüdung und damit auch der Erholungsbedarf umso größer sein. In der **Erholung**sphase stellt der Körper Kräfte für neue Anstrengungen wieder her.

Deshalb ist es sinnvoll, die Erholung der Ermüdungserscheinung anzupassen. Nach einem langen Schultag ist dann eine körperliche Belastung ein guter Ausgleich. Nach körperlicher Belastung wirkt aber ein Buch ganz erholsam (Abb. 1).

> Erholung bedeutet nicht Nichtstun. Erholung sollte Ausgleich durch andere Tätigkeiten ermöglichen.

Belastung und Erholung werden durch **Schlaf** ergänzt. Schlaf ist nicht nur eine Ruhephase für Muskulatur, Verdauungsapparat, Atmung, Kreislauf. Schlaf ist vor allem eine Erholungsphase für unsere Nervenzellen. Ohne Schlaf würde man schon nach wenigen Tagen sterben, weil das Gehirn enorm überlastet würde.

Ungünstig auf Entspannung und Schlaf wirkt sich **Lärm** aus (Abb. 2). Lärm ist eine Umweltbelastung und belästigt Menschen, aber auch Tiere. Zu den Lärmquellen gehören der Straßen-, der Flug- und der Schienenverkehr, Industrie und Gewerbe, die Nachbarn sowie Sport- und Kulturveranstaltungen.

Durch Lärmbelästigungen wird insbesondere die Erholung innerhalb und außerhalb der Wohnung beeinträchtigt. Lärm schädigt den menschlichen Körper oder führt zu Gereiztheit.

> Lärm ist Schall, der uns stört, belästigt oder sogar gesundheitlich schädigt.

Wir können persönlich nicht alle Lärmquellen beeinflussen, einige aber doch. Selbst erzeugter Lärm, mit dem wir andere belästigen und uns selbst schaden, kann größtenteils vermieden werden. Daher sind Lärm, Lärmvermeidung und Lärmschutz auch Bestandteil unserer Lebensweise (Abb. 3).

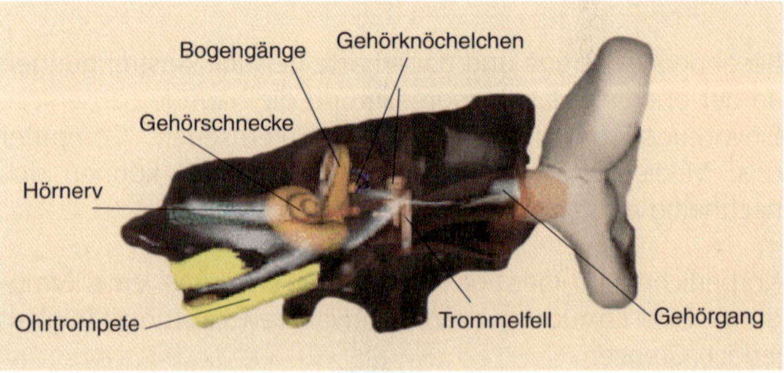

Dauernder Lärm – auch schon ab 40 dB – fördert Nervosität und löst die Produktion von Hormonen aus, die unser Körper nur in Not- oder Belastungssituationen produziert (Abb. 1). Sie führt zu Stoffwechsel- und Kreislaufreaktionen, erhöht den Blutdruck, stört unseren Rhythmus von An- und Entspannung, von Tag und Nacht. Erhöhte Geräuschempfindlichkeit, Wahrnehmung von Eigengeräuschen im Ohr und sogar Sprachstörungen können auftreten.

Die Lärmschwerhörigkeit gehört heute zu den verbreitetsten Berufskrankheiten. Durch schlechtes Hören – allein in Deutschland sind 15 Mio. Menschen davon betroffen – geht Lebensqualität verloren. Es ist aber auch ein Sicherheitsrisiko für die Betroffenen, besonders im Straßenverkehr.

Lärm und seine gesundheitsschädigende Wirkung müssen durch verschiedenste Maßnahmen verringert werden.

1 Maßnahmen zur Lärmvermeidung müssen bereits bei der Konstruktion von Maschinen und Geräten beginnen. Da Lärm aber nicht immer und überall vermeidbar ist, werden auch Lärmschutzmittel (z. B. Ohrenschützer) in Riskoberufen bereitgestellt, Lärmschutzwände und Gehölzstreifen errichtet oder ein Nachtflugverbot festgelegt.

Wie Lärm, so können auch Sorgen der Menschen, die sich aus ihrer sozialen Umwelt ergeben, Belastungen, Anspannungen, Druck, Beanspruchung darstellen, die auf den einzelnen Menschen unterschiedlich stark wirken. Alle äußeren Reize, die auf den menschlichen Organismus belastend einwirken (wie Kälte, Hitze, erhöhte Muskelarbeit, Lärm oder geistige Beanspruchung), lösen im Körper Reaktionen aus. Diese sind auf die Abwehr der belastenden Reize gerichtet und werden oft mit dem Verb „abreagieren" beschrieben.

Eine Situation, bei der der menschliche Organismus nach Ausgleich belastender äußerer Einflüsse strebt, wird als **Stress** bezeichnet. Die als belastend empfundenen Einwirkungen aus der Umwelt heißen **Stressoren.**

Kann der Körper die Reize ausgleichen bzw. abwehren, schadet ihm Stress nicht. Stress stellt eine sinnvolle Notfallreaktion des Körpers dar und kann dann sogar zu besonderen körperlichen und geistigen Leistungen aktivieren.
Krankheitsauslösend wirkt Stress besonders dann, wenn kurzzeitig einwirkende Stressoren und damit verbundener akuter Stress zu einer *Dauer*erscheinung werden (Abb. 2). Aber auch die abwehrende Stressreaktion auf einen nur Sekunden dauernden Stressor, z. B. bei kurzzeitigem Erschrecken, kann zum Herztod führen.

2 Die belastenden Einwirkungen aus der Umwelt können so stark werden, dass sie vom Körper nicht mehr ausgeglichen werden. Dann kann Stress für bestimmte Krankheiten, wie Bluthochdruck, Herzinfarkt, Schlafstörungen oder Magengeschwüre auslösend sein.

In unserer Zeit ist die körperliche Belastung sehr stark der geistigen gewichen. Wir sind einer ständigen Reizüberflutung ausgesetzt, die Stress auslösen kann. Es sind vor allem berufliche Konfliktsituationen, Erfolgszwang, Ängste, Gefühle mangelnder Anerkennung, Einsamkeit, soziale Isolation, Verlust wichtiger Tätigkeitsbereiche oder Misserfolge, die Stress auslösen können.

1 Wir sollten lernen, Probleme mit Freunden zu besprechen, den Tagesablauf sinnvoll zu organisieren, unsere Möglichkeiten realistisch einzuschätzen, unserem Körper durch konditionelle Tätigkeiten und unserem Kopf durch genügend freudvolle Anlässe den erforderlichen Ausgleich zu geben.

Und zu den Stressreaktionen gehört neben Aggressionen u. a. auch die Flucht in die Drogen, durch die nicht gerade wenige Menschen versuchen, „Kraft" für die Bewältigung ihrer Lebenssituation zu finden (Abb. 1).

Gesundheit ist nicht nur das Fehlen von Krankheiten, sondern das körperliche und seelische (psychische) Wohlbefinden des Menschen.

Ob Dauerstress jedoch tatsächlich krank macht, ob der Schutz- und Anpassungsmechanismus des Organismus also überfordert wird, hängt auch von der Belastbarkeit des einzelnen Menschen, von seinem „dicken Fell" ab. Oft entscheidet darüber eine konkrete Situation, die sich für verschiedene Menschen recht unterschiedlich darstellen kann: Laute Musik wird von Jugendlichen oft als Entspannung empfunden. Für einen übermüdeten Schichtarbeiter z. B. kann sie Lärm und damit einen Stress auslösenden Stressor bedeuten.

2.1.3 Umwelt und Gesundheit

Viele Wirkungen auf unsere Gesundheit gehen von wechselnden Gegebenheiten unserer natürlichen und gebauten Umwelt im Kleinen wie im Großen aus. Wir können sie als einzelne Menschen in unterschiedlichem Maße beeinflussen, auch durch unsere Ernährung, auch durch unser eigenes Verhalten.

Umweltgegebenheiten können unsere Gesundheit erhalten helfen oder sogar stabilisieren. Sie können jedoch auch unsere Gesundheit gefährden (Abb. 2).

2 Naturnahe Landschaften – wie hier an der Oder –, in denen sich eine artenreiche Pflanzen- und Tierwelt erhalten konnte, sorgen dafür, dass für die Menschen ausreichend sauerstoffreiche Luft und sauberes Wasser zur Verfügung steht – zwei für unsere Gesundheit bedeutsame Umweltgegebenheiten.

Frische **Luft** stellt nicht nur eine Grundvoraussetzung menschlichen Lebens dar, sondern kann auch unser Wohlbefinden beeinflussen (Abb. 1, S. 99). Zum normalen Verhalten der Menschen gehört es daher, geschlossene Räume öfter zu lüften, um den Sauerstoffgehalt der Luft aufzubessern. Das ist insbesondere in Räumen mit wärmedämmenden Fenstern erforderlich, die den Nachteil haben, den Luftaustausch zu behindern.

Durch das Lüften wird nicht nur der Sauerstoffgehalt der Luft positiv beeinflusst. Besonders in stark beheizten oder gar überheizten Räumen sinkt die Luftfeuchtigkeit schnell auf unter 40 %. Der menschliche Körper gibt verstärkt Feuchtigkeit an die Umgebung ab. Die Schleimhäute der Nase und des Mundes trocknen aus. Das ist nicht nur unangenehm, sondern erhöht auch die Anfälligkeit gegenüber Erkältungskrankheiten (s. Abschnitt 2.2.5), deren Erreger sich in trockenen Schleimhäuten besser festsetzen können.

Trockene Luft ist gleichzeitig Luft mit hohem Staubanteil. **Staub** kann – vor allem wenn er Schadstoffe, z. B. Zigarettenrauch, enthält – schädlich für unsere Lunge sein.

Drei wichtige Forderungen, die Luft in Wohnung, Klassenzimmer oder Büro im richtigen Zustand zu halten:

- Haltet die Luft feucht!
- Entfernt Staubfänger!
- Überheizt nicht!

1 Einen wirksamen Beitrag zu einer besseren Raumluft können Grünpflanzen leisten. Sie befeuchten die Luft, können Schadstoffe ausfiltern und bilden bei genügend Licht auch Sauerstoff.

Noch viel besser jedoch ist ein ausreichender Aufenthalt im Freien, bei Bewegung in Sport und Spiel. Das gilt auch für den Winter. Der Kältereiz regt den Kreislauf und die Atmung an. Nach regelmäßigem Aufenthalt im Freien ist man besser gegen Erkältungen geschützt als vorher. Kommt dazu noch eine größere Höhe (zwischen 1000 und 1800 m) hinzu, ist die Luft besonders staubfrei. Der Körper kann in solchen Situationen mehr rote Blutkörperchen produzieren, er wird besser mit Sauerstoff versorgt. Die saubere Luft tut den Atemwegen gut.

Doch leider ist die Luft im Freien nicht immer frische Luft. Sie kann eine große Anzahl von **Luftschadstoffen** enthalten, die unserer Gesundheit abträglich sind (Abb. 2).

2 Besonders in Innenstädten mit den sich oftmals mühsam vorwärts quälenden Fahrzeugschlangen wird die Luft stark belastet. Vor allem jüngere Kinder bekommen die Auswirkungen zu spüren.

Luft kann – vor allem im Sommer – auch durch **Pflanzenpollen** belastet sein, die über mehrere 100 km transportiert werden können. Pollen lösen bei einer zunehmenden Anzahl von Menschen Allergien aus (s. Abschnitt 2.2.2).

Auch beim **Licht** bzw. bei der **Sonnenstrahlung** muss man die positiven und die negativen Wirkungen auf die menschliche Gesundheit kennen und beachten. Sonnenstrahlung bewirkt mehr als das optische Erfassen unserer Umwelt.

Ultraviolette (UV-)Strahlen wirken keimtötend und steigern unsere Abwehrkräfte gegenüber Krankheiten. Sie können sogar bei einigen Hautkrankheiten die Heilung unterstützen.

Unter dem Einfluss des Sonnenlichts wird ein Vitamin (D_3) gebildet, das einen stabilen Knochenbau fördert. Mangel an Sonnenstrahlung kann daher zum Mangel an Vitamin D_3 führen. Forscher nehmen an, dass Sonnenlicht auch zu hohen Blutdruck senken kann. Und die Lichteinwirkung auf unseren Körper hebt unsere Stimmung, steigert unsere Aktivität und Leistungsfähigkeit. Während sonnenarmer Zeiten treten dagegen Tiefs in unserer Stimmung auf.

3 Insel im Meer oder Stadt im Gebirge? Die elektrische Beleuchtung sorgt dafür, dass die Menschen den Tagesablauf nicht ausschließlich nach der natürlichen Beleuchtung durch die Sonne einrichten müssen.

Nicht zuletzt bestimmt der Wechsel von Tag und Nacht auch einen Grundrhythmus unseres Lebens, obwohl sich besonders nach Einführung der stets zur Verfügung stehenden elektrischen Beleuchtung unser Arbeitstag vom natürlichen Lichttag zu lösen begann (Abb. 3). Die Menschen können nicht ohne Folgen für ihre Gesundheit die „Nacht zum Tage machen". Flugreisende in West-Ost-Richtung bekommen dies nicht selten durch den sogenannten „Jetlag" zu spüren.

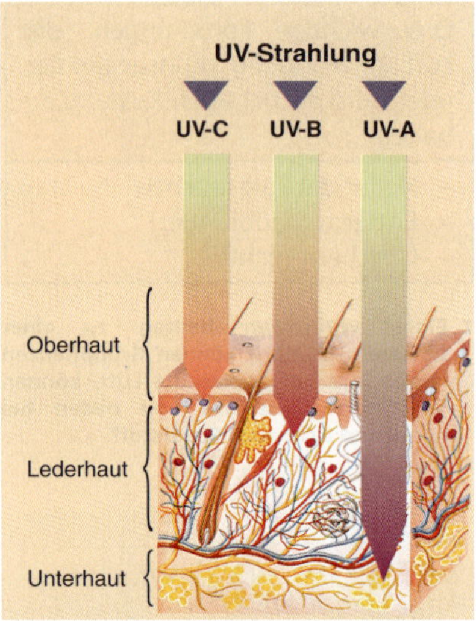

1 Die Komponenten der ultravioletten Strahlung dringen unterschiedlich weit in die Haut ein. Sonnenbrand wird von der Komponente UV-B ausgelöst.

2 Während an der Ostseeküste Strandkörbe üblich sind, sollen an südlicheren Stränden Sonnenschirme die Strahlung mildern.

3 Die traditionelle Bekleidung der Wüstenbewohner Nordafrikas schützt auch vor Sonneneinstrahlung.

Jährlich verbringen Millionen von Menschen ihren Urlaub an sommerlichen Badestränden, wo sie der direkten Sonneneinstrahlung ausgesetzt sind. Sicherlich sind die positiven Wirkungen von Licht und Wärme Gründe dafür.

Bei den Gefahren der Sonnenstrahlung geht es nicht nur und nicht hauptsächlich um einen vorübergehenden Sonnenbrand, der sehr schmerzhaft sein kann. Sonnenbrand wird durch UV-Strahlen der Sonne ausgelöst. Er stellt eine Entzündung von Hautzellen dar, die dabei zerstört werden. Seit den 70er Jahren des 20. Jh. ist erwiesen, dass durch die schädliche UV-B-Strahlung Hautkrebs (s. Abschnitt 2.2.3) ausgelöst werden kann. Das Risiko dafür steigt mit jedem Sonnenbrand, auch wenn dieser längst vorbei ist (Abb. 1).

Vor allem Sonnenbrände im Lebensalter zwischen 10 und 20 Jahren vergrößern die Wahrscheinlichkeit für einen späteren Hautkrebs.

Deshalb sollten Kinder und Jugendliche gut darauf achten, nicht zu viel Sonnenstrahlung abzubekommen und sich durch Aufenthalt im Schatten oder durch richtige Anwendung von Sonnencremes zu schützen. Auch auf eine UV-Schutz-Sonnenbrille sollte geachtet werden, um keine Augenschäden davonzutragen (Abb. 2 und 3).

Seit einigen Jahren wurde das „Ozonloch" in den hohen Schichten der Atmosphäre nachgewiesen. In Gebieten der Erde, die sich unter diesem „Ozonloch" befinden, gelangt daher in erhöhtem Maße für das Leben schädliche Strahlung auf die Erdoberfläche. Deshalb ist dort besondere Vorsicht beim Sonnenbaden geboten und „sonnensichere" Strand- und Badebekleidung sollte benutzt werden (s. S. 121).

Wie frische Luft so gehört auch das **Wasser** zu den grundlegenden Lebensvoraussetzungen des Menschen. Es gehört zu den Ergänzungsstoffen unserer Nahrung (s. Abschnitt 2.1.1), es ist einer der Körpersubstanz aufbauenden Stoffe und es ermöglicht in starkem Maße unsere Körperpflege.

Das Wasser, das in Deutschland und vielen anderen Ländern der öffentlichen Wasserversorgung entnommen werden kann, ist unbedenklich als Trinkwasser verwendbar. Es wird ständig kontrolliert.

Abwasser, das durch die Nutzung von Trinkwasser in den Haushalten oder in der Wirtschaft entsteht, wird bei uns in Deutschland nahezu ausnahmslos durch die Kanalisation den Kläranlagen zugeführt. Auch dadurch ist gesichert, dass sich Krankheitserreger nicht verbreiten können. Auf Reisen in bestimmte Länder der Erde ist es jedoch ratsam, Wasser nicht unabgekocht zu verwenden, da nicht überall strenge hygienische Bestimmungen existieren oder durchgesetzt werden.

Zu unserer Umwelt im engeren Sinne gehören auch die **Wohnverhältnisse.** Sie haben entscheidenden Einfluss auf die Gesundheit und sie berühren auch die vorher dargestellten Umweltbedingungen Luft, Licht und Wasser.

Wohnen gehört wie Kleiden und Ernähren zu den grundlegenden Bedingungen für ein menschenwürdiges Leben.

1 Neu entstandene Wohnhäuser befinden sich bevorzugt „im Grünen". Das sichert den Bewohnern gute Umweltbedingungen. Gleichzeitg können jedoch andere Nachteile entstehen.

Während die Elendsgürtel um die Megastädte der Dritten Welt immer größer werden, sind die Wohnverhältnisse der Menschen in Deutschland und anderswo heute so gut wie noch nie. Die übergroße Mehrheit der Menschen, die ein Obdach besitzen, wohnen hier unter Bedingungen, die ihrer Gesundheit förderlich sind: sauberes Wasser „aus der Wand", Wassertoilette in der Wohnung, Anschluss an die Kanalisation, Fensterflächen für genügend Lichteinfall, Grünanlagen in der Nähe, ganz zu schweigen von weiterem modernem Wohnkomfort (Abb. 1).

Aber auch unter unseren modernen Wohnbedingungen lauern Gefahren für die Gesundheit. Es sind Schadstoffe, die von Baumaterialien und Einrichtungsgegenständen der Wohnung ausgehen. Zur Vielzahl dieser Schadstoffe gehören z. B. Schimmelpilze an den Wänden, Decken oder Pflanzen, Holzschutzmittel an Möbeln oder Holzverkleidungen, Isolierschäume an Fenstern oder Lösungsmittel in Fußböden aus Holz, Kunststoff oder Teppichen. Sie treten meist als Gase oder Stäube auf. Manche dieser Stäube sind die Nahrungsgrundlage der Hausstaubmilbe.

Ein gesunder Mensch mit guten Abwehrkräften ist kaum anfällig für Giftstoffe aus unserer alltäglichen Umwelt.

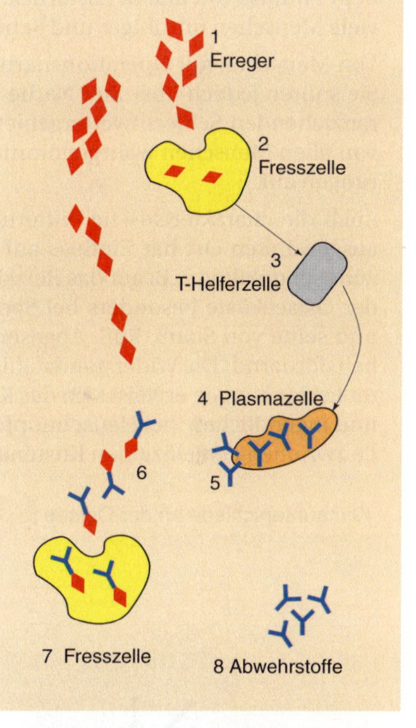

2 Gelingt es den Fresszellen (2) nicht, die eingedrungenen Erreger (1) zu vernichten, alarmieren sie die T-Helferzellen (3). Diese regen die Plasmazellen (4) an, Abwehrstoffe (Antikörper) zu bilden. Die Abwehrstoffe (5) verbinden sich mit den Erregern und machen diese unschädlich (6). Die unschädlich gemachten Erreger werden von weiteren Fresszellen (7) beseitigt. Ein Teil der Abwehrstoffe (8) bleibt erhalten, so dass erneut eindringende Erreger der gleichen Art schnell vernichtet werden können.

In unserer natürlichen und gebauten Umwelt ist eine nahezu unendliche Zahl von Krankheitserregern vorhanden. Es sind Viren, Bakterien und andere körperfremde Stoffe. Sie können über die Atemwege sowie alle anderen Körperöffnungen und die Haut in den menschlichen Körper eindringen. Wir wären ihnen völlig schutzlos ausgesetzt, wenn es nicht ein körpereigenes Schutzsystem gegen eindringende Krankheitserreger gäbe, das **Immunsystem** (Abb. 2).

Das Immunsystem sorgt mit einer „Armee" von Zellen und Molekülen für die **Abwehr** von Fremdkörpern und deren Vernichtung.

Im Körper spielt sich ein regelrechter Kampf der Abwehrzellen gegen die Krankheitserreger ab.

Wetter und Gesundheit

Die Umweltfaktoren Luft und Licht bzw. Sonneneinstrahlung gehören als Elemente zu Wetter bzw. Witterung. Aus meteorologischer Sicht ist Luft nicht einfach sauerstoffreich oder sauerstoffarm, staubhaltig oder staubfrei, pollenreich oder pollenarm ... Luft besitzt eine bestimmte Temperatur, eine bestimmte Feuchtigkeit, einen bestimmten Druck und eine bestimmte Bewegungsgeschwindigkeit. Diese sind für sich allein und in ihrer gegenseitigen Beeinflussung Elemente von Wetter und Witterung.

Von diesen meteorologischen Elementen gehen Einflüsse auf die Gesundheit, das Wohlbefinden und die Leistungsfähigkeit der Menschen aus. Das zeigt sich besonders bei schnell ansteigenden Temperaturen, bei heranziehenden Schlechtwetterlagen oder Gewittern oder bei schneller Veränderung von Luftdruck und Luftfeuchtigkeit.

Diese Einflüsse sind nicht für jeden spürbar. Wer jedoch empfindlich, älter oder krank ist, kann bei bestimmten Wettersituationen Beschwerden vor allem im Bereich des Herz-Kreislauf-Systems, der Atemwege und des Zentralnervensystems bekommen. Immerhin betrifft das in Deutschland jeden Dritten.

Es gibt erwiesene Zusammenhänge zwischen meteorologischen Ereignissen und gesundheitlichem bzw. gesundheitlich bedingtem Geschehen. An schwülen Sommertagen z. B. steigt die durchschnittliche Häufigkeit von Unfällen im Straßenverkehr um mehr als 10 %, weil die Verkehrsteilnehmer dann eine längere Reaktionszeit haben. Fast 90 % aller Herzinfarkte (s. Abschnitt 2.2.1) ereignen sich unter dem Einfluss von tiefem Luftdruck. Bei Föhn, dem warmen Fallwind am Rande von Gebirgen, schlafen viele Menschen unruhiger und Schülern fällt das Lernen schwerer.

Von Menschen mit Operationsnarben wird behauptet, sie könnten Wetterveränderungen vorhersagen. Sie spüren jedoch über ihre Narbe nur eine bereits eingetretene Luftdrucksenkung, die mit einem heranziehenden Schlechtwettergebiet zusammenhängt. Sichtbare Anzeichen – wie Wolkenaufzug –, die von allen Menschen wahrgenommen werden können, treten immer erst später als Luftdruckveränderungen auf.

Auch die charakteristische Witterung zu einer bestimmten Zeit an einem für den Urlaubsaufenthalt ausgewählten Ort hat Einfluss auf die Erholungswirkung beim Menschen. Das trifft im Unterschied zum Schonklima z. B. auf das Reizklima in Gebirgen oder an der Meeresküste zu. So wirkt das Klima an der Ostseeküste besonders bei Seewind durch seine kräftige Luftbewegung, seine hohe Feuchtigkeit und seine von Staub, Ruß, Abgasen und Allergenen (s. Abschnitt 2.2.2) freie, salzhaltige Luft gesundheitsfördernd. Die Widerstandsfähigkeit des Organismus wird gestärkt. Auch für die Heilung bestimmter Erkrankungen erweist sich das Küstenklima als recht günstig, z. B. bei Bronchialasthma von Kindern und Jugendlichen, bei Heuschnupfen oder bei manchen Hautkrankheiten. Jedoch müssen Unterschiede zwischen den einzelnen Küstenabschnitten beachtet werden (Abb. 1).

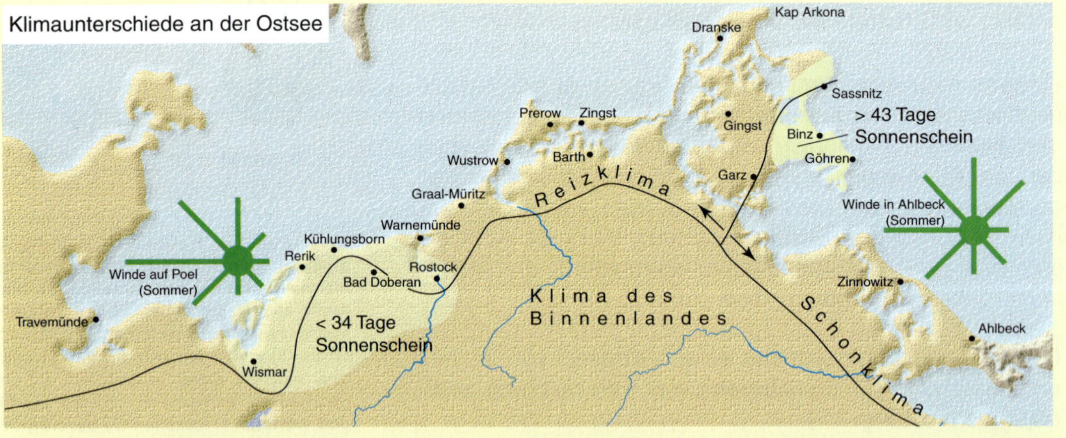

1 Die kräftigsten Witterungsreize sind in den westwindreichen Abschnitten von der westlichen Grenze bis nach Kap Arkona vorhanden. Die Ostseiten Rügens und Usedoms sind weniger vom Reizklima geprägt, daher besser für Menschen mit Herz-Kreislauf-Störungen und akuten Erkrankungen geeignet, besonders in den Monaten Juli bis Oktober.

2.1.4 Aufgaben

Faktoren der Gesundheit

1. Erkläre, was mit den folgenden zwei Zitaten gemeint sein wird!
   „Gesundheit ist nicht alles, aber alles ist nichts ohne Gesundheit."
   „Gesundheit ist nicht nur das Fehlen von Krankheit."

2. Führt eine mündliche Befragung durch, die Auskunft über die Bedeutung der Gesundheit für die Menschen gibt! Befragt dazu Kinder bzw. Jugendliche, aber auch ältere Menschen!
   a) Bereitet einen Erfassungsbogen vor, auf dem ihr Fragen formuliert und reichlich Platz für das Notieren von Antworten lasst!
   Solche Fragen könnten sein:
   - Wie wichtig ist es dir/Ihnen, gesund zu bleiben?
   - Was tust du/tun Sie dafür, gesund zu bleiben?
   - Tust du/tun Sie Dinge, von denen du glaubst/Sie glauben, dass sie der Gesundheit schaden?
   - Wodurch kann die Gesundheit geschädigt werden?
   - Worauf verzichtest du/verzichten Sie, um gesund zu bleiben?

   b) Bittet die zu befragenden Personen um ihr Einverständnis, stellt wenige Fragen nacheinander und notiert die Antworten! Ergänzt auch gegenseitig!
   c) Stellt nach der Befragung alle Antworten zu den einzelnen Fragen zusammen und zählt aus, wie häufig gleiche Antworten gegeben wurden!
   d) Bewertet die einzelnen Antworten mit euren Worten! Beachtet dabei auch mögliche Unterschiede zwischen jüngeren und älteren Befragten!

3. Die Bemühungen um Erhaltung bzw. Wiederherstellung der Gesundheit der Menschen sind Angelegenheit jedes Einzelnen *und* der ganzen Gesellschaft.
   a) Stelle zusammen, welche gesellschaftlichen Einrichtungen es in Deutschland gibt, die sich mit der Erhaltung bzw. Wiederherstellung der Gesundheit und mit der Betreuung von Kranken befassen! Markiere in deiner Liste, welche solcher Einrichtungen in deinem Wohn- oder Schulort bestehen!

   b) Erkunde, welchen Anteil die staatlichen Ausgaben für das Gesundheitswesen am gesamten Haushalt der Bundesrepublik, deines Bundeslandes und deiner Kommune haben!
   Finde heraus, wofür diese Gelder eingesetzt werden!
   Errechne die durchschnittlichen Ausgaben je Einwohner!
   Vergleiche mit anderen Ländern!
   c) Informiere dich über die Anzahl von Ärzten je 10 000 Einwohner bzw. über die Anzahl der Einwohner, die 1 Arzt zu betreuen hat! Vergleiche dabei Deutschland mit anderen Ländern der Erde!
   Stelle die Ergebnisse grafisch dar!

4. Ein paar Tage „krankmachen" wird von manchen Menschen als ganz angenehm empfunden. Längere oder ständige ernste Erkrankung jedoch kann oft nachhaltige Folgen haben.
   a) Welche Folgen können Erkrankungen für die betroffene Person, für die ganze Familie und auch für die ganze Gesellschaft nach sich ziehen? Berichte über dir bekannte Beispiele!
   b) Welche grundsätzlichen Schlussfolgerungen sind aus der Kenntnis dieser Beispiele angebracht?

Faktor Ernährung

5. Der Mensch nimmt Nahrung vor allem deshalb auf, um die Lebensprozesse seines Körpers aufrechtzuerhalten. Das Maß der Nahrungsaufnahme fällt bei den Menschen jedoch recht unterschiedlich aus.
   a) Wozu kann eine zu hohe Nahrungsaufnahme des Menschen führen?
   b) Wozu kann eine zu geringe Nahrungsaufnahme durch den Menschen führen?
   c) Wodurch können zu hohe bzw. zu geringe Nahrungsaufnahme verursacht sein?
   d) Womit sollte ein richtiges Maß für die Nahrungsaufnahme eines Menschen übereinstimmen?

6. Auch die mit der Nahrung vom Menschen aufgenommene Energie wird wie die von ihm verbrauchte Energie seit 1978 in der Einheit Joule angegeben. Ermittle den ungefähren täglichen Energieverbrauch folgender Personen unter Nutzung der Tabellen auf den Lehrbuchumschlagseiten!
   a) Eine Frau mit einem Körpergewicht von 65 kg schläft 9 Std., arbeitet 8 Std. im Büro, ist 2 Std. mit dem Auto zur Arbeitsstelle und zurück unterwegs, geht 1 Std. spazieren, verrichtet 2 Std. Hausarbeit und liest 2 Std. ein Buch.
   b) Ein Mann mit 72 kg Körpergewicht schläft 8 Std., arbeitet 8 Std. als Maurer, benutzt zur 16 km entfernten Arbeitsstelle und zurück das Fahrrad, arbeitet 2 Std. im Garten und sitzt 4 Std. vor dem Fernseher.

7. Ein Arbeiter hat einen durchschnittlichen täglichen Energiebedarf von 12 570 kJ.
   a) Berechne, wie viel Gramm an Fetten, Kohlenhydraten und Eiweiß er täglich insgesamt zu sich nehmen kann!
   Bei der Verbrennung von jeweils 1 g der Nährstoffe wird folgende Energiemenge frei: Fett: 39 kJ, Kohlenhydrate: 17 kJ, Eiweiß: 17 kJ.
   Beachte: Der Fettanteil an den Nährstoffen sollte zwischen 81 und 107 g liegen.
   b) Stelle zusammen, welche Lebensmittel du nach deiner Berechnung dem Arbeiter empfehlen würdest, wenn er sich gesund ernähren soll!

8. Das Verhältnis der mit der Nahrung aufgenommenen Energie zur Energie, die der menschliche Körper verbraucht, findet seinen Ausdruck auch im Körpergewicht. Erläutere verschiedene Verfahren der Bestimmung des Körpergewichts!

9. Als eine hilfreiche Orientierung für die Zusammenstellung unserer Nahrung wurde der „Ernährungskreis" (s. S. 89) entwickelt.
   a) Welche grundlegenden Aussagen über die für eine gesundheitserhaltende Lebensweise sind in ihm enthalten?
   b) Sammle zu 1 oder 2 Segmenten des Ernährungskreises Informationen und Materialien! Gestalte damit ein Poster!

10. Eine ähnliche Darstellung wie der Ernährungskreis ist die Ernährungspyramide.

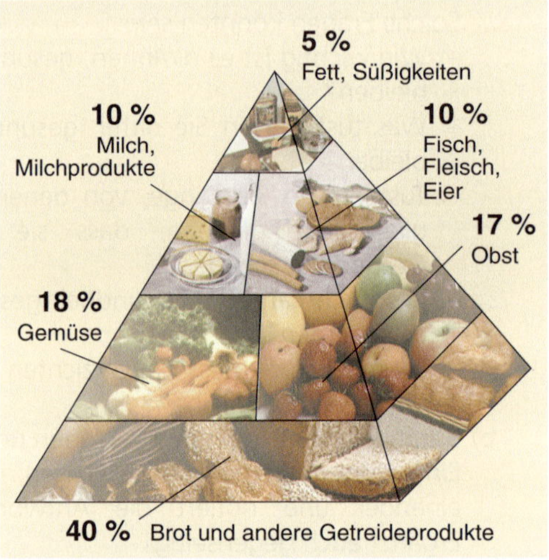

Vergleiche beide Darstellungen hinsichtlich ihrer Aussagen!

11. Der Mensch sollte täglich etwa 2 Liter (annähernd 2 000 g) Wasser mit der Nahrung und als Flüssigkeit aufnehmen. Die Nahrungsmittel enthalten unterschiedlich hohe Anteile an Wasser (s. Tabelle im Umschlag).
   a) Berechne an ausgewählten Nahrungsmitteln, die du an einem Tag zu dir nimmst, die aufgenommene Wassermenge!
   b) Wie viel Flüssigkeit musst du außerdem noch trinken, um den durchschnittlichen Tagesbedarf zu decken?

Faktor Lebensweise

12. Ausreichend körperliche Betätigung ist Bestandteil einer gesunden Lebensweise. Oft ist einem das eigene Verhalten gar nicht so sehr bewusst.
    a) Schreibe eine Woche lang (das Wochenende einbezogen) täglich auf, wie lange du schläfst, wie lange du dich an frischer Luft körperlich bewegst und wie lange du fernsiehst!
    b) Beurteile das Ergebnis, vor allem das Verhältnis von körperlicher Bewegung an der frischen Luft zum Fernsehen!
    c) Setze den Energieverbrauch für 1 Std. Bewegung mit 1 200 kJ an und berechne den Wochenwert! Wie viel Stunden und Kilometer Fahrrad fahren entspricht er?

13. Versuche deinen Tagesrhythmus herauszufinden und zu beschreiben, wann deine größte Leistungsbereitschaft und wann deine Ruhephasen liegen!

14. Eine Schülerin ist sehr fleißig. Sofort nach der Schule macht sie ihre Hausaufgaben und lernt bis zum Abend. Ihre Leistungen sind gut, aber sie ist oft krank.
    Versuche herauszufinden, warum sie oft krank ist!

15. Regelmäßiger und ausreichender Schlaf ist ein wichtiger Bestandteil eines gesunden Tagesrhythmus. Bei den einzelnen Menschen ist jedoch der Schlafbedarf nicht gleich groß.
    a) Schätze, wie viele Stunden Schlaf du durchschnittlich benötigst, um für die übrige Tageszeit frisch und munter zu sein? Gibt es dabei Unterschiede zwischen Schul- und Ferienzeiten?
    b) Untersuche deine tägliche Schlafdauer genauer: Schreibe sie eine Woche lang auf und vermerke dazu, ob dir die Schlafdauer ausreichend war oder ob du den Schlaf nur „notgedrungen“ beenden musstest!
    c) Vergleicht eure Ergebnisse miteinander, ermittelt eine durchschnittliche Schlafdauer sowie die Kurz- und die Langschläfer!
    d) Beurteilt die Aussage: „Du verschläfst ja ein Drittel deines Lebens!“ Sie wird manchmal vorwurfsvoll gebraucht.
    e) Was ist Träumen während des Schlafs? Bestehen Zusammenhänge zur Gesundheit?

16. Die Zigarettenindustrie wirbt auf riesigen Plakaten um Käufer. In Deutschland wurden – allein 1997 dafür 682 Mio. Mark ausgegeben. Die Aktion „cool kids can wait“ kostete 700 000 Mark.

    a) Beurteile die beiden Kosten!
    b) Sammle Beispiele für Zigarettenwerbung und bewerte ihre Aussagen!
    c) Erläutere, dass Rauchen nicht nur die Atmungsorgane schädigt!

17. Alkoholische Getränke sind weit verbreitet und haben einen hohen Anteil am gesamten Getränkeverbrauch. Zwischen einzelnen Ländern bestehen jedoch große Unterschiede.

Land (1997)	Spirit.	Bier	Wein
Deutschland	2,0 l	131,1 l	23,0 l
Frankreich	2,4 l	37,5 l	60,0 l
Norwegen	0,9 l	64,0 l	8,7 l
Portugal	0,8 l	62,6 l	61,0 l
Rumänien	4,5 l	37,2 l	23,5 l
Russland	5,5 l	25,0 l	5,9 l

    a) Wandle die Tabelle in ein oder mehrere Diagramme um! Du kannst auch den Computer benutzen.
    b) Beschreibe einige Unterschiede zwischen den dargestellten Ländern!

Faktor Umwelt

18. Die Umwelt des Menschen ist für ihn lebensnotwendig und belastend zugleich.
Erläutere an wenigen Beispielen diesen scheinbaren Widerspruch!

19. Warum müssen Wohn- und Schlafräume, aber auch Arbeits- und Unterrichtsräume regelmäßig gelüftet werden?

20. Die Belastung der uns umgebenden Luft ist manchmal gut sichtbar.

a) Beschreibe die fotografierte Luftsituation und ihre möglichen Ursachen!
b) Warum sind Smog-Situationen besonders gesundheitsschädigend?
c) Wie sehen Fahrverbotsschilder für den Straßenverkehr bei Smog aus und wann können sie aufgestellt werden?

21. Das Vorhandensein und das Fehlen von Sonnenlicht steuern unseren biologischen Rhythmus, unsere „innere Uhr".
a) Was ist unter dieser „inneren Uhr" zu verstehen? Wer „stellt" sie?
Welches Problem haben Schichtarbeiter damit?
b) Von den Bauern wurde früher gesagt, sie stehen mit den Hühnern auf und gehen mit den Hühnern zu Bett.
Was bedeutete dies für die Länge des Arbeitstages der Bauern in den verschiedenen Jahreszeiten?
Warum waren jahreszeitliche Unterschiede in der Länge des Arbeitstages der Bauern noch vor etwa 150 Jahren nicht zu umgehen und ein solches Umgehen auch nicht notwendig?
c) Unser modernes Leben zwingt uns, gegen den biologischen Rhythmus zu verstoßen. Warum ist das notwendig und zugleich möglich?
d) Welcher biologische Rhythmus ist bei Menschen innerhalb der Polarkreise und bei Menschen am Äquator zu erwarten? Denke auch an die Jahreszeiten!

22. Neben Tierhaaren gehören Pilzsporen und Hausstaubmilben zu den Auslösern für gesundheitliche Beschwerden in der Wohnung.
a) Was sollte zur Vorbeugung und zur Bekämpfung von Schimmelpilzen in der Wohnung und von Hausstaubmilben getan werden?
b) Welche Wirkungen können Schimmelpilze und Hausstaubmilben auf die menschliche Gesundheit haben?

Lebensmitteluntersuchungen

23. Lege in deinem Heft eine Tabelle an, die über die Inhaltsstoffe von Lebensmitteln und deren Bedeutung Auskunft gibt!

Inhaltsstoffe von Lebensmitteln	
Inhaltsstoffe	Bedeutung für den Menschen
…	…

24. In unseren Lebensmitteln sind fast immer alle Nährstoffe enthalten, jedoch in sehr unterschiedlichen Anteilen.
a) Schreibe einige Lebensmittel untereinander in eine Tabelle und vermerke in einer zweiten Spalte, welcher Nährstoff darin jeweils vorwiegend enthalten ist!
Du kannst dafür die Abkürzungen F, K und E benutzen.
b) Unterscheide bei den Kohlenhydraten zwischen dem vorwiegenden Gehalt an Stärke und an Zucker!

25. Sammelt Verpackungen verschiedener Milchsorten! Ermittelt, wodurch sich Vollmilch, fettarme Milch, entrahmte Milch, Buttermilch, Kondensmilch und Trockenmilch unterscheiden! Was versteht man unter H-Milch?

26. Stelle aus abgekochter Milch Jogurt her!
    a) Versetze einen halben Liter Milch mit ein oder zwei Teelöffeln Jogurt! (Achte darauf, dass auf der Jogurtpackung der Vermerk steht „Mit lebenden Jogurtkulturen hergestellt".)
    b) Stelle die Milch abgedeckt an einen warmen Ort (ca. +30 °C bis +35 °C)!
    c) Prüfe nach 15 Stunden, welche Veränderungen erfolgt sind! Erkläre sie!

27. Von besonderer Bedeutung unter den Vitaminen ist Vitamin C.
    Finde aus den folgenden Lebensmitteln diejenigen heraus, in denen Vitamin C enthalten ist: Apfel, Banane, Gurke, Zwiebel, Möhre, Walnuss, Sauerkraut, Haferflocken, Honig, Brot, Kartoffel, Schweineschmalz, Hühnerei, Leberwurst!
    Vorbereitung:
    a) Wofür ist Vitamin C im menschlichen Körper erforderlich? Was geschieht bei längerem Fehlen von Vitamin C im Körper?
    b) Außer geringen Mengen der o. g. Lebensmittel werden folgende Geräte und Materialien benötigt:
       – Pipetten, Reagenzgläser, Reagenzglashalter, Uhrgläschen;
       – destilliertes Wasser, Kaliumpermanganatlösung.

    Achtung! Kaliumpermanganat färbt stark!
    Durchführung:
    a) Gib zerquetschte Lebensmittelteile auf die Uhrgläschen und löse sie mit destilliertem Wasser!
    b) Nimm etwas von der Lebensmittellösung mit der Pipette auf und gib sie in ein Reagenzglas mit wenig Kaliumpermanganatlösung!
    c) Halte deine Beobachtungen in einer Tabelle fest!

Lebensmittel	Beobachtung
…	…

Auswertung:
a) Schlussfolgere aus deinen Kenntnissen über den Vitamin-C-Gehalt von Lebensmitteln, welche Art der Beobachtung den Gehalt an Vitamin C anzeigt!
b) Hebe in deiner Tabelle diejenigen Lebensmittel farbig hervor, die Vitamin C enthalten!

28. Lebensmittel haben einen recht unterschiedlichen Gehalt von Wasser.
    Weise den Wassergehalt in Lebensmitteln nach! Denke dir dafür verschiedene Verfahren aus, führe diese an mehreren Lebensmitteln aus!

29. Nitrite sind Schadstoffe, die sich in Lebensmitteln befinden können.
    Weise Nitrit in Lebensmitteln nach!
    Vorbereitung:
    a) Informiere dich über die Wirkungsweise von Nitrit auf den menschlichen Körper und den zulässigen Grenzwert!
    b) Wie gelangt Nitrit in Lebensmittel?
    c) Folgende Geräte und Materialien werden benötigt:
       – Dreifuß, Bechergläser, Filterpapier, Trichter, Brenner, Waage, Messer, Messzylinder, Wasser, Nitrit-Teststäbchen mit Farbskala;
       – Mettwurst, Kochwurst, Schinken u. a. Fleischwaren.

    Durchführung:
    a) Zerkleinere jeweils 10 g der einzelnen Lebensmittel mit einem Messer und bringe sie in je 100 g Wasser zum Kochen!
    b) Filtriere die Flüssigkeit nach ihrem Abkühlen ab!
    c) Tauche in die Flüssigkeit etwa 1 Sekunde lang ein Nitrit-Teststäbchen ein!
    d) Bestimme nach 1 Minute den Nitritwert der Flüssigkeit durch den Vergleich des Teststäbchens mit der Farbskala!
    e) Trage die Ergebnisse in eine Tabelle ein!

    Auswertung:
    Formuliere ein abschließendes Ergebnis!

Gesunde Ernährung

30. Brot gehört zum größten Segment des Ernährungskreises. Brotsorten gibt es in großer Anzahl.
    a) Erkundige dich, welche Brotsorten in Geschäften deines Wohn- oder Schulortes angeboten werden!
    b) Wodurch unterscheiden sich diese Brotsorten voneinander? Worin liegt jeweils ihre Bedeutung hinsichtlich einer gesunden Ernährung? Nutze dazu auch die folgende Tabelle!

Brotsorten, 100 g	Ballaststoffe in g	Magnesium in mg	Eisen in mg	Vitamin B_1 in mg
Knäckebrot	14,0	68	2,0	0,20
Mehrkornbrot	9,0	70	2,2	0,13
Weizenvollkornbrot	8,4	92	2,0	0,23
Roggenvollkornbrot	8,1	70	3,0	0,18
Roggenbrot	6,5	35	2,5	0,18
Roggenmischbrot	6,2	40	2,3	0,18
Weizenmischbrot	4,6	75	1,7	0,14
Weizentoastbrot	3,6	24	2,2	0,08
Weißbrot	3,0	24	0,9	0,09

    c) Gestalte die Tabelle zu einem Diagramm um!

31. Mais, Soja und Reis zählen zu den wichtigsten Nahrungsquellen der Menschen.
    Informiere dich im Atlas über bedeutende Anbaugebiete dieser Nutzpflanzen!
    Fertige eine Tabelle an und trage die entsprechenden Länder ein!

32. Um Lebensmittel vor einem baldigen Verderb zu bewahren, werden verschiedene Konservierungsmethoden angewandt.
    Welche Methoden sind das? Ordne jeweils einige typische Lebensmittel zu!

33. Neben den Frischgemüsen ist Sauerkraut besonders wertvoll für eine gesunde Ernährung.
    a) Beschreibe die Herstellung von Sauerkraut!
    b) Begründe, warum bereits die Seefahrer, die in der frühen Neuzeit auf Entdeckungsreisen gingen, viele Fässer Sauerkraut an Bord nahmen!

34. Auf dem großen Lebensmittelmarkt gibt es u. a. Fastfood-Erzeugnisse, Naturprodukte und in Zukunft verstärkt auch Gen-Produkte. Informiere dich über diese Erzeugnisgruppen, erfasse ihre Vor- und Nachteile und gestalte mit gesammelten Materialien ein Poster.

35. Nicht wenige Menschen sind Vegetarier.
    a) Erkundige dich über diese Art der Ernährung und die Gründe dafür! Beachte, dass es verschiedene vegetarische Kost gibt!
    b) Unterbreite Vorschläge für vegetarische Gerichte! Gestalte einen „Tag der vegetarischen Küche"!

36. Wo „Bio" draufsteht, ist nicht immer „Bio" drin.
    a) Welche Voraussetzungen müssen gegeben sein, damit ein Lebensmittel als „Bio-" oder „Öko-"Erzeugnis bezeichnet werden darf?
    b) Sammle Kennzeichnungen für Erzeugnisse aus der biologischen Landwirtschaft und stelle ihre „Echtheit" fest!
    c) Welche Möglichkeiten bieten sich in einem Kleingarten, im Sinne des „biologischen Anbaus" gesunde Nahrungsmittel zu erzeugen? Vergleicht mit der Praxis im Garten von Eltern oder Bekannten!

Aktivität und Stress

37. Um sein Leben zu verlängern, muss man nicht unbedingt Marathonläufer werden. Schon viel kleinere Bewegungsprogramme lassen den Körper wesentlich fitter und gesünder werden.
    a) Beschreibe grundlegende Zusammenhänge zwischen körperlicher Bewegung und Gesundheit!
    b) Welche Ratschläge würdest du „Bewegungsanfängern" geben, damit sie beim Sport keinen Schaden erleiden?

38. Skilanglauf ist ein gesunder Ausdauersport für Menschen jedes Alters.
    Informiere dich über die Vorzüge dieser Sportart und halte dazu einen Kurzvortrag!

39. Überprüfe deine Pulsfrequenz!
    a) Überlege, wie die Pulsfrequenz festgestellt und gemessen wird!
    b) Miss deinen Puls in Ruhestellung und schreibe den Wert auf!
    c) Laufe danach schnellstmöglich drei Treppen hoch und miss die Pulsfrequenz wieder!
    d) Wiederhole das Verfahren mit 10 Kniebeugen und mit einem 100-m-Lauf!
    e) Formuliere einen Zusammenhang zwischen körperlicher Aktivität und Pulsfrequenz!
    f) Wiederhole eine dieser Übungen (Treppensteigen, Kniebeugen oder Lauf) 4-mal täglich eine Woche lang! Miss nach einer Woche wieder deine Pulsfrequenz und vergleiche mit der ersten Messung! Formuliere wieder eine Erkenntnis!

40. Weist durch einen Versuch mit mehreren Schülern die Abhängigkeit der Atemfrequenz von der körperlichen Belastung nach!
    Vorbereitung:
    a) Was ist unter Atemfrequenz zu verstehen?
    Wie kann sie gemessen werden?
    b) Sorgt dafür, dass eine Uhr vorhanden ist!
    Durchführung:
    a) Messt die jeweiligen Atemfrequenzen von mindestens 8 Schülerinnen und Schülern bei ruhigem Sitzen, bei normalem Gehen, unmittelbar nach 15 Kniebeugen sowie 1 Minute später!
    b) Tragt die Werte in eine Tabelle ein!
    Die Tabelle lässt sich auch am Computer darstellen und in Diagramme umwandeln.
    Auswertung:
    a) Formuliert Zusammenhänge zwischen körperlicher Belastung und Atemfrequenz!
    b) Begründet die formulierten Zusammenhänge!

41. Sportliche Betätigungsmöglichkeiten sind sehr vielfältig. Nicht immer muss es ein Fitness-Center, eine Schwimmhalle oder eine Kegelbahn sein. Oft genügt auch ein Waldweg oder ein Raum, in dem man sich gymnastisch bewegen kann.
    a) Fertige eine Übersicht an, welche Möglichkeiten für sportliche Betätigung es in deinem Wohn- oder Schulort gibt und wie diese genutzt werden!
    b) Sportvereine geben Jugendlichen nicht einfach nur die Möglichkeit, Sport zu treiben. Sie erfüllen damit gleichzeitig noch eine andere Funktion. Werte das Foto aus!

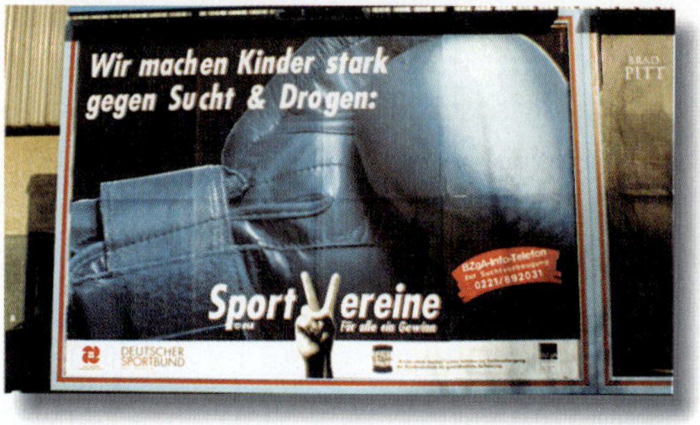

42. „Stress macht krank", sagen die einen, „Leben ohne Stress gibt es nicht", die anderen.
    a) Äußere deine Auffassung zum Stress! Beachte dabei die Unterschiede zwischen Stressoren und Stress sowie zwischen Alltagsstress und Dauerstress!
    b) Beobachte dich selbst ganz bewusst: Welche Stressoren wirken auf dich? Wie reagierst du darauf?
    c) Nenne Beispiele dafür, dass des einen Entspannungsreaktion des anderen Stressor sein kann!

2.2 Ursachen verbreiteter Krankheiten

Gesunde Kinder

Obwohl gesunde Menschen heute nicht wesentlich länger leben als vor einigen hundert Jahren, ist die *durchschnittliche* Lebenserwartung bei uns stark angestiegen. Im vergangenen Jahrhundert lag sie noch bei 50 Jahren, heute bei über 75 Jahren. Noch vor 200 Jahren starben 40 % aller Kinder vor dem zweiten Lebensjahr.

Welche Ursachen hatte die hohe Kindersterblichkeit in der Vergangenheit?
Wie sieht es heute mit der Kindersterblichkeit in den Industrieländern und in den Entwicklungsländern aus?

Gesund oder krank?

Jeder Mensch kann krank werden. Und trotz großer Erfolge in der Medizin und einer umfassenden medizinischen Versorgung werden auch bei uns immer wieder Menschen krank.
Manche Krankheiten sind in den letzten Jahrzehnten erst verstärkt (z. B. Herz-Kreislauf-Krankheiten) oder sogar neu (z. B. Aids) aufgetreten. Andere Krankheiten nehmen heute einen anderen Verlauf als früher.

Welche Ursachen haben Krankheiten und sind diese alle bekannt?
Welche Faktoren beeinflussen Gesundheit und Krankheit eines Menschen?

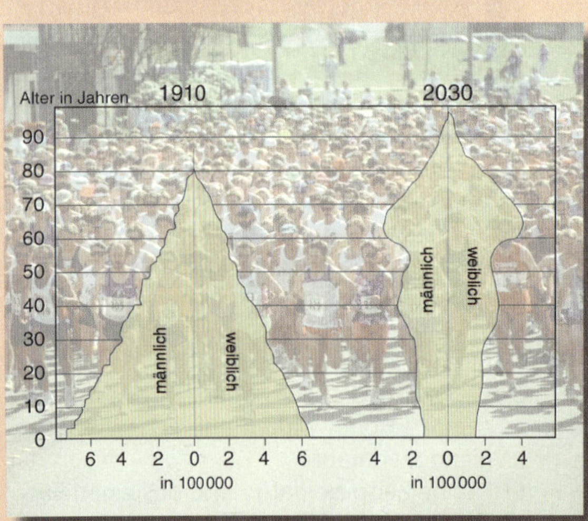

Eine Pyramide auf dem Kopf

Die heutige Bevölkerungspyramide für Deutschland weicht erheblich von der Bevölkerungspyramide im Jahre 1910 ab. Sie wird sich in den nächsten Jahrzehnten für Deutschland noch weiter verändern, so dass die Pyramide dann fast auf dem Kopf steht.

Welche Ursachen gibt es für diese Veränderungen der Bevölkerungspyramide?
Wie sind diese Veränderungen zu bewerten?
Welche Konsequenzen kann man aus diesen Veränderungen in der Bevölkerungspyramide ziehen?

2.2.1 Herz-Kreislauf-Erkrankungen

Herz-Kreislauf-Erkrankungen sind Erkrankungen des Herzens und der Blutgefäße. Sie sind in wirtschaftlich entwickelten Ländern weit verbreitet (Abb. 1). Die große Häufung dieser Erkrankungen weist auf den Zusammenhang zwischen Lebensstil und Gesundheit hin. Sie werden deshalb zu den **Zivilisationskrankheiten** gerechnet. Dennoch kann jeder Einzelne durch ein entsprechendes Verhalten vieles zur Vermeidung solcher Krankheiten tun.

Der ständige Blutstrom vom Herzen und zum Herzen wird als **Blutkreislauf** bezeichnet (Abb. 2). Das Herz pumpt sauerstoffreiches Blut aus der Lunge in die Arterien des Körpers. Über die Arterien erreicht das Blut alle Körperteile und versorgt sie mit Sauerstoff und mit Nährstoffen. Das verbrauchte, sauerstoffarme Blut bringen die Venen über das Herz wieder zurück zur Lunge. Die Kapillaren ermöglichen im Körperkreislauf den Stoffaustausch zwischen Blut und Zellen und im Lungenkreislauf den Stoffaustausch zwischen Blut und Lungenbläschen.

Seine Aufgabe, Stoffaustausch im Körper zu betreiben, kann der Blutkreislauf nur bei einem intakten Gefäßsystem erfüllen. Dazu gehört die gute Durchlassfähigkeit der Blutgefäße bis in die Kapillaren hinein, das ungehinderte Ausdehnen und Zusammenziehen der Arterien (Abb. 3) und das Funktionieren der Venenklappen. Ist das Gefäßsystem beeinträchtigt, entwickeln sich Krankheiten.

Zu den häufigsten Herz-Kreislauf-Erkrankungen gehören Bluthochdruck, Herzinfarkt und Schlaganfall.

Die meisten Herz-Kreislauf-Erkrankungen haben ihre Ursache in der vorzeitigen Alterung der Gefäße, die als **Arteriosklerose** bezeichnet wird.

Grundsätzlich ist es ein normaler Prozess des Alterns, der die Blutgefäße durch die Ablagerung von Stoffwechselprodukten an ihren Innenwänden im Laufe des Lebens enger und steif werden lässt. Wenn aber bestimmte Stoffwechselprodukte vermehrt im Körper auftreten, kann es schon bei relativ jungen Menschen zum vorzeitigen Altern der Gefäße kommen. Die enger werdenden Gefäße können ihre Aufgabe, für den Stoffwechsel im Körper zu sorgen, nur noch eingeschränkt erfüllen. Die zu versorgenden Organe erhalten nicht mehr genügend Sauerstoff und Nährstoffe und sie erkranken.

Den Verlockungen des überreichen Nahrungsangebotes können viele Menschen nicht widerstehen. Etwa 50 % der Erwachsenen, aber auch schon 20 % der Kinder, sind in

Sterbefälle nach den 5 wichtigsten Todesursachen (BRD 1986)	
Herz-Kreislauf-Erkrankungen	50 %
Krebs	20 %
Erkrankungen der Atmungsorgane	5 %
Unfälle und Selbstmord	5 %
Erkrankungen der Verdauungsorgane	5 %

1 Mit 50 % der Todesursachen stehen Herz-Kreislauf-Erkrankungen in der heutigen Zeit an der Spitze der Todesursachen in der Bundesrepublik Deutschland.

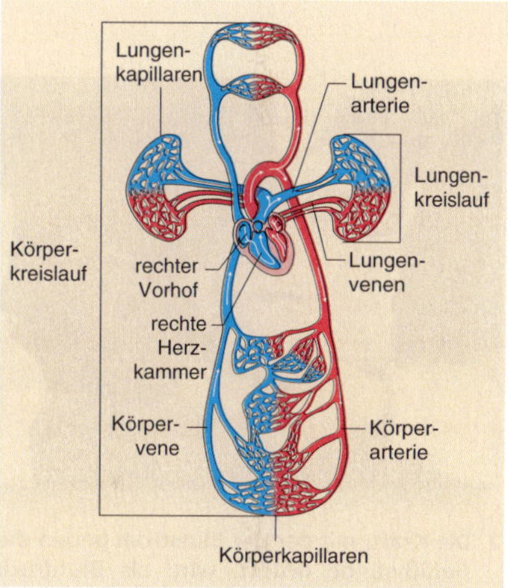

2 Das Blut durchfließt unseren Körper in Arterien, Kapillaren und Venen. Diese Blutgefäße bilden ein geschlossenes Röhrensystem. In ihm bewegt sich das Blut – angetrieben vom Herzen – durch den Körper und erreicht alle Organe und Zellen.

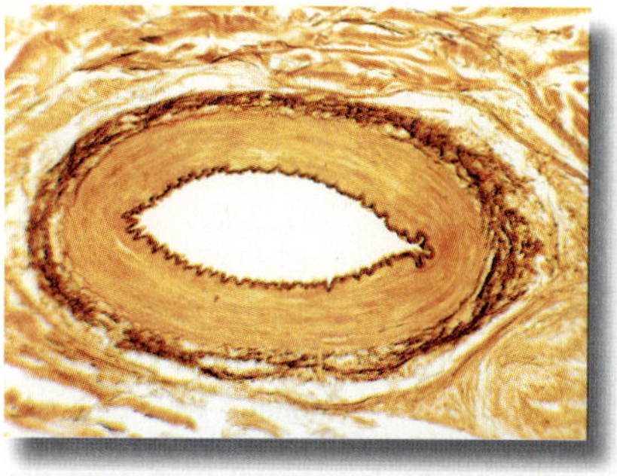

3 Arterien besitzen eine dicke und elastische Muskelschicht in ihrer Wand.

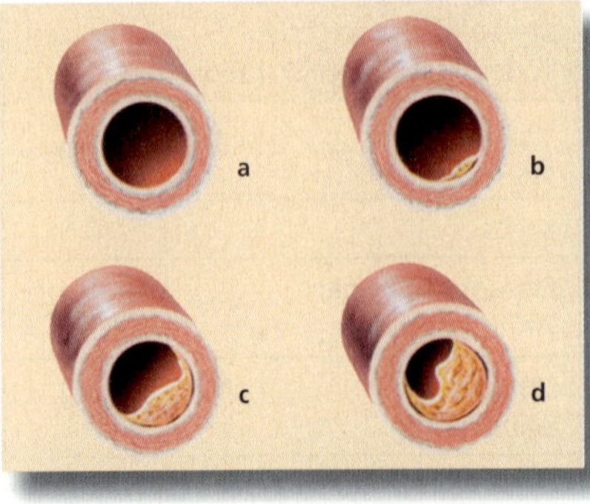

1 Gesunde Arterien (a) sind frei von Ablagerungen. Schon in jungem Lebensalter können Kalk- und Fettablagerungen an den Arterieninnenwänden entstehen (b). Diese Ablagerungen werden mit zunehmendem Alter stärker (c und d). Sie behindern den Blutfluss und beeinträchtigen die Elastizität der Arterien.

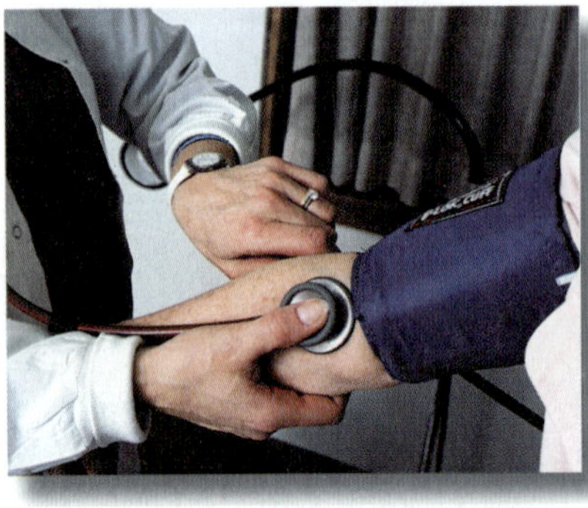

2 Die Kraft, mit der der Blutstrom gegen die Gefäßwände drückt, wird als Blutdruck bezeichnet. Seine Höhe wird am Arm mit Hilfe eines Blutdruckmessgerätes festgestellt. Bei Benutzung von traditionellen Messgeräten erfolgt dies durch den Arzt.

Deutschland übergewichtig. Sie führen ihrem Körper mehr Stoffe zu, als er – z. B. infolge von Bewegungsmangel – benötigt. Die überschüssigen Stoffe werden auch als Fett in den Gefäßen abgelagert (Abb. 1).

Schon im jugendlichen Alter kann es zu **Bluthochdruck** kommen. Er kann viele Ursachen haben, ist aber ein wesentlicher Hinweis auf das Vorliegen oder die Gefahr einer Arteriosklerose.

Das fließende Blut drückt immer gegen die Wandungen der Blutgefäße, besonders gegen die Wandungen der Arterien, die vom Herzen kommendes Blut führen. Bluthochdruck heißt, dass der Druck in den Arterien über den für ein bestimmtes Lebensalter gültigen Normwerten liegt (Abb. 2 und 3).

Durch Bluthochdruck werden die Gefäße zu sehr belastet. Wie in einem Teufelskreis beschleunigt sich der schon begonnene Alterungsprozess der Gefäße, der zum Bluthochdruck führt, noch mehr. Die Folge davon können Schlaganfall, Hirnblutung, Herzinfarkt, aber auch Nieren- und Augenstörungen sein. Im zeitigen Stadium des Bluthochdruckes ist allein durch Gewichtsreduktion, Sport und gesunde Ernährung Abhilfe zu erreichen. Im späten Stadium muss oft durch eine Vielzahl von Medikamenten versucht werden, den Erkrankten Linderung zu verschaffen. Bluthochdruck ist eine eigenständige Erkrankung, begünstigt aber auch das Entstehen weiterer Herz-Kreislauf-Erkrankungen.

Normwerte für Herzfrequenz und Blutdruck		
Alter	Herzfrequenz in Schlägen/Minute	Blutdruck in mm Hg systolischer Wert/ diastolischer Wert
Neugeborene	70–170	75/40
2-Jährige	80–130	90/60
8-Jährige	70–110	95/62
10-Jährige	70–110	100/65
15-Jährige	70–110	115/70
Erwachsene bis 30 Jahre	60– 80	120/70
Erwachsene bis 40 Jahre	60– 80	125/85
Erwachsene bis 60 Jahre	60– 80	140/90
Erwachsene über 60 Jahre	60– 80	150/90

3 Der systolische (höhere) Wert gibt Auskunft über die Leistung des Herzens. Der diastolische (niedrigere) Wert zeigt den Zustand der Blutgefäße und die transportierte Blutmenge an.

In Deutschland erleiden Tag für Tag etwa 700 Menschen einen **Herzinfarkt** (Abb. 1). Ein Herzinfarkt ist eine akut lebensgefährliche Erkrankung, die bei schneller Hilfe gut behandelt werden kann (Abb. 2). Für die Betroffenen kann sie aber auch eine lang dauernde Krankheit mit Einschränkungen ihrer körperlichen Leistungsfähigkeit bedeuten.

Bei einem **Schlaganfall** führt die mangelnde Blutversorgung zum Ausfall eines Teils des Gehirns. Die betroffenen Hirnregionen können ihre Aufgaben nicht mehr erfüllen. Sie sterben ab. Folgen sind je nach der Region der Störung Lähmungen, Seh- oder Sprachstörungen, aber auch Beeinträchtigungen lebenswichtiger Funktionen, wie des Atmens (Abb. 3).

Herz-Kreislauf-Krankheiten kommen für die Betroffenen oft überraschend, ohne die charakteristischen Herzbeschwerden. Einem Herzinfarkt gehen jedoch jahrelange Veränderungen in den Herzkranzgefäßen voraus, die oft nicht spürbar sind. Schmerzen treten meist erst auf, wenn die Gefäße um mehr als 70 % verengt sind. Es gibt jedoch Untersuchungs- und Behandlungsmethoden, mit denen eine Gefahr erkannt und ihr entgegengewirkt werden kann (Abb. 4, Abb. 1 und 2, S. 114).

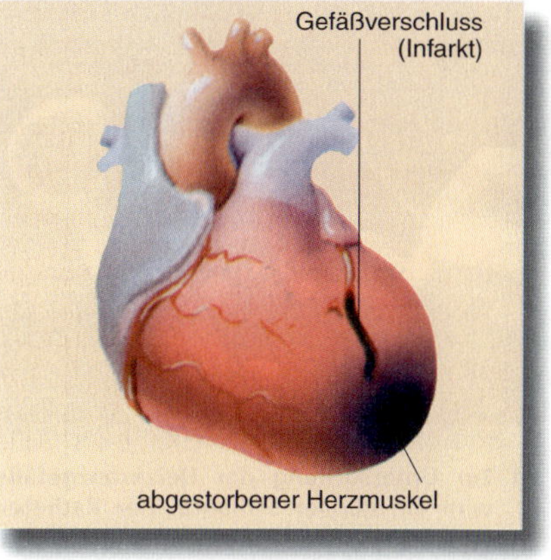

1 Bei einem Herzinfarkt werden die schon vorher verengten Blutgefäße des Herzens durch ein kleines Blutgerinnsel verstopft, so dass gar kein Blut mehr fließt. Dadurch kommt es zum plötzlichen Absterben von Herzmuskelgewebe.

Herzinfarkt-Anzeichen
Druckgefühl bzw. Schmerzen in der Brust, länger als 20 Minuten
blasse, fahle Gesichtsfarbe
kalter Schweiß auf Gesicht und Oberlippe
Atemnot, die zum plötzlichen Hinsetzen oder -legen zwingt
Todesangst
plötzlicher Kreislaufzusammenbruch, mit oder ohne Bewusstlosigkeit
Übelkeit, Erbrechen

2 Beim Eintreten eines Herzinfarktes ist unverzüglich ärztliche Hilfe erforderlich. Daher ist es wichtig, dass sich Personen in der Nähe des Betroffenen richtig verhalten und sofort den Notarzt alarmieren. Sie müssen diese Anzeichen richtig deuten.

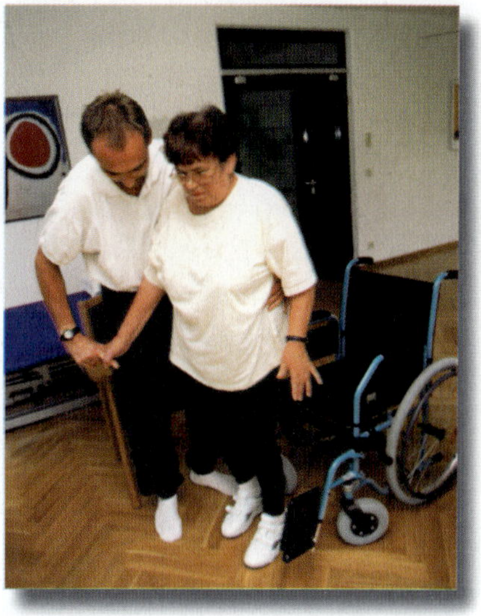

3 Lähmungen – gleich welcher Art – stellen stets starke Einschränkungen für das Leben der Betroffenen dar.

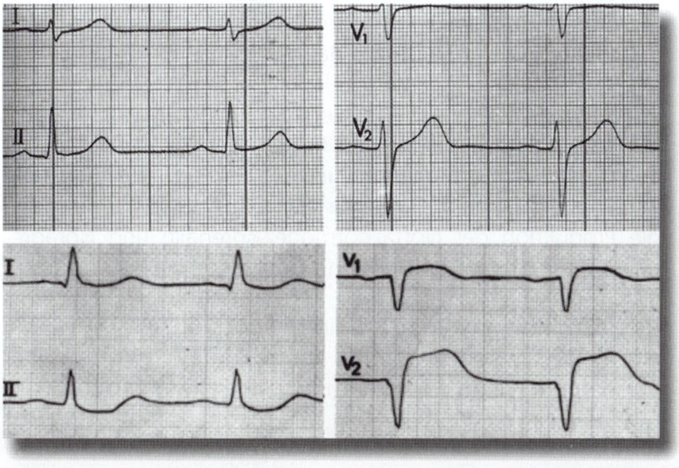

4 Ein Elektrokardiogramm (EKG) gibt dem Arzt Auskunft über den Zustand des Herzens. Die aufgezeichneten Herzstromkurven zeigen normale (oben) oder abweichende (unten) Herztätigkeit an.

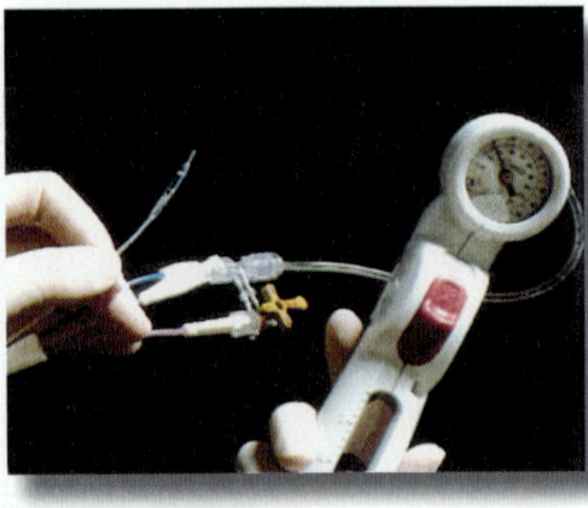

1 Zur Untersuchung der Herzkranzgefäße wird ein dünner Schlauch, der Katheter, durch eine Arterie zum Herzen vorgeschoben. Ein Kontrastmittel macht Gefäßverengungen sichtbar.

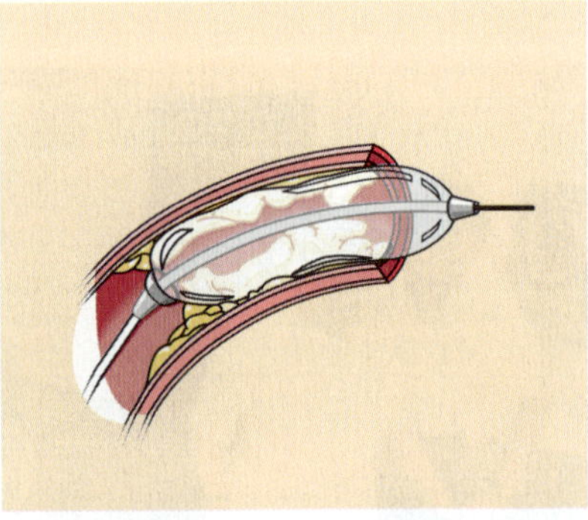

2 Mit einem Ballonkatheter kann eine verengte Stelle durch Druck gedehnt werden. Ablagerungen werden zur Seite gepresst.

3 Ein Raucher, der täglich 20 Zigaretten raucht, atmet in 30 Jahren 5 bis 10 kg reinen Teer ein.

Wenn ein Zusammenhang zwischen Herz-Kreislauf-Erkrankungen und Lebensweise besteht, dann ist die Entstehung dieser Erkrankungen auch durch eine entsprechende Lebensweise zu beeinflussen. Dazu muss man die Faktoren kennen, die das Auftreten dieser Erkrankungen begünstigen. Es sind die **Risikofaktoren.**

Risikofaktoren sind Bedingungen, unter denen eine Erkrankung wesentlich häufiger auftritt als ohne deren Vorhandensein.

Als Risikofaktoren für das Auftreten von Herz-Kreislauf-Erkrankungen sind **Fettsucht, Bewegungsarmut, Rauchen, Anti-Baby-Pille** und **ungesunde Ernährung** zu nennen (s. Abschnitt 2.1.1). Eine Ursache für das verstärkte Auftreten der Herz-Kreislauf-Erkrankungen ist die Bevorzugung von tierischen Nahrungsmitteln und zuckerhaltigen Produkten.

Diese Produkte haben besonders viel von den für unsere Gefäße gefährlichen Fetten. Das bekannteste davon ist das **Cholesterin** (s. S. 115). Die übergroße Zufuhr solcher Fette wirkt auf unsere Blutgefäße zerstörend.

Neben Alkohol ist ein weiterer wichtiger Risikofaktor für diese Krankheitsgruppe das **Nikotin.** Zigarettenrauch enthält bis zu 6 % Kohlenstoffmonooxid und weitere Schadstoffe (Abb. 3). Dieser Rauch verändert die Fließeigenschaften des Blutes ungünstig. Es bilden sich leichter Blutgerinnsel. Die Fähigkeit des Blutes, Sauerstoff zu transportieren und an das Gewebe abzugeben, wird beeinträchtigt. Durch diese Wirkungen des Nikotins wird das vorzeitige Altern der Gefäße beschleunigt.

Ein zusätzlicher Beweis für einen Zusammenhang zwischen Nikotin und Herz-Kreislauf-Erkrankungen kommt aus den Ländern, in denen das Rauchen zunehmend verpönt ist. So sank in Australien, Neuseeland und den USA mit dem abnehmenden Tabakkonsum die Zahl der Herzinfarkte seit den 60er Jahren um mehr als die Hälfte.

Auch **Stress,** die durch verschiedene Stressoren (z. B. schlechten Tagesablauf, Häufung von Hausaufgaben, Prüfungsangst) ausgelöste Abwehrreaktion unseres Körpers (s. Abschnitt 2.1.2), stellt einen Risikofaktor dar. Die Stressoren bewirken die Produktion der Notfallhormone Adrenalin und Noradrenalin. Diese lassen Blutdruck und Herzfrequenz steigen.

Bewältigt aber der Mensch diese Reaktion nicht, so führen die fortgesetzt entstehenden Notfallhormone zu seelischer Verspannung und lösen Stoffwechsel- und Kreislaufstörungen aus.

Forschungsergebnisse zeigen, dass Menschen, die einen zufrieden stellenden Beruf ausüben, eine intakte Familie oder Freunde besitzen und nicht übertrieben ehrgeizig sind, seltener von Herz-Kreislauf-Erkrankungen betroffen sind.

1 **Rockmusik kann von Menschen als Lärm empfunden werden. Lärm ist Stress auslösend. Ungesunder Stress sollte vermieden werden.**

Ein weiterer Risikofaktor für Herz-Kreislauf-Erkrankungen ist die **Zuckerkrankheit** (Diabetes mellitus). Sie ist eine chronisch verlaufende Stoffwechselkrankheit, bei der Mangel an Insulin besteht. Der gestörte Stoffwechsel beschleunigt den Alterungsprozess der Gefäße massiv.

Während der Risikofaktor Zuckerkrankheit *teilweise* anlagebedingt ist, gibt es einen solchen Faktor, der durch den Betreffenden *vollständig* nicht beeinflusst werden kann: Es ist die **Veranlagung** zur Erkrankung von Herzkranzgefäßen. Gibt es in einer Familie bereits eine Herz-Kreislauf-Erkrankung, so ist es besonders wichtig, die anderen Risikofaktoren auszuschließen (Abb. 1).

Cholesterin, das „gute" und das „böse"

Die Ablagerungen an den Gefäßinnenwänden, die im Lauf des Lebens entstanden sind, bestehen zum größten Teil aus Cholesterin. Cholesterin ist Hauptbestandteil des Blutfettes.

Cholesterin ist lebenswichtig. Es wird zum Aufbau von Zellen benötigt und es ist an der Bildung bestimmter Stoffe im Körper beteiligt. Erst ein Zuviel an Cholesterin kann gefährlich werden. Dann ist es an der Verengung bzw. am Verschluss der Arterien beteiligt. Arteriosklerose und ihre Folgen stellen sich ein. Das im Blut enthaltene Cholesterin wird zunächst als Gesamtcholesterin bezeichnet.

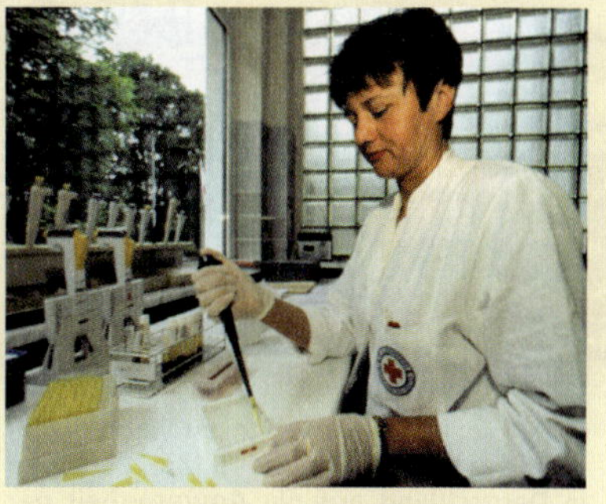

2 **Die Bestimmung der Werte für HDL- und LDL-Cholesterin des Blutes ist nur im Labor möglich. Sie geben über das Herzinfarkt-Risiko Auskunft.**

Cholesterin ist jedoch nicht gleich Cholesterin. Das Gesamtcholesterin setzt sich aus zwei Arten zusammen, aus HDL- und aus LDL-Cholesterin. Das sind Cholesterin-Eiweiß-Verbindungen unterschiedlicher Dichte.

Das HDL-Cholesterin (engl.: **h**igh **d**ensity **l**ipoproteins) ist also das Cholesterin mit hoher Dichte. Es transportiert Fett aus den Gefäßen weg zur Leber. Es wirkt daher der Arteriosklerose entgegen. Es ist das „gute" Cholesterin.

Für die Arteriosklerose mitverantwortlich ist dagegen das „böse" Cholesterin, das LDL-Cholesterin (engl.: **l**ow **d**ensity **l**ipoproteins). Es besitzt niedrige Dichte. LDL-Cholesterin sorgt für die Ablagerungen an den Gefäßinnenwänden. Diese Ablagerungen werden dadurch verstärkt, dass Fresszellen des Immunsystems versuchen, das abgelagerte Cholesterin zu beseitigen. Dies gelingt ihnen jedoch nicht. Sie sterben ab und lagern sich zusätzlich in den Gefäßen ab. Tückisch ist, dass betroffene Menschen zunächst nichts davon spüren, was in ihrem Gefäßsystem vor sich geht. Was jeder selbst tun kann, ist vor allem, zur Vorbeugung beizutragen. Sie besteht in der Einhaltung der schon in anderen Zusammenhängen genannten Ratschläge:

- Nicht rauchen oder Zigarettenrauch von anderen einatmen! Nikotin schädigt u.a. die Gefäßinnenwände und führt zur Verklumpung der Blutplättchen.
- Auf normalen Blutdruck achten! Hoher Blutdruck schädigt die Gefäßinnenwände (s. S. 112).
- Für ausreichende Bewegung sorgen! Bewegungsarmut bremst den Fettstoffwechsel.
- Auf richtige Ernährung achten! Kochsalzreiche Kost z.B. treibt den Blutdruck in die Höhe. Fettreiche Nahrung, vor allem tierischer Herkunft, ist eine Hauptquelle für Blutfette (Abb. 2).

1 Umfragen haben ergeben, dass allein in Deutschland über 6 Mio. Menschen allergisch auf Haare von Katzen, Hunden und Hamstern reagieren, die in Wohnungen gehalten werden. Leider hilft dann nur der Verzicht auf die vierbeinigen Freunde.

2 Ohne sie jemals gesehen zu haben, reagiert der Körper von über 5 Mio. Personen in Deutschland auf die Anwesenheit der Hausstaubmilbe. Sie mag es gerne warm, kommt z. B. in Fußböden und Betten vor und ernährt sich von Hautteilchen.

3 Die Mehlstauballergie kann bei Bäckern und Konditoren zur Notwendigkeit, ihren Beruf aufzugeben, führen. Ein Test zu Beginn der Berufsausbildung garantiert nicht, dass diese Allergie nicht nach vielen Berufsjahren auftritt.

2.2.2 Allergien

Kräftiges Niesen, triefende Nase und rote, entzündete Augen sind untrügliche Anzeichen von Heuschnupfen, von dem jeder zehnte Bewohner Deutschlands geplagt wird.

Mit Juckreiz verbundene Hautpusteln quälen jedes fünfte Kind vom Säuglingsalter bis zum Erwachsensein.

Übelkeit, Erbrechen, Durchfall, Blähungen, Hautausschlag, Asthma, Nesselfieber und Juckreiz im Mund sind Ausdruck einer Unverträglichkeit von bestimmten Lebensmitteln, obwohl diese gar nicht verdorben waren.

Diese Beispiele ließen sich noch lange fortsetzen. Es sind weit verbreitete Krankheitszustände, für die es eigentlich gar keine Krankheitserreger gibt. Sie werden als **Allergien** bezeichnet.

Allergien sind Überempfindlichkeitsreaktionen des menschlichen Körpers gegen eigentlich unschädliche körperfremde Stoffe. Die körperfremden Stoffe, die Allergien auslösen, werden als **Allergene** bezeichnet.

Als Allergene können sehr viele körperfremde Stoffe wirken. Vorwiegend sind es Gräser- und Blütenpollen (s. S. 117), Hautschuppen und Haare von Haustieren (Abb. 1), Nahrungsmittel, Holzstaub, Schmuck, Parfüm, bestimmte Pflanzen, der Kot der Hausstaubmilbe (Abb. 2), Waschmittel, Arzneimittel oder auch das Sonnenlicht. Die Erscheinungsformen der Allergien reichen von Schnupfen und Asthma über Hautausschläge bis zum Schock.

Allergien sind den Betroffenen oft lästig, vor allem wenn sie sich über viele Jahre hinweg ununterbrochen damit quälen müssen. Gefährlich jedoch sind die meisten Allergien nicht.

Allerdings kann eine Allergie für einen Menschen schon einen nachhaltigen Einschnitt in seinen Lebenslauf bedeuten, wenn sein Traumberuf ein jähes Ende finden muss. So kann bei einer Friseurin eine Allergie gegen Waschmittel oder Haarfarben auftreten, bei Bäckern gibt es eine Mehlstauballergie (Abb. 3) oder wo häufig Gummihandschuhe getragen werden müssen, kann es zu einer Latexallergie kommen.

Manche Allergien können auch lebensbedrohlich werden. So ist zum Beispiel jemand, der gegen Bienen- oder Wespengift allergisch ist, schon nach *einem* Bienen- oder Wespenstich in Lebensgefahr und kann einen Kreislaufzusammenbruch (Schock) bekommen oder ersticken. In solchen Fällen ist es wichtig, umgehend einen Notarzt oder die Feuerwehr zu benachrichtigen.

Vorsicht, Pollen!

41 % aller Menschen, die in Deutschland an Allergien erkrankt sind, haben Pollenallergie. Dafür ist auch die Bezeichnung „Heuschnupfen" üblich. Sie ist allerdings irreführend, denn diese Allergie wird nicht etwa durch Heu ausgelöst, sondern durch die Pollen von Blütenpflanzen. Heuschnupfen tritt vor allem zwischen Februar und September auf, in der Zeit also, in der Pflanzen Pollen produzieren. Im Frühjahr sind das vorwiegend Sträucher und Bäume, im Sommer Gräser und im Herbst Kräuter.

Kleine und deshalb sehr leichte Pollen werden meist vom Wind verstäubt, während größere durch Insekten transportiert werden. Windverstäubte Pollen sind stärker allergen und können über weite Entfernungen verbreitet werden. So können manche Pollenallergien von Pflanzen ausgelöst werden, die gar nicht am Aufenthaltsort der betroffenen Person wachsen. Von den durch Insekten verbreiteten Pollen werden weitaus geringere Mengen gebildet. Sie stammen vor allem von Pflanzen, die bunte und stark riechende Blüten tragen, um dadurch Insekten anzuziehen. Da diese Pollen durch Insekten befördert werden, kommen sie in der Luft seltener vor als windverstäubte Pollen. Diese Pollenart löst folglich weniger Allergien aus.

Pollen enthalten viele Eiweißstoffe, die als Allergene wirken und den Heuschnupfen auslösen. Er macht sich durch Jucken und Kribbeln von Augen, Nase und Rachen sowie durch Niesreiz bemerkbar. Die Augen tränen, die Nase läuft und ist später stark verstopft. Bei diesen Erscheinungen befinden sich die Pollenkörner in Nase und Rachen, wo sie von den Schleimhäuten zurückgehalten werden.

Zum Glück für einen Teil der betroffenen Menschen wirken auf sie nur Pollen von manchen Pflanzen. Daher ist es sinnvoll, seine Freizeit nach dem Pollenflugkalender zu gestalten. Verschiedene Medien verbreiten auch aktuelle Pollenflugvorhersagen.

Sträucher und Bäume	Gräser	Kräuter
Birke	Quecke	Gänsefuß
Ahorn	Weidelgras	Löwenzahn
Erle	Schilf	Margerite
Haselnuss	Rispengras	Wegerich
Buche	Roggen	Beifuß
Ulme	Hafer	Ampfer
Weide	Wiesenfuchs-schwanz	Brennnessel
Pappel		Goldrute

3 Die Pollen der in der Tabelle enthaltenen und vieler anderer Blütenpflanzen lösen bei nicht wenigen Menschen Allergien aus. Auch unsere Getreidearten befinden sich darunter. Pollen (oder Blütenstaub) sind die männlichen Keimzellen bei höheren Pflanzen. Die Größe der Pollen liegt zwischen 5 und 200 μm.

1 Der Haselnuss-Strauch gehört zu den ersten blühenden Pflanzen des Jahres. Von Anfang Januar bis Mitte Mai können seine Pollen fliegen. Ihre Hauptverbreitungszeit ist der März.

2 Die Blüte der Weide setzt erst Mitte März ein und blüht noch bis Ende Juni. Ihre Pollen werden sowohl durch Wind als auch durch Insekten, für die sie eine erste Nahrungsquelle sind, verbreitet.

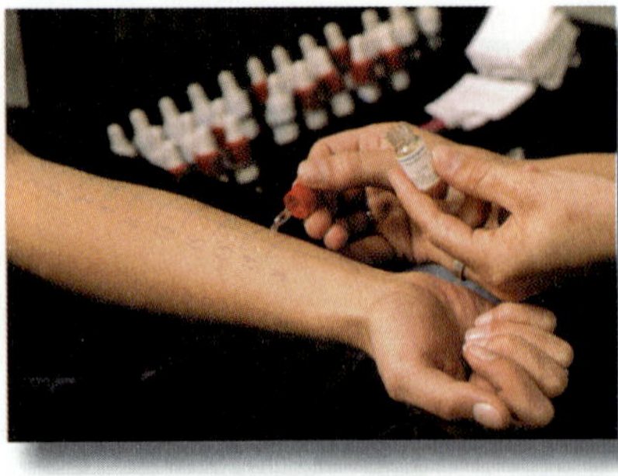

1 Beim Hauttest werden winzige Mengen von verschiedenen Allergenen unter die Haut gegeben. An der Rötung oder Schwellung kann man dann die allergische Reaktion gut beobachten.

Wenn man wissen will, wogegen man eine Allergie entwickelt hat, kann man einen **Allergietest** beim Arzt oder Heilpraktiker machen lassen (Abb. 1).

Neben diesen Hauttests gibt es noch Labortests. Sie werden angewendet, wenn die Hauttests keine zufrieden stellenden Ergebnisse erbringen. Beide Arten von Tests können noch keine endgültigen Beweise für die Empfindlichkeit gegenüber einem Allergen zeigen. Dazu werden Provokationstests durchgeführt, bei denen das vermutete Allergen direkt mit dem betroffenen Organ zusammengebracht wird. Zum Auffinden bestimmter Allergene in der Wohnung, z. B. von Schimmelpilzen, werden auch speziell ausgebildete Spürhunde eingesetzt.

Eine Heilung oder Linderung einer Allergie ist durch Nutzung verschiedener medizinischer Fachrichtungen (s. Abschnitt 2.3) möglich. Es gibt aber Menschen, die wegen ihrer Allergie ein Leben lang Medikamente einnehmen müssen. Oftmals hilft es schon, dem Allergen aus dem Wege zu gehen (z. B. Pollen) oder es aus der Wohnung zu entfernen (z. B. textile Fußbodenbeläge, in denen sich die Hausstaubmilbe wohl fühlt).

2 Bei den Labortests werden Blutproben des Allergikers mit großem Aufwand nach Hinweisen auf eine Allergie untersucht.

Allergien sind eigentlich Fehlreaktionen unseres Immunsystems. Es hat die Aufgabe, uns vor Krankheiten zu schützen, reagiert aber auf Allergene „überschießend". Bereits auf kleinste Mengen eines vermeintlichen Antigens, das in Wirklichkeit gar kein Krankheitserreger ist, reagiert der Körper mit einer massiven Abwehrreaktion. Die sich dabei bildenden Antikörper bleiben im Körper und reagieren beim nächsten Kontakt mit Allergenen noch heftiger (Abb. 3).

Die Gründe für diese Überreaktion des Immunsystems sind noch nicht eindeutig geklärt. *Ein* Erklärungsversuch sieht die Ursache im Auftreten von viel mehr Stoffen als noch vor 100 Jahren, die der Mensch – z. B. in der chemischen Industrie – selbst geschaffen hat und mit denen er ständig in Kontakt (auch in Form von Lebensmittelzusatzstoffen) kommt. Auf diese Weise werde das Immunsystem überfordert.

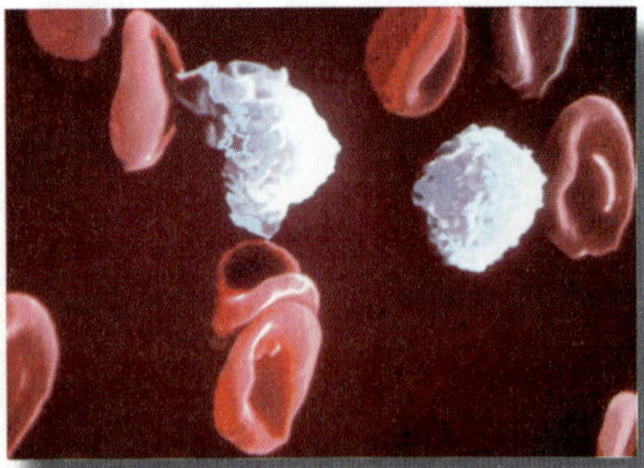

3 Die weißen Blutzellen haben die Aufgabe, eingedrungene Krankheitserreger (Antigene) zu erkennen und zu vernichten. Die sich bildenden Abwehrstoffe bleiben im Körper erhalten, um später eindringende gleiche Erreger schnell bekämpfen zu können. Werden ungefährliche Stoffe als Erreger verkannt, kommt es zur allergischen Reaktion.

Andere Erklärungen gehen vom Fehlen von Luft- und Wasserverschmutzungen aus. Die „übertriebene" Sauberkeit habe das Immunsystem unterfordert und es suche sich neue Betätigungsfelder.

Als weitere Gründe werden angegeben: höherer Sozialstatus und geringere Kinderzahl, die zu zeitige Ernährung von Säuglingen mit Kuh- oder Sojamilch, neue Ernährungsgewohnheiten, die durch stark isolierte Fenster verhinderte Durchlüftung der Wohnungen, Rauchen in der Familie und zunehmende Tierhaltung in der Wohnung.

2.2.3 Krebs

Krebserkrankungen zählen noch immer zu den gefürchtetsten Krankheiten der Menschen. Sie sind eine „Geißel" der Menschheit. 20 % aller Todesfälle gehen in Deutschland auf Krebserkrankungen zurück. Sie liegen damit bei den Todesursachen an 2. Stelle hinter den Herz-Kreislauf-Erkrankungen. Das trifft für alle Industrieländer zu.

Allein 1995 starben in Deutschland 28 887 Männer an Lungenkrebs und 18 674 Frauen an Brustkrebs. Jährlich kommen etwa 100 000 Neuerkrankungen mit Krebs hinzu. Weltweit sind es nach Schätzungen der WHO 6–7 Mio. Neuerkrankungen (Abb. 1). Krebs betrifft nicht nur Erwachsene und alternde Menschen. In Deutschland erkranken jährlich über 2 000 Kinder und Jugendliche bis zum 15. Lebensjahr neu daran (Abb. 2).

Krebs ist eine Sammelbezeichnung für eine große Gruppe ganz verschiedener bösartiger Erkrankungen. Ihre Gemeinsamkeit besteht in einem krankhaften unbegrenzten und unkontrollierten Wachstum von Zellen, die keine Funktion im Organismus übernehmen.

Ein ganz normaler Prozess in einem gesunden menschlichen Körper ist es, dass seine Zellen ständig erneuert werden. Sie bilden sich neu, treten an die Stelle ihrer abgestorbenen Vorgänger und sterben selbst ab. So hat z. B. ein rotes Blutkörperchen eine Lebensdauer von etwa 120 Tagen. Das Wachstum erfolgt kontrolliert und nur in dem Maße, in dem die Zellen im Organismus benötigt werden.

Davon unterscheidet sich **vermehrtes Zellwachstum,** das oft zu Tumoren führt. Tumore können gutartige oder bösartige Geschwülste sein. Bei den zum Krebs gehörenden bösartigen Tumoren entstehen aus körpereigenen Zellen Krebszellen, die völlig unkontrolliert wachsen. Sie vermehren sich ohne Rücksicht auf den gesamten Organismus und ohne für diesen nützlich zu sein.

Krebszellen entstehen an einer ganz bestimmten Stelle im Körper (nach der die einzelnen Krebsarten benannt sind), befallen jedoch danach die umgebenden Organe, wuchern auch dort und zerstören diese. Im fortgeschrittenen Stadium der Krankheit werden die Krebszellen über die Blut- und Lymphgefäße in Leber, Knochen, Lunge, Gehirn oder andere Organe des Körpers transportiert und wachsen auch dort unkontrolliert. Es bilden sich Tochtergeschwülste (Metastasen). Die Krebserkrankung ist im Unterschied zu anderen Krankheiten nicht auf ein bestimmtes Organ beschränkt, sondern betrifft den ganzen Körper.

1 Die weltweiten jährlichen Neuerkrankungen werden nach Geschlechtern getrennt für die anfangs befallenen Organe erfasst. Lungenkrebs der Männer und Brustkrebs der Frauen bilden die traurigen Rekorde.

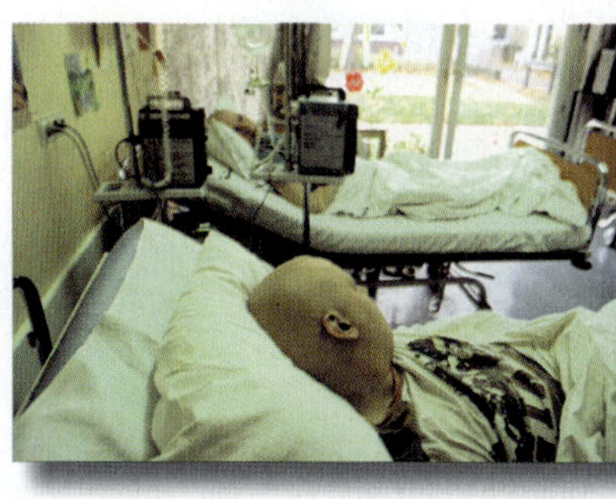

2 Krebskranke Kinder brauchen in besonderem Maße das Verständnis und die Unterstützung der Menschen ihrer Umgebung. Oftmals können sie jahrelang nicht die Schule besuchen.

Warnzeichen für eine Leukämie
– Fieber ohne ersichtlichen Grund
– Blässe und „Durchsichtigkeit" des Kindes
– schwer zu stillende Blutungen, wie Nasen-, Zahnfleisch- und Hautbluten
– blaue Flecke schon bei geringen äußerlichen Einwirkungen
– wechselnde Knochen- und Gelenkschmerzen
– Müdigkeit und Lustlosigkeit
– Bauchschmerzen und Appetitlosigkeit
– Schwellungen der Lymphknoten

1 Leukämie ist eine Krebserkrankung des Blutes. Sie entsteht, wenn sich weiße Blutzellen nicht normal entwickeln und als *unreife* weiße Blutzellen (als Blasten) explosionsartig vermehren. Dabei kommt es zu einer Abnahme der *gesunden* weißen und der roten Blutzellen.

Zu den Krebsarten, die auch im Kindesalter entstehen können, gehören Leukämie, die hodgkinsche Krankheit, das Non-HODGKIN-Lymphom und bösartige Tumore. Diese treten wiederum in unterschiedlichen Ausprägungen auf.

Für die einzelnen Krebsarten gibt es eine Reihe von unterschiedlichen **Warnzeichen** (Abb. 1).
Diese Warnzeichen sind *keine Anzeichen* der Erkrankung. Nur der Arzt kann eine wirkliche Erkrankung feststellen. In den meisten Fällen stellen sich Warnzeichen als harmlos heraus, weil sie auch ohne eine Krebserkrankung auftreten können. Dennoch sollten sie ernst genommen werden. Es gilt der Grundsatz: Je früher eine Krebserkrankung erkannt wird, desto besser sind die Heilungschancen!

Die **Behandlung von Krebs** richtet sich sehr stark nach der Art des aufgetretenen Krebses. Allgemein werden Operationen, Strahlenbehandlung und Behandlung mit Medikamenten eingesetzt.

Bei **Operationen** werden möglichst alle Krebszellen aus dem gesunden Gewebe entfernt, ohne dieses zu stark zu schädigen. **Bestrahlungen** mit genau bemessenen, kurzzeitig angewandten Strahlen verhindern die Vermehrung der Krebszellen und bewirken damit eine Verkleinerung des Tumors. Manchmal müssen Bestrahlungen einer Operation vorausgehen. **Medikamente** werden als Tabletten, Säfte oder Spritzen verabreicht. Sie zerstören die Krebszellen. Sie müssen oft bis zu zwei Jahren nach strenger Vorschrift eingenommen werden.

Während es über die Mechanismen der Krebsentwicklung im menschlichen Körper weitgehend Klarheit gibt und die Behandlungsmethoden der Krebserkrankungen weitere Fortschritte machen, bleiben dagegen die **Ursachen,** weswegen es zum unkontrollierten Zellwachstum kommt, noch weitgehend unklar.
Einig sind sich die Wissenschaftler darüber, dass es nicht *eine* Ursache dafür gibt, sondern sehr unterschiedliche Gründe. Sie liegen außerhalb und innerhalb des menschlichen Organismus. Mehrere Dinge müssen zusammenkommen, damit Zellen zu Krebszellen werden und Krebszellen zur Krebsgeschwulst: Veranlagung, innerlicher oder äußerlicher Kontakt zu Krebs erzeugenden Umwelteinflüssen und ein bestimmtes Lebensalter.

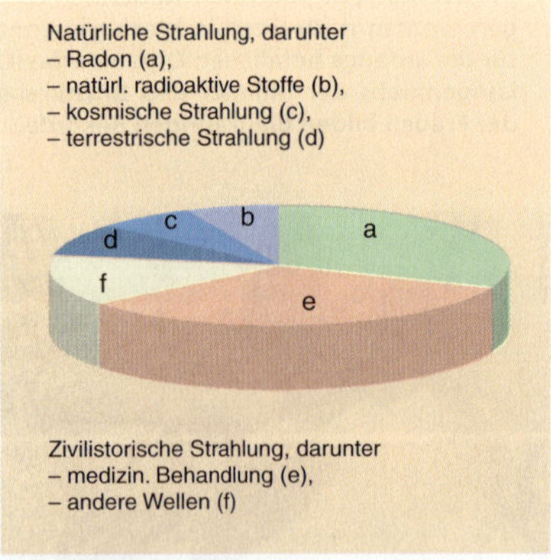

2 Nach Angaben des Bundesamtes für Strahlenschutz sind 60 % der radioaktiven Strahlen, denen die Bevölkerung ausgesetzt ist, auf natürliche Quellen zurückzuführen. Von den restlichen 40 % entfallen nahezu alle auf medizinische Behandlungen.

Zu den Umwelteinflüssen, die Krebs auslösen können, gehören radioaktive Strahlung (Abb. 2), UV-Strahlung (s. S. 100) und chemische Substanzen. Letztere werden als **Kanzerogene** oder **Karzinogene** benannt. Zu den Kanzerogenen wird eine Vielzahl von Stoffen gerechnet, die erwiesen oder vermutet Krebs auslösend sind. Zu ihnen gehören Asbest, Arsen, Nitrosamine, Schimmelpilzgifte, Nikotin und Teer. Der bedeutendste Krebsauslöser ist das im Zigarettenrauch enthaltene Nikotin (Abb. 1).

Darüber hinaus gehen Wissenschaftler davon aus, dass mit bestimmten Nahrungsmitteln aufgenommene Kanzerogene bei den Ursachen an vorderster Stelle stehen. Die Ernährungsgewohnheiten der Bevölkerung sollen für 20–40 % der Krebstoten mitverantwortlich sein.

Warum jedoch als Krebs erregend geltende Stoffe, die von vielen Menschen aufgenommen werden, nicht für alle Menschen gleichermaßen schädlich sind, ist bisher nicht geklärt.

1 Schön anzusehen, aber vielfach gefährlich für aktive und passive Raucher – der Zigarettenrauch.

Wie retten wir unsere Haut?

Hautkrebs tritt stärker als früher auf. Auch immer mehr Deutsche bekommen immer eher bösartige Hauterkrankungen. In den letzten 15 Jahren hat sich die Zahl der an Hautkrebs Erkrankten verdoppelt. Das Durchschnittsalter der Betroffenen hat sich von 55 auf bereits 40 Jahre verringert. In den USA werden jährlich rund 1 Mio. Neuerkrankungen festgestellt. Dort nimmt Hautkrebs bereits den Umfang aller anderen Krebserkrankungen zusammengenommen ein.

Sind wir machtlos dagegen? Die Antwort heißt eindeutig: „Nein!“ Auch wenn noch nicht alle Einzelheiten endgültig geklärt sind, so steht fest, zwischen Hautkrebs und der uns sonst so wohltuenden Sonnenstrahlung auf die Haut besteht ein eindeutiger Zusammenhang. Die Wirkung der Strahlung ist auch vom Hauttyp abhängig. Hellhäutige, blonde und rothaarige Menschen sind stärker als dunkelhäutige und schwarzhaarige gefährdet.

Im häufig wolkenverhangenen Großbritannien z. B. erkranken wesentlich weniger Menschen an Hautkrebs als hellhäutige Bewohner des wolkenarmen und näher am Äquator liegenden Australien. Unter den dunkelhäutigen Ureinwohnern dieses Kontinents, den Aborigines, treten bösartige Hauterkrankungen wesentlich seltener auf. Seit einiger Zeit wird durch das Auftreten des „Ozonlochs“ die Sonnenstrahlung für die Haut aggressiver. Da heute eindeutig bekannt ist, dass intensive Sonneneinstrahlung insbesondere der hellen Haut schadet, können wir uns selbst ihr gegenüber verantwortungsbewusst verhalten und die Möglichkeiten des Schutzes unserer Haut nutzen: Man kann die Dauer des Sonnenbades verkürzen, man kann sich durch Kleidung (Abb. 2) oder durch Anwendung von Cremes schützen. Vor allem Kinder haben noch eine dünnere Haut als Erwachsene. Sie bedarf besonderen Schutzes. Denn: Sonnenbrände im Kindheitsalter erhöhen das Krebsrisiko in späteren Jahren!

Es gibt drei verschiedene Formen von Hautkrebs: Basalzellkrebs, Plattenepithelzellkrebs und den „schwarzen Krebs“, das sog. maligne Melanom (Abb. 3).

2 SLIP, SLOP, SLAP – das ist die „Zauberformel“ an australischen Badestränden. Sie sollte nicht nur dort befolgt werden!

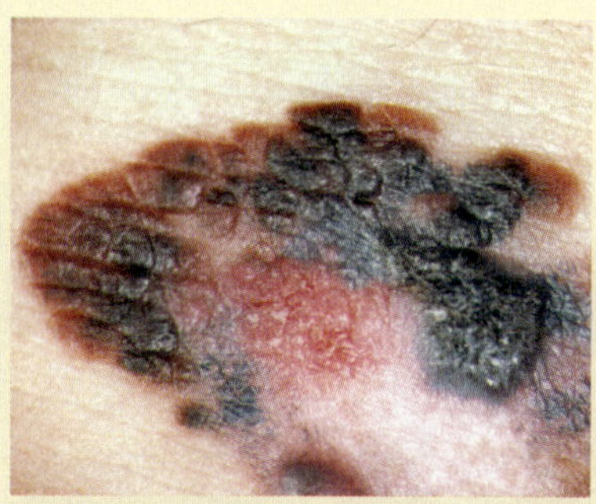

3 Melanome entstehen meist aus einem Leberfleck, der sich vergrößert und dunkler wird. Er kann nässen und jucken. Die Früherkennung ist bei diesem Krebs besonders wichtig.

Regeln für das eigene Verhalten
– Ich rauche nicht.
– Ich verringere meinen Alkoholkonsum.
– Ich esse mehr frisches Obst und Gemüse.
– Ich esse fettärmer und bewege mich viel.
– Ich befolge die Hygiene- und Sicherheitsbestimmungen beim Umgang mit Stoffen, die Krebs verursachen können.
– Ich gehe bei körperlichen Veränderungen zum Arzt oder Heilpraktiker.
– Ich gehe zum Arzt oder Heilpraktiker, wenn ich andauernde Beschwerden habe.

1 Einige dieser Regeln sind auch zur Vorbeugung gegen Herz-Kreislauf-Erkrankungen geeignet.

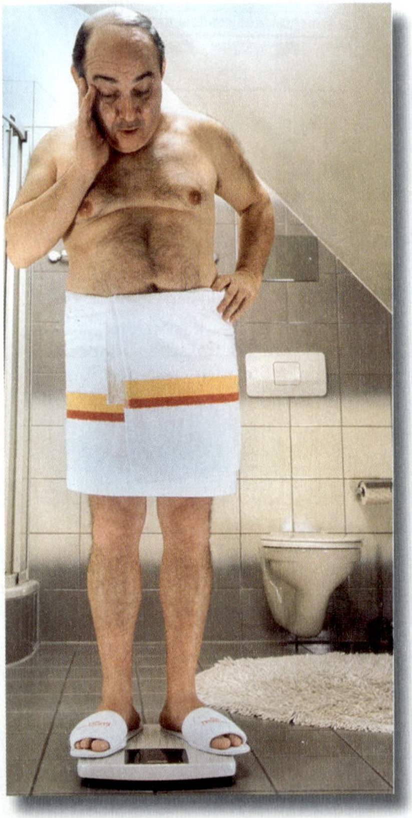

2 Unter der deutschen Bevölkerung gibt es viele Übergewichtige. Von den über 55-Jährigen sind 60 % zu dick.

Offensichtlich hängt das auch mit dem Zustand der körpereignen Abwehr zusammen. Krebszellen können in jedem Körper vorhanden sein, ohne dass Krebs entstehen muss. Dann erkennt das Immunsystem (s. Abschnitt 2.1.3) diese Zellen als feindlich und vernichtet sie. Erst wenn die Abwehr nicht mehr ausreichend ist, kommt es zum Krebswachstum.

Auch außer dem Schutz vor UV-Strahlung kann jeder Einzelne vorbeugend gegen eine Krebserkrankung aktiv werden (Abb. 1). Hinsichtlich der Ernährung hat die „Deutsche Krebshilfe" diese Regeln erweitert und Vorbeuge-Tipps formuliert:
- Greife zu fettarmen Lebensmitteln und iss täglich frisches Gemüse, Kräuter, Obst sowie Vollkornprodukte aller Art.
- Wasche Gemüse und Obst immer gründlich. Entferne äußere Blätter oder reibe die Schale mit einem trockenen Tuch ab.
- Folgende Lebensmittel sollten die Ausnahme sein: Wildpilze, Tintenfische, Innereien und alles, was mit Pökelsalz konserviert und geräuchert ist, wie Speck, Schinken, Wurstwaren und Fischkonserven.
- Iss insgesamt weniger Fleisch und Zucker.
- Grille nicht mit Holzkohle.
- Gepökeltes sollte weder gebraten noch gegrillt werden.
- Wirf angeschimmelte Lebensmittel immer weg.
- Trinke wenig Alkohol.
- Vermeide Über- oder Untergewicht.

2.2.4 Fett- und Magersucht

Besonders dicke und besonders dünne Menschen erregen den Verdacht, mit ihrem Essverhalten könne etwas nicht stimmen. Nicht selten ist das persönliche **Essverhalten** tatsächlich gestört. Solche Störungen können dann Fettsucht, Magersucht oder Ess-Brech-Sucht sein. Die Ursachen für diese Störungen, die vor allem in wohlhabenden Ländern weit verbreitet sind, können noch nicht eindeutig beschrieben werden.

Von **Fettsucht** (Adipositas) spricht man, wenn das Normalgewicht eines Menschen um mehr als 10 % überschritten wird. Was jedoch das Normalgewicht ist, darüber wird heftig gestritten (Abb. 2).

Bei Fettsucht kommt es im Körper zu einer übermäßigen Fettansammlung. Bevorzugte Fettspeicher sind das Unterhautfettgewebe, das Gewebe hinter dem Bauchfell und innere Organe.

Die *Ursachen* für Übergewicht und Fettsucht sind vielfältig. Offenbar wirken mehrere zusammen. Ganz sicher spielt eine übermäßige Nahrungsaufnahme eine Rolle, insbesondere die Aufnahme fettreicher Nahrung. Während Kohlenhydrate im Körper schneller abgebaut werden, werden Fette zunächst gespeichert und erst dann verbrannt, wenn die Kohlenhydrate aufgebraucht worden sind (s. Abschnitt 2.1.1). Da Menschen, die bereits übergewichtig sind, nicht unbedingt mehr essen als schlank bleibende Menschen, wird vermutet, dass bereits bei der Ernährung in früher Kindheit die Weichen zur Fettsucht gestellt werden.

Auch Bewegungsarmut, das Sitzen vor dem Fernseher und im Auto, das Fehlen anstrengender körperlicher Arbeit, gehört zu den Ursachen. Schließlich werden auch die Gene, die Erbanlagen des Menschen und der Wirbeltiere, untersucht. Man vermutet, dass beim Zusammenspiel mehrerer Gene ein Gen eine besondere Rolle spielt, das bei unseren fernen Vorfahren ganz wichtig war, ein „Haushaltsgen". Es sorgte für eine für das Überstehen von Hungerperioden notwendige Fettanreicherung im Körper. Wenn es heute aktiv wird, kann es zu den nachteiligen Wirkungen kommen.

Von **Magersucht** (Anorexia nervosa) spricht man, wenn jemand die Nahrungsaufnahme auf die geringste mögliche Menge beschränken will. Die Magersucht kommt vor allem bei Mädchen während und nach der Pubertät vor. In seltenen Fällen können auch Jungen betroffen sein. Die Ursachen liegen in einer Abwehrreaktion des Organismus auf das Essen und in bestimmten Vorstellungen von der Schönheit des eigenen Körpers. Durch die Medien wird ein Idealbild der Schönheit vorgegeben, was sich oftmals an Fotomodellen, die sehr dünn sind, orientiert (Abb. 2). Die Nahrungsverweigerung kann aber auch mit seelischer Not, Einsamkeit oder Trauer zu tun haben.

Die eintretende Abmagerung führt dazu, dass der Stoffwechsel des Körpers auf Sparflamme läuft und sich seine Leistungsfähigkeit stark verringert. Der Blutdruck sinkt ab. Es kommt zu Müdigkeit und Abgeschlagenheit. Im Extremfall kann es zu einem lebensbedrohlichen Zustand kommen, der nur noch im Krankenhaus behandelt werden kann.

Da im Elternhaus der Verzicht auf Nahrung oftmals nicht geduldet wird, kann es dazu kommen, dass jemand sein Essen am Familientisch zu sich nimmt, um es danach auf der Toilette wieder zu erbrechen. Aus der reinen Magersucht kann sich so eine **Ess-Brech-Sucht** (Bulimie) entwickeln. Hierbei folgen aufeinander „Fress"anfälle und das Erbrechen der Nahrung. Die Abmagerung ist bei der Bulimie nicht so extrem wie bei der Magersucht. Doch beide Erkrankungen sind schwere Persönlichkeitsstörungen, die ohne psychotherapeutische Hilfe meist nicht zu überwinden sind.

1 Seinen Körperfettanteil kann man auch in Apotheken auf einer Körperfettanalyse-Waage feststellen lassen. Dabei fließt schwacher elektrischer Strom durch den menschlichen Körper. Fett bietet ihm mehr Widerstand als Muskulatur.

2 Das Magersein kann vielfältige Ursachen haben. Das Sprechen darüber fällt den Betreffenden oft sehr schwer.

Übertragungswege für Infektionen
direkte Übertragungswege: – Tröpfcheninfektion (Schnupfen) – Schmierinfektion (Scharlach) – Luft (Windpocken) – Geschlechtsverkehr (Syphilis) – Schwangerschaft (Röteln) – Geburt – Muttermilch
indirekte Übertragungswege: – Lebensmittel (Salmonellose) – Instrumente (AIDS, Hepatitis) – Tiere (Malaria)

1 Die richtigen Schutzmaßnahmen bei Infektionsgefahr setzen Kenntnisse über den jeweiligen Übertragungsweg voraus.

2 Die Verhinderung der Tröpfcheninfektion ist ein allgemeines hygienisches Gebot.

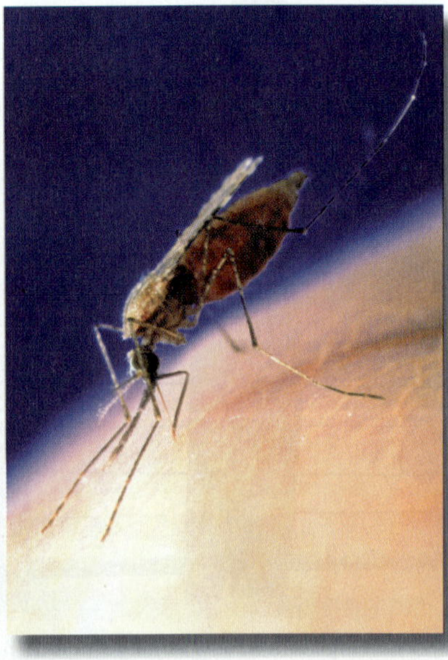

3 Bei der Malaria ist die Anophelesmücke Überträger des Erregers.

2.2.5 Infektionskrankheiten

Unter den körperfremden Stoffen, die uns umgeben und in den menschlichen Körper eindringen können (s. Abschnitt 2.1.3), befinden sich auch Lebewesen.

Es gibt eine große Anzahl von Lebewesen, die in und an unserem Körper leben können und in unserem Interesse auch leben müssen. Ein kleiner Teil dieser Lebewesen wirkt jedoch schädigend auf den menschlichen Körper. Es sind Krankheitserreger. Dringen sie in den Organismus ein, ist er mit Krankheitserregern verunreinigt, infiziert. Die Krankheiten heißen **Infektionskrankheiten.**

> Infektionskrankheiten stellen eine große Gruppe von Krankheiten dar, die durch lebende Erreger hervorgerufen werden. Sie sind ansteckend, von Mensch zu Mensch übertragbar. Deshalb sind bei Infektionsgefahr besondere Schutzmaßnahmen erforderlich.

Infektionserreger können auf direktem Weg oder auf indirektem Weg übertragen werden (Abb. 1 bis 3). Wenn ein Krankheitserreger in den Organismus eingedrungen ist, kann es zur Vermehrung des Erregers kommen. Eine erste Zeitspanne wird im Wesentlichen durch die Vermehrung der Erreger geprägt. Von einer bestimmten Erregerkonzentration an kommt es dann zu Schädigungen des Körpers. Die **Symptome** (Kennzeichen) der Infektionskrankheit treten auf. Zwischen dem Eindringen sowie der Vermehrung der Erreger und dem Auftreten der ersten Symptome einer Infektionskrankheit vergeht eine bestimmte Zeit. Es ist die **Inkubationszeit.** Sie dauert von Krankheit zu Krankheit unterschiedlich lange.

Als Erreger von Infektionskrankheiten kommen Viren, Bakterien, Pilze, Parasiten und Prionen in Frage (Abb. 1, S. 125).

Zu den häufigsten Viruserkrankungen in Deutschland gehören die **Erkältungskrankheiten.** Erkältungen sind weniger gefährlich, sondern eher lästig. Besonders in den Wintermonaten bei feuchtem und kühlem Wetter, aber Temperaturen knapp über dem Gefrierpunkt, passiert es immer wieder, dass uns Schnupfen, Husten, Heiserkeit, Halsschmerzen und Abgeschlagenheit quälen. Gliederschmerzen veranlassen viele Menschen, freiwillig im Bett zu bleiben.
Solche Symptome gehören zu den meist harmlos verlaufenden Erkältungskrankheiten, den grippalen Infekten. Diese grippalen Infekte sind nicht mit der Grippe gleichzusetzen.

> Erkältungskrankheiten werden durch Viren ausgelöst.

Art	Anzahl der Arten	Wirkungsweise	Beispiele für Krankheiten
Viren	Über 1 000	Zerstören die Zellen von innen	Grippe, Kinderlähmung, Masern, Röteln, Hepatitis, Mumps, Windpocken, Tollwut, Aids
Bakterien	Über 1 000	Sondern Giftstoffe ab. Bauen Gewebe ab.	Meningitis, Keuchhusten, Typhus, Tuberkulose, Pest, Tetanus, Diphterie, Scharlach, Ohrenentzündungen, Cholera, eitrige Mandelentzündung, Wundinfektionen
Pilze	Über 50	Zerstören über das Immunsystem körpereigenes Gewebe.	Hautpilz, Hefepilzbelag in der Mundhöhle.
Parasiten	Über 50	Zerstören die Zellen von innen. Große Parasiten laugen den Körper aus.	Malaria, Schlafkrankheit, Trichomonas.
Prionen	4	Verändern Proteine.	Creutzfeldt-Jacob-Syndrom, Rinderwahnsinn (BSE), Kuru.

1 Von diesen Mikroorganismen existieren viele Millionen. Aber nur wenige sind für den Menschen lebensbedrohlich.

Auf Viren (Abb. 2) trifft die Bezeichnung „Lebewesen" eigentlich nicht zu. Sie besitzen keinen Stoffwechsel und können sich daher nicht eigenständig vermehren. Sie bestehen lediglich aus Erbgut, das von einer Eiweißkapsel umhüllt ist.

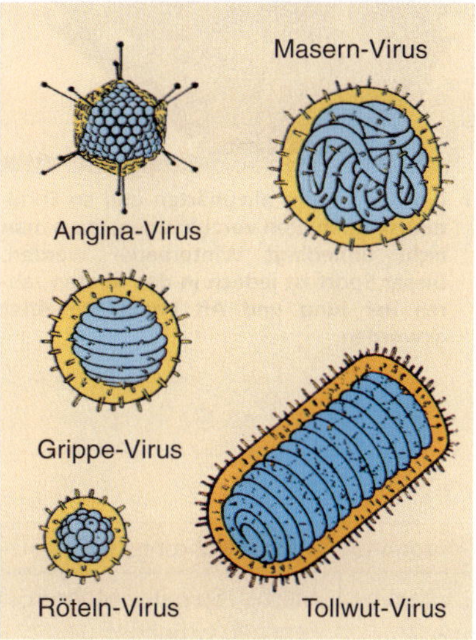

2 Viren sind so klein, dass sie nur mittels eines Elektronenmikroskops sichtbar gemacht werden können. Sie bestehen aus einer Kernsubstanz (blau) und einer Eiweißhülle (gelb).

Um sich vermehren zu können, brauchen Viren einen „Wirt", der ihnen Aufenthalt ermöglicht. Es sind die lebenden Zellen z. B. im menschlichen Körper, die ihnen als Wirtszellen dienen sollen. Die befallenen Wirtszellen sterben ab und die neu gebildeten Viren können weitere lebende Zellen im gleichen Körper oder bei anderen Menschen angreifen.

Viren der Erkältungskrankheiten haben aber überwiegend nur dann die Fähigkeit uns krank zu machen, wenn sie einen geschwächten Organismus vorfinden. Begünstigt werden grippale Infekte durch falsche Bekleidung (Abb. 3), unzureichende Abhärtung, ungenügende Vitamine und die allgemeine Kondition der Menschen.

3 Zu jeder Jahreszeit und zu jeder Art der körperlichen Betätigung sollte eine angemessene Bekleidung getragen werden. Bei Wanderungen ist es sinnvoll, sich auf unterschiedliche Luft- und Körpertemperaturen einstellen zu können.

Unterkühlung führt zu einer Verengung der Blutgefäße, z. B. der Füße oder auch der Schleimhäute. Es kann weniger Blut zirkulieren. Damit verringert sich auch die Abwehrfähigkeit der Schleimhäute gegenüber den Viren. Sie können in den Körper eindringen.

1 Um den Körper abzuhärten und so Erkältungskrankheiten vorzubeugen, muss man nicht unbedingt Winterbader werden. Dieser Sport ist jedoch in den letzten Jahren bei Jung und Alt immer beliebter geworden.

Vitamingehalt von Nahrungsmitteln	
Vitamin A	Milch, Spinat, Möhren, Fenchel, Grünkohl
Vitamin B	Getreideerzeugnisse, mageres Fleisch
Vitamin C	Petersilie, Zitrone, frisches Obst und Gemüse

2 Viele Nahrungsmittel können auch vorbeugend gegen Erkältungskrankheiten wirken. Der Gemüsefenchel wartet für viele Küchen erst noch auf seine Entdeckung. Er liefert neben Ballaststoffen die Vitamine A, E, K und C sowie Kalium, Calcium, Magnesium und Eisen.

3 Prüfungssituationen müssen nicht in Prüfungsangst umschlagen. Die erhöhten Anforderungen auch an den Körper sind bei guter Vorbereitung von Körper und Geist schadlos zu überstehen.

Begünstigend wirkt für das Eindringen der Viren auch eine unzureichende **Abhärtung** unseres Körpers (Abb. 1). Besonders unsere Gefäße in der Haut sind nicht mehr genügend trainiert im Umgang mit kaltem Wetter, mit Wind und Nässe. Wir muten ihm oft Tag und Nacht nur gut geheizte Räume zu. In den kühlen Wintermonaten sind zu wenige Menschen gern an der frischen Luft. Kaltes Duschen erscheint vielen als eine „Foltermethode", obwohl man schon damit Haut und Körper auch für kalte Tage abhärten könnte.

Während es in früheren Jahrhunderten vor allem für Stadtbewohner ein großes Problem war, auch im Winter **Vitamine** zu sich zu nehmen, ist es heute oft nur eine Frage der Überwindung, z. B. Äpfel, Möhren oder Orangen in genügendem Umfang zu essen. Diese enthalten viele Vitamine, die unser Körper auch zur Abwehr von Viren benötigt (Abb. 2).

Schließlich ist der aktuelle **Allgemeinzustand** des Menschen für die Möglichkeiten des Eindringens von Viren nicht zu unterschätzen. Es ist erwiesen, dass das Immunsystem des Körpers (s. Abschnitt 2.1.3) in seiner Funktionsfähigkeit nachlässt, wenn der Mensch überlastet ist, z. B. in Prüfungssituationen (Abb. 3). Andererseits ist sicher, dass wir durch Sport nicht nur unsere Muskelkondition und das Herz-Kreislauf-System, sondern auch unser Abwehrsystem trainieren und aktivieren können.

Gegen Erkältungskrankheiten gibt es eine Vielzahl von Medikamenten zum Lutschen, Gurgeln, Sprayen ... Manchmal sind sie nötig, wirken aber nur dann, wenn wir unserem Körper auch die Chance geben, sich durch Ruhe und Schlaf zu erholen.

Auch **Röteln** sind eine meist harmlos verlaufende Virusinfektion, die u. a. durch kleine rosa Flecken, Lymphknotenschwellungen gekennzeichnet ist (Abb. 1, S. 127). Bei weitem nicht alle Infektionskrankheiten verlaufen im Allgemeinen so glimpflich wie die Erkältungskrankheiten und die Röteln. Man braucht dabei gar nicht an die Seuchenzüge der Vergangenheit denken, die mit Pest, Cholera oder Pocken verbunden sind und ganze Landstriche Europas und anderswo entvölkerten. Noch in der Gegenwart fordern Infektionskrankheiten Millionen von Toten (Abb. 2, S. 127).

Eine oft unterschätzte – weil mit grippalem Infekt verwechselte – Infektionskrankheit ist die **Grippe.**

Auslöser der Grippe sind Influenza-Viren. Man unterscheidet die drei Typen A, B und C, wobei A und B besonders gefährlich sind. Die Influenza-Viren leben und vermehren sich nicht nur im menschlichen Organismus, sondern auch in dem von Hühnern und Schweinen.

Eine Grippe beginnt plötzlich, wenige Stunden bis drei Tage nach der Ansteckung. Wie eine normale Erkältung wird sie durch Tröpfchen beim Sprechen, Niesen oder Anhusten übertragen. Die Grippe ist aber eine ernste Erkrankung. Zeichen sind Halsweh, Frösteln, Fieber, Kopf- und Gliederschmerzen sowie trockener Husten.

Die Infektion kann sich auf die Lunge, das Herz oder das Gehirn ausbreiten und lebensbedrohliche Züge annehmen, besonders bei älteren und geschwächten Menschen.

Gripppe-**Epidemien,** die regional auftreten, gibt es fast in jedem Jahr. Im Abstand von einigen Jahrzehnten weiten sie sich zu weltweit auftretenden Großepidemien, so genannten Pandemien, aus. Das geschah 1889/90, 1918/19, 1957/58, 1968/69 („Hongkong"-Grippe) und 1989–92. Allein an der Grippe-Pandemie 1918/19, der „spanischen Grippe", erkrankten auf allen Kontinenten zusammen etwa 500 Mio. Menschen, rund 1 % der Weltbevölkerung. 20–25 Mio. Menschen starben an dieser Erkrankung. Das waren weit mehr als die 8,5 Mio. Toten des Ersten Weltkrieges!

Die durch Influenza-Viren ausgelöste Grippe ist auch heute noch eine sehr ernst zu nehmende Infektionskrankheit.

Nach bisherigen Erkenntnissen entstehen die immer wieder veränderten Virentypen im südlichen China (Abb. 3). Grippeviren finden hier optimale Bedingungen vor: hohe Bevölkerungsdichte, viele Feuchtgebiete sowie Enten und Schweine in großer Zahl, die hautnahen Kontakt mit den Menschen haben. Das Problem entsteht, wenn von Enten bzw. Menschen stammende Grippeviren gleichzeitig auf Schweine übertragen werden. Hier vereinen sich die beiden Virenarten und bilden neue Typen, die niemand kennt. Deshalb fehlen den Menschen auch die nötigen Abwehrkräfte.

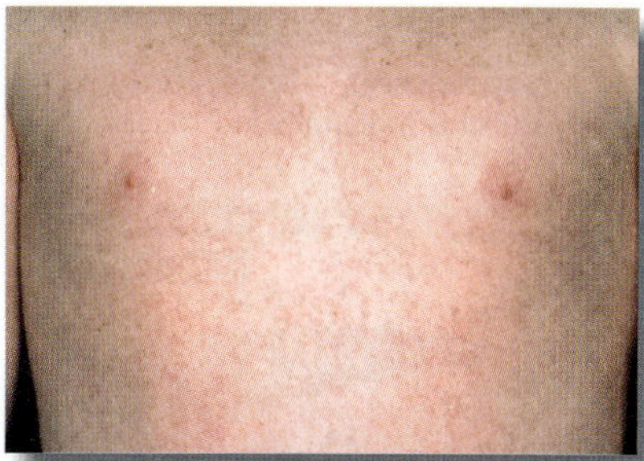

1 Röteln verlaufen meist harmlos. Wenn jedoch eine Schwangere daran erkrankt, kann dies zu Missbildungen des Kindes (Augen-, Hirn- und Herzschäden, Taubheit) führen. Darum ist es sehr wichtig, dass bei allen Mädchen Impfschutz gegen diese Krankheit besteht.

Todesopfer 1995 (Erde gesamt)	
Infektionen	Todesopfer in Mio.
Atemwegserkrankungen	4,4
Durchfallerkrankungen	3,1
Tuberkulose	3,1
Malaria	2,1
Hepatitis B	1,0
Aids	1,0
Masern	1,0

2 Ein Drittel aller Todesfälle geht auf Infektionskrankheiten zurück. Allein an der Malaria stirbt auf der Erde alle zwölf Sekunden ein Mensch.

3 Von ihrem Entstehungsort in Südostasien verbreiten sich Grippe-Viren der neuen Typen oft auf ganz Asien aus und gelangen von dort nach Europa, Afrika und Amerika, wo die Krankheit epidemische Ausmaße annehmen kann. Das geschah z. B. mit dem Influenza-Virus H3N2 in den Jahren 1989–1992.
Die Ausbreitung von Krankheitserregern wird durch den weltweiten Reise- und Warenverkehr gegenüber der natürlichen Verbreitung stark beschleunigt.

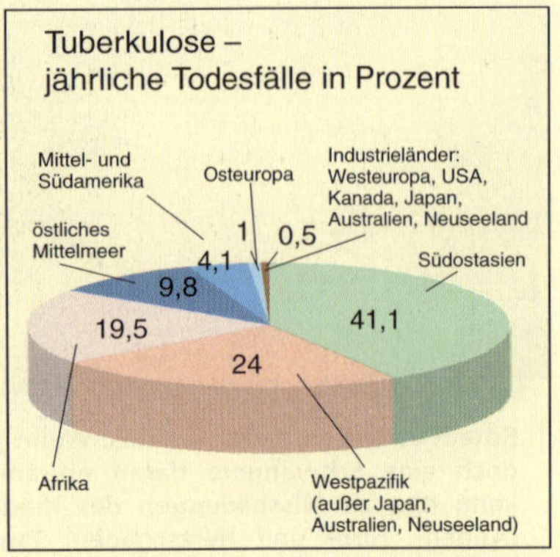

1 Mehr als 100 Jahre nach der Entdeckung ihres Erregers durch Robert Koch 1883 und trotz ihrer deutlichen Eindämmung danach ist die Tuberkulose weltweit noch immer eine der verbreitetsten und am häufigsten tödlich endenden Infektionskrankheiten.

2 Die heutige Verbreitung der Malaria ist auf die Tropen und Subtropen beschränkt. 80–90 % der Krankheits- und Todesfälle treten im tropischen Afrika auf. Haupthindernis für eine erfolgreiche Bekämpfung ist die Armut in den betreffenden Ländern.

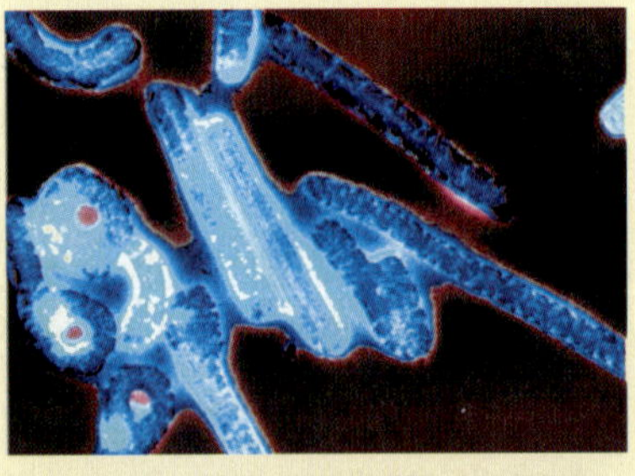

3 Das Ebola-Virus löst innerhalb von 4 bis 16 Tagen Durchfall, Erbrechen, Bewusstseinsstörungen und hohes Fieber aus. Es zerstört menschliches Gewebe. Die meisten Patienten sterben an inneren Blutungen.

Nur die Pocken sind ausgerottet

Als 1977 die **Pocken** für ausgerottet erklärt werden konnten, war ein erster wichtiger Sieg des Menschen über die gefürchteten Infektionskrankheiten errungen worden. 1979 wurde eine in sechs Sprachen verfasste Urkunde über die Ausrottung der Pocken bei der UNO unterzeichnet. Pockenvirus-Vorräte gibt es auf der Erde nur noch in zwei Hochsicherheitslaboratorien: bei der US-amerikanischen Seuchenbehörde in Atlanta (Georgia) und am Staatlich-Russischen Forschungszentrum für Virologie und Biotechnologie in Kolzowo (bei Nowosibirsk). Über ihre endgültige Vernichtung gibt es noch heftigen Streit.

Dennoch wäre es falsch anzunehmen, die Infektionskrankheiten insgesamt könnten in wenigen Jahrzehnten endgültig besiegt werden. Bisherige Krankheiten zeigen sich – ähnlich der Grippe – in neuen „Gewändern" oder werden gegen Medikamente unempfindlich (resistent). Bereits besiegt geglaubte Seuchen breiten sich wieder aus. Völlig neue Infektionskrankheiten treten auf und fordern die Menschheit erneut heraus.

Als Hauptursache dafür sehen Forscher die ständige Entwicklung sowohl des menschlichen Organismus als auch der Krankheitserreger an. Weitere Ursachen kommen hinzu:

- Mängel in der öffentlichen Gesundheitsvorsorge,
- ökologische Veränderungen, hervorgerufen durch Wirtschaftswachstum und Neulandgewinnung,
- weltweite Reisetätigkeit von Menschen und internationaler Handel mit Gütern aller Art,
- falsche Anwendung von Medikamenten (Antibiotika) und
- Bevölkerungswachstum, Slumbildung in den Städten und Sexualverhalten der Menschen.

Zu den Infektionskrankheiten, die sich *wieder stärker* verbreiten, gehört die **Tuberkulose** (Abb. 1). Die bisherige Entwicklung in den Industriestaaten, die durch einen deutlichen Rückgang der Erkrankung gekennzeichnet war, wird sogar umgekehrt. So gab es in Italien, Dänemark oder den Niederlanden zweistellige Prozentzuwächse an neuen Tuberkulosefällen. Selbst in Deutschland ist die Tuberkulose die führende Todesursache unter den Infektionskrankheiten geblieben.

Die größte Gefahr für die Ansteckung mit Tuberkulose geht von hustenden Kranken mit offener Lungentuberkulose aus. Richtiges hygienisches Verhalten kann schon viel nützen.

Trotz eines unaufhörlichen Kampfes gegen Malaria gehört diese zu den Seuchen, die *nie wesentlich eingedämmt* waren (Abb. 2). Zu den Infektionskrankheiten, die in den letzten Jahren *neu aufgetreten* oder bekannt geworden sind, gehören der sogenannte Rinderwahnsinn (BSE), das Denguefieber und **Ebola** (Abb. 3). Denguefieber und Ebola lösen Fiebererkrankungen aus, die mit Blutungen einhergehen.

Noch vor wenigen Jahren glaubten Wissenschaftler, dass die Menschheit nach vielen Jahrzehnten des Kampfes gegen gefährliche Seuchen vor weiteren Pandemien geschützt ist. Die Verbreitung von Aids und die Entstehung neuer Erreger von Infektionskrankheiten zeigen, dass diese Hoffnung nicht Wirklichkeit wurde. Es besteht kein Grund, unvorsichtig zu sein.

Aids (engl.: **a**cquired **i**mmune**d**eficiency **s**yndrome) ist eine durch Ansteckung erworbene Abwehrschwäche des Immunsystems. Die Erreger von Aids sind HIV (engl.: human immunedeficiency virus). Bei der HIV-Infektion kommt es zum Befall der T-Helferzellen des Immunsystems, die verringert werden. Damit verringert sich auch die Abwehr gegen in den Körper eindringende Erreger.

Durch die Zerstörung der T-Helferzellen des Immunsystems können sich Infektionen ungehindert im Organismus ausbreiten. Der Mensch ist ihnen schutzlos ausgesetzt, er stirbt.

Zum Erscheinungsbild von Aids gehören Lymphknotenschwellungen, Gewichtsverlust, Fieber, bösartige Geschwülste und das Auftreten schwer verlaufender Infektionen. Infektionskrankheiten, die beim gesunden Menschen nur einen leichten Verlauf haben, wie Toxoplasmose oder Tuberkulose, führen durch den Immundefekt zu schweren, ja lebensbedrohlichen Ausbrüchen.

Die Krankheit breitet sich weiter schnell aus. Besonders betroffen sind Afrika südlich der Sahara und Süd-/Südostasien. Eine zur Heilung führende Behandlung gibt es trotz großer Anstrengung der Forscher in vielen Ländern der Erde bisher noch nicht. Ein Impfstoff ist nicht in Sicht. Deshalb ist der wirksamste Schutz vor einer HIV-Infektion richtiges persönliches Verhalten.

Die Übertragung des HIV-Virus erfolgt durch den Austausch von Körperflüssigkeiten. Die häufigsten Übertragungsmöglichkeiten sind Blutübertragungen, Verletzungen mit benutzten Injektionskanülen und Tätowiernadeln, ungeschützter Geschlechtsverkehr und intensives Küssen mit Schleimhautverletzungen. Aidskranke Mütter können während der Schwangerschaft und durch das Stillen ihre Kinder anstecken.

Bei einem infizierten Menschen spricht man davon, dass er „HIV-positiv" ist. Erst wenn es zu den genannten Krankheitssymptomen kommt, spricht man von Aids. Bisher konnte der Krankheitsverlauf lediglich verzögert werden.

Im Umgang mit Menschen, die „HIV-positiv" oder aidskrank sind, muss man bedenken, dass der normale Kontakt keinerlei Infektionsgefahr in sich birgt. Weder das Berühren, noch das Trinken aus ein und demselben Glas bringt eine Infektionsgefahr mit sich. Lediglich beim Geschlechtsverkehr muss man sich mit Kondomen schützen. Bei der Versorgung von blutenden Wunden sollte man vorsichtshalber Latexhandschuhe tragen.

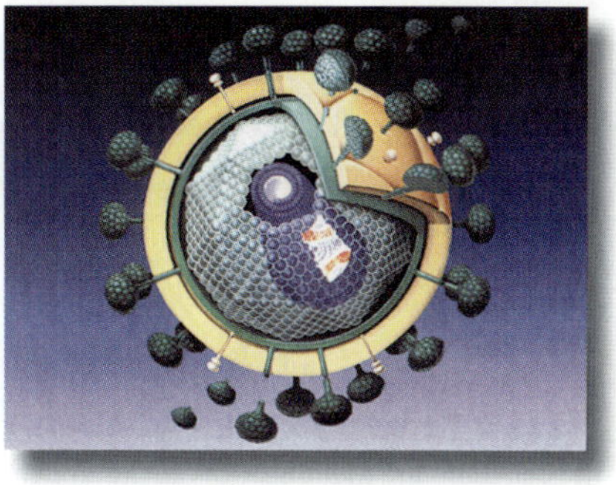

1 Das HI-Virus wurde erstmals 1984 von dem Franzosen LUC MONTAGNIER und dem Amerikaner ROBERT C. GALLO isoliert. Danach wurden weitere HI-Viren entdeckt. Die stecknadelförmigen Gebilde an der Außenhaut des Virus (Neuraminidasen) dienen ihm zum Anheften an die Wirtszellen im menschlichen Blut.

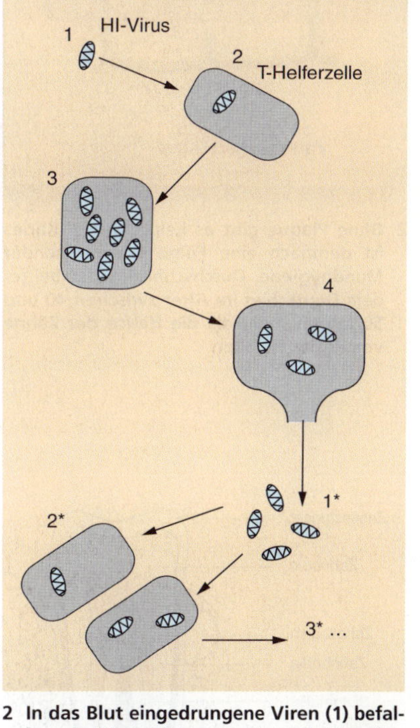

2 In das Blut eingedrungene Viren (1) befallen als Wirtszellen vor allem die T-Helferzellen des Immunsystems (2). In ihnen vermehren sie sich (3) und zerstören die T-Helferzellen (4), aus denen sie austreten (1*). Der Zyklus beginnt von neuem (2*, 3* usw.). Die T-Helferzellen werden immer weiter zerstört und sind immer weniger in der Lage, die Plasmazellen des Immunsystems zur Bildung von Abwehrstoffen anzuregen.

1 Von den im Mundbereich auftretenden, Karies auslösenden Bakterien existieren verschiedene Arten. Meist besitzen sie kugelförmige Gestalt.

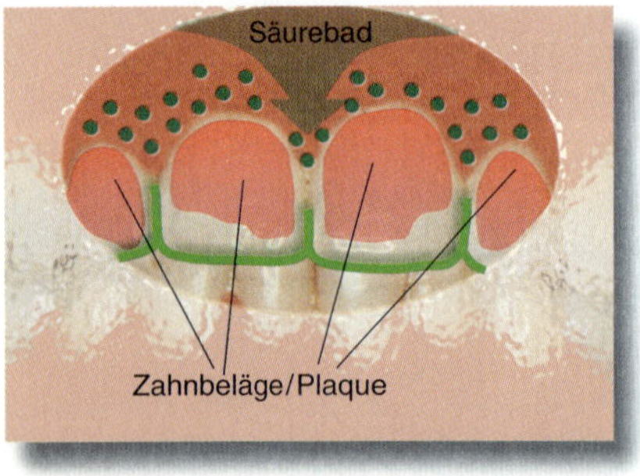

2 Ohne Plaque gibt es keine Karies. Karies ist demnach eine Folge unzureichender Mundhygiene. Durchschnittlich ist bei jedem Deutschen im Alter zwischen 40 und 50 Jahren mehr als die Hälfte der Zähne von Karies befallen.

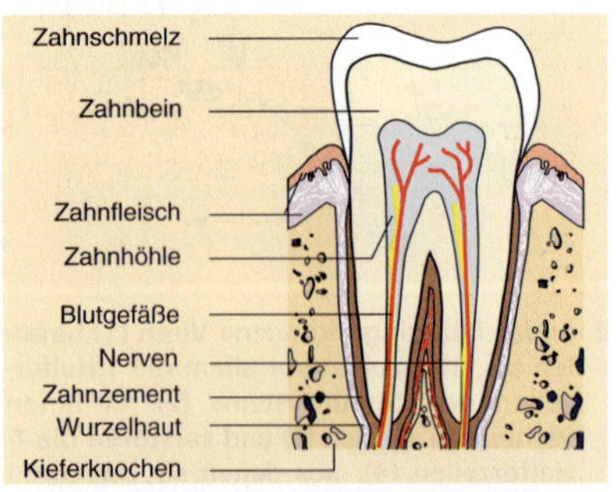

3 Zum Aufbau von Zahnschmelz und Zahnbein sind vor allem Calcium, Phosphor und Fluor notwendig. Vitamine, vor allem Vitamin C, sorgen für gesunde und fest sitzende Zähne.

2.2.6 Karies

Bakterien namens Streptococcus mutans sind „verantwortlich" für die weit verbreitete „Zahnfäule", die **Karies** (Abb. 1).

Die Mundhöhle wird mit Bakterien besiedelt. Schon auf den Milchzähnen bilden sichtbare Zahnbeläge die so genannte **Plaque.** In diesen Zahnbelägen siedeln sich die Karieserreger an und zwar besonders, wenn dieser Zahnbelag viel Zucker enthält. Die Bakterien verwerten den Zucker für ihren eigenen Stoffwechsel und bilden dann Säuren (z. B. Milchsäure). Diese Säure greift, wenn sie nicht nach der Nahrungsaufnahme entfernt wird, Zähne und das Zahnfleisch an. Je öfter der Nahrungsnachschub erfolgt, desto mehr Säure fällt an. In den Schlupfwinkeln zwischen den Zähnen, in den Vertiefungen der Kauflächen und am Zahnfleischrand entsteht ein wahres Säurebad (Abb. 2).

Unter diesen sauren Bedingungen des auf dem Zahn abgelagerten und auf ihm fest haftenden Belags wird erst der Zahnschmelz und später das Zahnbein (Dentin) entkalkt, d. h. das Mineral Calcium herausgelöst. Es entsteht ein weißer Fleck oder – auf den Backenzähnen – oft eine bräunliche Färbung. Wird durch Pflege der Zahnschmelz nicht wieder hergestellt, bricht die Oberfläche des Zahnes ein und es entstehen Löcher.

Zu Beginn dieser Erkrankung treten kleinere Löcher im Zahnschmelz (Abb. 3) auf, die der Zahnarzt ohne weiteres schmerzlos und dauerhaft verschließen kann. Das kranke Material wird durch Bohren entfernt und durch einen Ersatzstoff (Füllung) ausgetauscht. Versäumt man es, rechtzeitig zum Zahnarzt zu gehen, so werden auch das Zahnbein und die Zahnhöhle angegriffen. Der Zahn zerfällt nach und nach und muss schließlich entfernt werden.

Zur Vorbeugung gegen Karies sind eine zahnfreundliche Ernährung und gründliche Mundhygiene entscheidend.

Bei der **Ernährung** sollten zuckerhaltige Nahrungsmittel zugunsten von fester, kräftiger sowie vitamin- und mineralstoffhaltiger Nahrung eingeschränkt werden. Rohe Möhren, Äpfel und Vollkornbrot enthalten nicht nur Vitamine und Mineralstoffe, sondern ihr Kauen massiert auch das Zahnfleisch, lässt es besser durchbluten und verhindert Zahnfleischschwund.

Eine gründliche **Zahnreinigung** muss immer nach den Hauptmahlzeiten erfolgen, unbedingt vor dem Schlafengehen, da sich die Bakterien im Mund sonst nachts ungestört vermehren können.

2.2.7 Aufgaben

Krankheiten und Lebensweise

1. Ein funktionierender Blutkreislauf ist eine wichtige Voraussetzung für das Leben des Menschen.
Beschreibe die Funktionsweise des menschlichen Blutkreislaufs!
Benutze auch die Abb. 2 auf S. 111!

2. Arterien, Kapillaren und Venen sind Arten von Blutgefäßen.

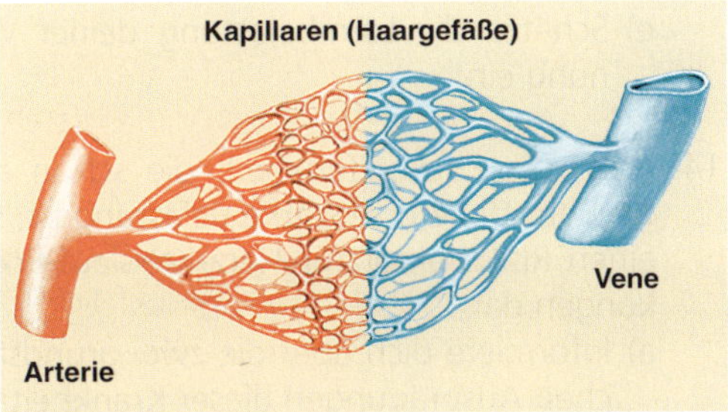

a) Welche unterschiedlichen Aufgaben im Blutkreislauf erfüllen die drei Arten von Blutgefäßen?
b) Wie ist ihr Bau an die Erfüllung dieser Aufgaben angepasst?

3. Blutkapillaren sind für zwei verschiedene Arten von Stoffaustausch im Körper zuständig: in der Lunge und mit Körperzellen.
a) Welche Stoffe werden in der Lunge ausgetauscht?
Wie geht dieser Prozess vor sich?
b) Beschreibe den Stoffaustausch zwischen Blutkapillaren und Körperzellen!
Nutze die folgende Abbildung!

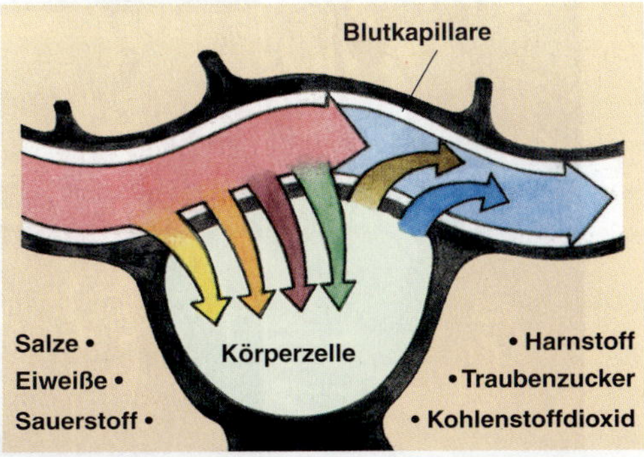

4. In den Blutgefäßen eines erwachsenen Menschen fließen etwa 6 Liter Blut. Dieses Blut wird durch die Tätigkeit des Herzens in einer Minute einmal durch den Körper gepumpt.
Berechne die Pumpleistung des Herzens für 1 Stunde und für 1 Tag!

5. Der lebenserhaltende Blutkreislauf kann nur erfolgen, wenn sich die Blutgefäße in erforderlichem Zustand befinden.
a) Erläutere diese Aussage!
b) Welcher Vorgang hat bei den auf S. 112 abgebildeten Blutgefäßen stattgefunden? Wozu kann er führen?
c) Beschreibe die Ursachen für die in der Abbildung dargestellten Veränderungen!

6. Stelle Zusammenhänge zwischen Arteriosklerose, Bluthochdruck, Herzinfarkt und Schlaganfall dar!

7. Um feststellen zu können, ob möglicherweise ein Bluthochdruck bei einem Menschen vorliegt, ist es erforderlich, erstens zu wissen, welche Blutdruckwerte als normal angesehen werden, und zweitens, den Blutdruck messen zu lassen oder bei Vorhandensein eines Blutdruckmessgerätes auch selbst zu messen.

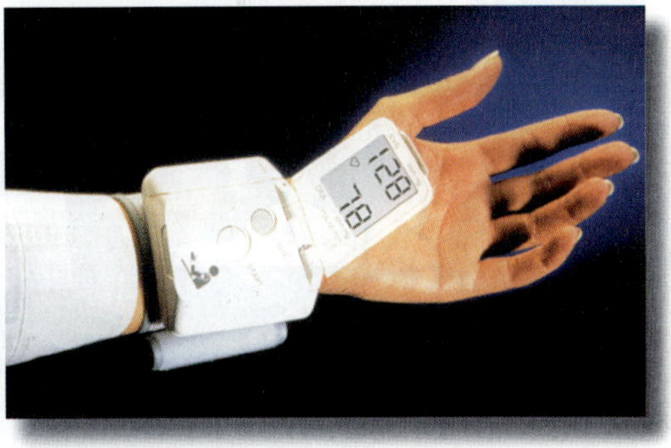

a) Erläutere, wie ein Blutdruckmessgerät funktioniert und was man beim Blutdruckmessen beachten muss, damit die Werte nicht verfälscht werden!
b) Erfrage in deiner Familie gemessene Blutdruckwerte und stelle sie in Beziehung zum Alter der einzelnen Familienmitglieder! Aus welchen Anlässen wurde der Blutdruck festgestellt?

c) Vergleiche die bei b) erfragten Werte mit den in der Tabelle auf S. 112 „vorgeschriebenen“!
d) Lass dir deinen Blutdruck auch ohne besonderen Anlass beim Arzt oder in der Apotheke messen!
e) Falls in der Familie ein Blutdruckmessgerät vorhanden ist oder du dir eines ausleihen kannst, miss eine Woche lang früh und abends zur gleichen Zeit deinen Blutdruck!
Schreibe die Werte auf, setze sie in eine grafische Darstellung um und beschreibe sie!

8. Herz-Kreislauf-Erkrankungen werden durch Risikofaktoren begünstigt.
Stelle solche Faktoren zusammen!
Wie sollte man sich folglich verhalten?

9. Kennst du jemanden, der einen Herzinfarkt oder Schlaganfall hatte?
Frage nach dem Erleben dieser Krankheiten durch die Betroffenen und erkundige dich nach ihrer Lebensweise vor dem Ausbruch der Erkrankung!

10. Welche Herzinfarkt-Anzeichen solltest du dir einprägen, damit du im Notfall schnell Hilfe anfordern kannst?

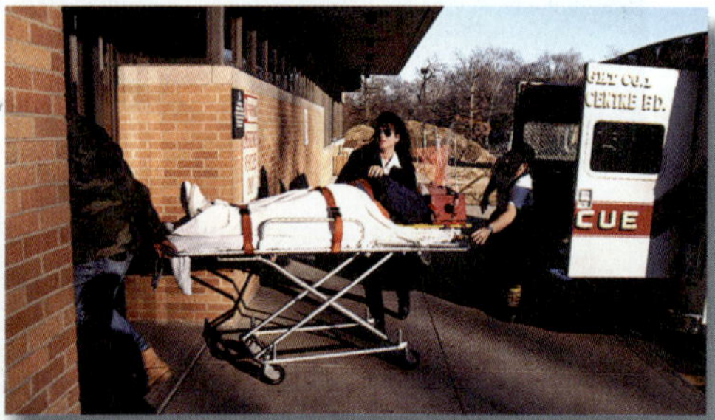

11. Nach einer neuen Theorie sollen Abwehrzellen des Körpers, sogenannte Makrophagen, am Herzinfarkt beteiligt sein.
Erkundige dich nach dieser Theorie in der Literatur oder im Internet!

12. Beschreibe Untersuchungsmethoden, mit denen die Gefahr einer Herz-Kreislauf-Erkrankung festgestellt werden kann!

13. Lärm ist gesundheitsschädliche Umweltbelastung.
a) Wie können Angehörige bestimmter Berufsgruppen vor Lärmschwerhörigkeit geschützt werden?
b) Teste dein Gehör und das deiner Freunde, indem ihr euch an die Ecken des Klassenzimmers stellt und prüft, wer das Flüstern des anderen noch versteht!
c) Teste auf ähnliche Weise das Gehör eures Diskjockeys!
d) Versuche anhand der Lärmskala (s. S. 96) die Lärmbelastung durch deine eigene Radiomusik abzuschätzen!
e) Schätze die Lärmbelastung deiner Wohnung ein!

14. Auch die Zuckerkrankheit, die schon allein für Betroffene eine starke Belastung ist, stellt einen Risikofaktor für Herz-Kreislauf-Erkrankungen dar.
a) Informiere dich über die zwei grundsätzlichen Ausprägungen dieser Krankheit!
b) Kennst du jemanden mit Diabetes mellitus?
c) Wenn du eine Party für deine Klassenkameraden gibst, welche Getränke und Lebensmittel könntest du für einen Mitschüler besorgen, der Diabetiker ist?
d) Stelle fest, wie viel Zucker sich in verschiedenen Getränken, z. B. in Cola, Limonade und Fruchtsaft, befindet!

Krankheiten und Stoffe/Strahlen

15. Heuschnupfen ist die Bezeichnung für eine verbreitete Allergieform.

a) Erkläre die Unzulänglichkeit der Bezeichnung „Heuschnupfen"! Wie ist sie offenbar entstanden?
b) Benenne die abgebildeten Pflanzen und erläutere Zusammenhänge zum „Heuschnupfen"!
c) Was sollten Pollenallergiker nach Möglichkeit beachten?

16. Was versteht man unter Allergie, was unter einem Allergen?
Wogegen kann man eine Allergie entwickeln?

17. Allergien können durch die verschiedensten Bestandteile von Gegenständen des täglichen Bedarfs ausgelöst werden.

a) Seht euch in eurem Bad um, wie viele Duschbäder, Cremes, Kosmetika, Duftstoffe genutzt werden!
Alle diese Dinge testen und belasten unsere Haut. Versucht auf den Verpackungen herauszufinden, welche Stoffe in ihnen enthalten sind!
b) Liste auf, wie viele Bestandteile nach den Verpackungen von Nahrungsmitteln in diesen enthalten sind!

18. Befrage Menschen in deiner Umgebung nach eventuellen Allergien!
Wie und wodurch treten diese auf?
Sind die Allergien von Jahreszeiten abhängig?
Wie schützen sich die Menschen davor?

19. „Teppich raus!", heißt mitunter die Devise.
Erläutere, welcher Zusammenhang mit Allergien besteht!

20. Zur großen Gruppe der Krebserkrankungen gehören Leukämie und Tumore.
Erläutere, was unter diesen beiden Krebsarten zu verstehen ist!

21. Die Abb. 1 auf S. 119 gibt eine Übersicht über die Krebshäufigkeit der verschiedenen Organe bei Männern und Frauen.
Vergleiche die Krebshäufigkeit bei Frauen und Männern auf der Abbildung!
Finde heraus, worin sich die Krebshäufigkeit unterscheidet?
Versuche die Ursachen dafür zu erklären!

22. Welche Faktoren können eine Krebserkrankung begünstigen?

23. Zu den Krebsarten, vor denen man sich aufgrund gesicherter Kenntnisse bereits von der Kindheit an schützen kann und muss, gehört der Hautkrebs.
a) Stelle dar, welche Handlungsweisen erforderlich sind, um sich in Mitteleuropa und an anderen Orten der Erde vor Hautkrebs zu schützen!
b) Erläutere, ob die Tatsache, dass Hautkrankheiten ebenfalls mit Strahlen behandelt werden, einen Widerspruch zur Notwendigkeit, sich vor Strahlung zu schützen, darstellt!

24. 1926 wurde in Hamburg das erste sogenannte Krebsregister der Welt eingerichtet. Nach langen Diskussionen über den Datenschutz hat sich der Gesetzgeber vor einiger Zeit entschlossen, ein solches Register flächendeckend für ganz Deutschland einzuführen.
Informiere dich über das Krebsregister, seine Geschichte und seinen Zweck!

25. Neben UV-Strahlung kann auch radioaktive Strahlung Krebs auslösen. Eine solche Strahlungsquelle stellt das Radon dar.
   a) Informiere dich über Radon, seine Herkunft und Wirkung!
   b) Werte das Diagramm aus!

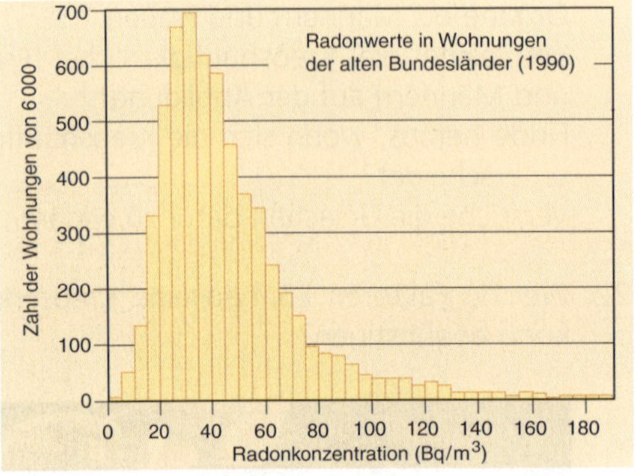

26. Viele Wissenschaftler und Ärzte meinen, es bestehe ein Zusammenhang zwischen Lungenkrebs und Rauchen. Was meinst du? Begründe deine Entscheidung!

27. An Krebs Erkrankten kann man heute schon wirksam helfen, vor allem wenn die Erkrankung rechtzeitig festgestellt wird. Die Krebskrankheit und auch ihre Behandlung verändert das Leben jedoch oftmals sehr nachhaltig. Das betrifft sowohl das Äußere als auch die Belastbarkeit der Kranken.
Unterbreite Vorschläge, wie sich Angehörige und Bekannte den Erkrankten gegenüber verhalten und was sie unterlassen sollten!

28. Männlichen Bewohnern von Andendörfern in Peru wurden Fotos von europäischen schlanken Frauen gezeigt mit der Bitte, sich dazu zu äußern. Übereinstimmend wurden die abgebildeten Frauen als „krank“ oder „kurz vor dem Tod“ eingeschätzt. Schön fanden sie keine.
   a) Überlege, was hinter dem Urteil der peruanischen Männer steht!
   b) Auch in Europa hat das Schönheitsideal in der Geschichte gewechselt. Stelle Belege dafür mittels der bildenden Kunst zusammen!
   c) Wie sieht deine Idealvorstellung von einer menschlichen Figur aus?

   d) Beurteilst du einen Menschen eher nach seinem äußeren Erscheinungsbild oder spielen Werte, wie Kameradschaft, Freundschaft, Treue, Mut, Ehrlichkeit, auch eine Rolle?

29. Magersucht und Bulimie sind Stoffwechselkrankheiten.
   a) Was ist unter Magersucht und Bulimie zu verstehen? Warum handelt es sich dabei um schwere, sogar lebensgefährliche Krankheiten?
   b) Kennst du jemanden, der an Magersucht oder Bulimie leidet?
   Versuche sein Leiden zu ergründen!

Krankheiten und Bakterien/Viren

30. Infektionskrankheiten bilden eine recht große Gruppe von Krankheiten, haben jedoch hinsichtlich ihrer Verbreitung eine Gemeinsamkeit.

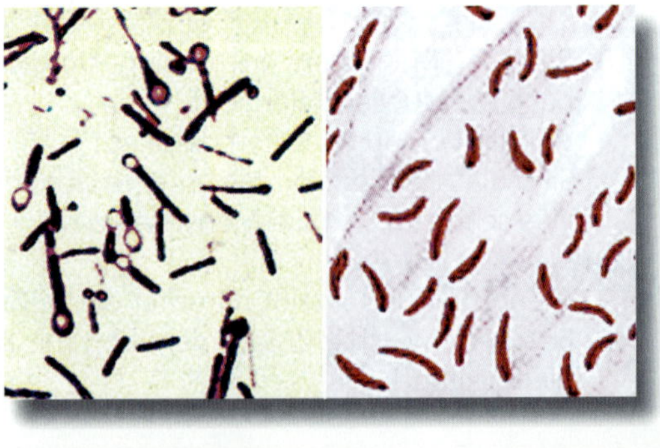

a) Worin besteht die Gemeinsamkeit der Infektionskrankheiten?
b) Welche Arten von Erregern für Infektionskrankheiten gibt es?
c) Auf welchem Wege können Infektionen übertragen werden?

31. Der menschliche Körper besitzt die Möglichkeit, sich gegen Infektionen zu schützen.
   a) Beschreibe, wie die Abwehr von Krankheitserregern funktioniert!
   b) Welche Möglichkeiten gibt es, die körpereigene Abwehr zu erhalten und sogar zu stärken? Beachte dabei Vorzüge und Grenzen dieser Möglichkeiten!
   c) Welche Wirkungen auf den Körper hat Aids im Unterschied zu anderen Infektionskrankheiten?
   d) Was musst du beachten, um dich nicht mit dem Erreger von Aids zu infizieren?

32. Innerhalb der Infektionskrankheiten nehmen Erkältungskrankheiten einen „vorderen Platz" ein. Aber gerade sie können durch das Verhalten der Menschen beeinflusst werden.
   a) Wieso erkranken so oft mehrere in einer Gruppe oder Klasse an Erkältungskrankheiten? Wodurch könnte man dies und das Auftreten solcher Erkrankungen überhaupt verhindern helfen?
   b) Wie verändert sich dein Verzehr von vitaminreichen Nahrungsmitteln in den Zeiten mit Erkältungsgefahr?
   c) Wie verhältst du dich, wenn im November die Tage feucht, kühl und ungemütlich werden, um einer Infektion vorzubeugen?

33. Bei Erkältungskrankheiten wird oft sehr schnell von „Grippe" gesprochen. Wann trifft dieser Begriff zu, wann nicht?

34. Lebensmittelvergiftungen können sofortige Wirkungen auf den Organismus haben, aber auch langfristige.
   a) Erkläre den angedeuteten Unterschied!
   b) Benutze dabei auch den Begriff „Speichergifte"!
   c) Wie muss man sich verhalten, um eine Salmonellenvergiftung zu vermeiden?
   d) Erläutere das Foto!
   Was kann mit diesem Test festgestellt werden?

35. Nenne Krankheiten, die durch Bakterien verursacht werden!
   Wie äußern sich diese Krankheiten?
   Was kann man dagegen tun?
   Fertige eine Übersicht an!

36. Nenne ansteckende Krankheiten, die in der Vergangenheit und teilweise noch heute besonders gefürchtet wurden!
   Versuche Literatur darüber zu finden, wie sich die Menschen diesen Krankheiten gegenüber verhielten!

37. Bei der Bekämpfung von Infektionskrankheiten, die durch Bakterien verursacht werden, spielt das Penicillin eine wichtige Rolle.
   Warum sollte man Penicillin nicht unkontrolliert anwenden?

38. Iss eine Möhre und stelle fest, welche Aufgaben die verschiedenen Zahnarten haben!

39. Je länger Zucker in der Mundhöhle verweilt, umso schneller kann Karies entstehen.
   Welche Schlussfolgerungen kannst du aus dieser Tatsache ziehen?

Heilen mit Pflanzen

Das attraktive Frühlingsadonisröschen lockt in jedem Frühjahr viele Besucher an. Doch es ist eine Pflanze, die bei Verzehr auch beim Menschen Vergiftungserscheinungen hervorruft. Dennoch werden daraus Herzmittel gewonnen. Auch andere Pflanzen können heilen. Blätter von Spitzwegerich, der an fast jedem Wegesrand steht, bringen Heilung für Wunden.

Welche Bedeutung haben Pflanzen für die Heilung von Krankheiten?
Warum können auch Giftpflanzen heilen?
Welche Heilpflanzen aus Garten, Feld und Wald kann man wofür verwenden?

Vorsicht mit Arzneimitteln!

Medikamente können helfen und heilen. Ihre Einnahme kann aber auch zu unerwünschten Nebenwirkungen, ja bei Missbrauch sogar zu Abhängigkeit und Sucht führen. Deshalb ist Vorsicht bei der Einnahme von Medikamenten geboten. Medikamente gehören ohne Aufsicht nicht in Kinderhände.

Worauf beruhen die Wirkungen von Medikamenten?
Was muss man bei der Einnahme von Medikamenten beachten?

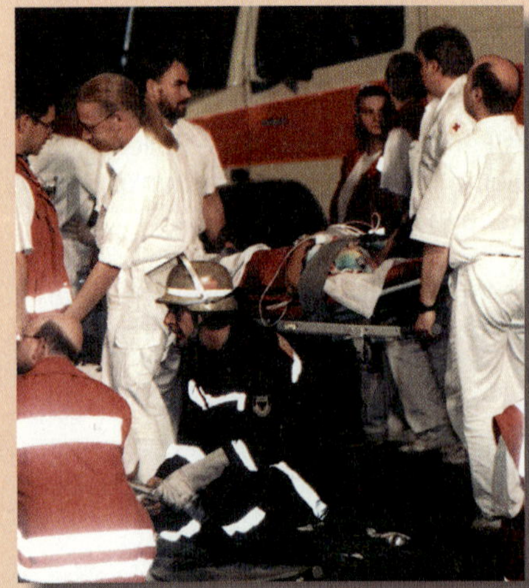

Erste Hilfe ist Pflicht!

Trotz aller Vorsicht kommt es immer wieder zu Unfällen und Vergiftungen. Dann ist – wie auch bei plötzlichen Erkrankungen – schnelle Hilfe erforderlich.
Jeder Mensch ist moralisch und nach dem Gesetz zur ersten Hilfe verpflichtet. Diese erste Hilfe kann lebensrettend sein. Sie muss jedoch richtig und zweckmäßig durchgeführt werden.

Wie verhält man sich bei solchen Notfällen anderer Menschen richtig?
Was gehört zur ersten Hilfe?

2.3.1 Aus der Geschichte der Medizin

Die Medizin ist in ihren allerersten Anfängen sicherlich so alt wie die Menschheit selbst. Heute ist nicht nur bekannt, dass die Menschen in der **Frühgeschichte** bereits unter Knochenkrankheiten zu leiden hatten. Es wurden schon in dieser Zeit zwischen 3 000 und 900 v. u. Z. Knochenbrüche geschient und Schädeloperationen durchgeführt. Es kann auch angenommen werden, dass den Menschen bereits damals die lindernde und heilende Wirkung bestimmter Pflanzen bekannt war.

Noch im **Altertum** – im alten Ägypten (Abb. 1), in Mesopotamien, im alten Indien – gab es die ersten Ärzte. Diese älteste Medizin stützte sich auf Erfahrungswerte, die aus den Beobachtungen Erkrankter und ihrer Behandlung resultierten. Es existieren aus dieser Zeit Keilschrift-Tontafeln über die Anfertigung von Salben, Säften u. a. Medikamenten aus verschiedensten Pflanzen, deren Anwendung für ganz bestimmte Krankheiten empfohlen wurde.

Doch die Ursachen und Zusammenhänge vieler Krankheiten konnten die Ärzte nicht verstehen. Dafür waren noch viel zu wenig Sachverhalte über den komplizierten menschlichen Organismus bekannt. So erklärten sie Götter, Totengeister und Dämonen für Krankheiten verantwortlich. Es wird verständlich, dass sie mit Beschwörungen, Geisteraustreibung und Opfergaben zu heilen versuchten. Noch im alten Griechenland war anfangs die Medizin eng mit dem Heilgott ASKLEPIUS verbunden (Abb. 2).

Da die Priester für die Verbindung mit den Göttern zuständig waren, befassten auch sie sich mit Krankheiten, allerdings nur mit inneren Erkrankungen. Die Chirurgie wurde dagegen als Handwerk betrachtet. Sie war vor allem im Zusammenhang mit kriegerischen Ereignissen von Bedeutung (Herausziehen von Pfeilen aus dem Körper Getroffener, Waschen von Wunden, Stillen von Blutungen).

Bei den alten Griechen erlebte die Medizin einen ersten Durchbruch zur Wissenschaft. Das hing eng mit den Bemühungen in den Naturwissenschaften zusammen, die Welt in ihren Zusammenhängen zu erkennen. Die griechischen Ärzte dieser Zeit waren zumeist auch Philosophen und machten sich daher um Ursachen und Zusammenhänge von Krankheiten viele Gedanken. Sie verstanden die Natur als eine über allem stehende Macht. Also war es für sie wichtig, dass der Mensch sich im Gleichgewicht mit der Natur befindet und dann auch alle Heilkraft aus der Natur empfangen könnte. Gesundheit wurde als Harmonie mit der Natur, Krankheit als Disharmonie mit ihr angesehen.

1 Der Skarabäus, ein Mistkäfer, war im alten Ägypten das Symbol für die Sonne, für die Fruchtbarkeit des Bodens und für die Heilkunst. Dieser Anhänger mit gleich drei Skarabäen stammt aus dem Grab des TUTANCHAMUN in Theben, der in der Zeit zwischen 1346 und 1337 v. u. Z. die 18. Dynastie Ägyptens regierte.

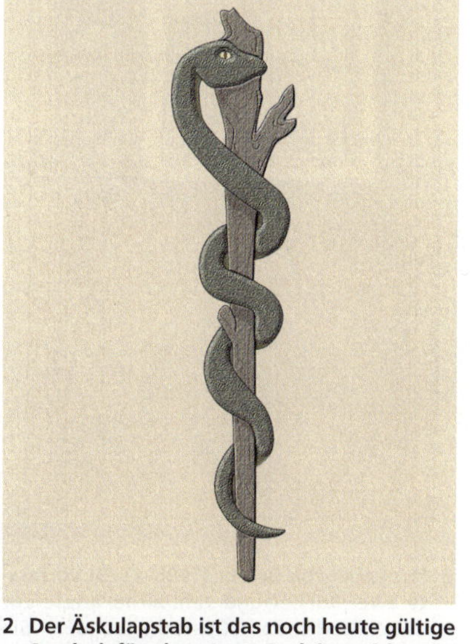

2 Der Äskulapstab ist das noch heute gültige Symbol für den Arzt. Es leitet sich vom griechischen Heilgott ASKLEPIUS ab.

1 Die Freske aus den Jahren 1231 bis 1255 (Krypta der Kuppelkirche von Anagui, Latium) zeigt HIPPOKRATES (rechts) und GALEN in einer erdachten Diskussion. HIPPOKRATES (460–380 v. u. Z.) steht als Arzt für die Medizin des alten Griechenlands. Bei HIPPOKRATES wurde der ganze Mensch und dessen natürliche Heilungskräfte behandelt, nicht nur die einzelne Krankheit. GALEN war der bedeutendste Arzt der Antike. Er führte verschiedene Zweige der Medizin zu einem System zusammen, das über Jahrhunderte die Heilkunde beherrschte.

Sie erkannten, dass es zur Vorbeugung und Heilung von Erkrankungen wichtig ist, dass Körper und seelisches Befinden, Arbeit und Entspannung, Essen und Bewegung im ausgewogenen Verhältnis stehen. Die freien Bürger Griechenlands konnten sich in „Gymnasien" durch Sport, Meditation und Diäten gesund erhalten. Auch die Pflanzenheilkunde, die hoch entwickelt war, und das Vorhandensein erster Krankenhäuser unterstreichen den hohen Stand der Medizin dieser Epoche.

Einer der größten Ärzte der Antike, HIPPOKRATES (Abb. 1), stellte die bis weit ins Mittelalter anerkannte „Säftelehre" auf, wonach unser Körper aus einem Gleichgewicht der vier Körpersäfte Schleim, Blut, gelbe Galle und schwarze Galle bestünde. Diese Lehre war der Ausdruck für die philosphische Auffassung von den Urelementen der Welt mit Feuer, Wasser, Luft und Erde sowie den Eigenschaften trocken, feucht, warm und kalt in der Medizin.

In Alexandria wurden durch Sezieren die ersten großen Entdeckungen vom Bau des menschlichen Körpers gemacht. Und GALEN (129–200 u. Z.), ein bedeutender Arzt in Rom (Abb. 1), fasste die Kenntnisse der medizinischen Wissenschaft seiner Zeit – u. a. zum Blutkreislauf – zusammen.

Die Medizin des frühen **Mittelalters** war demgegenüber einfach. Krankheit wurde als Strafe Gottes für eingegangene Schuld verstanden. Ebenso glaubte man an Wunderheilungen, mit denen für die frühen Christen auch mildtätige und mitmenschliche Hilfe zwischen den Menschen verbunden waren. Während es aufgrund des Verbotes von Leichenöffnungen durch Christentum und Islam kaum eine Weiterentwicklung von Kenntnissen über den menschlichen Körper gab, nahm jedoch die Krankenpflege einen deutlichen Aufschwung. Das ist Ausdruck vor allem der Verbindung von Nächstenliebe und christlichem Glauben. Zur Stärkung des erkrankten Körpers wurden Heilmittel angewandt, die von Kräuterfrauen gesammelt und den Kranken gegeben wurden.

Im späten Mittelalter entstanden in Klöstern ganze Kräutergärten (s. S. 146). Nonnen und Mönche verstanden sich darauf. Als eine der berühmtesten Lehren überdauerte die der Äbtissin HILDEGARD VON BINGEN, die ihre Erfahrungen in der Heilkunde aufschrieb, die Jahrhunderte (Abb. 2). Die Klöster waren in Europa auch erste Orte der Pflege von Kranken.

2 HILDEGARD VON BINGEN (1098–1179) verfasste zwei Bücher und zahlreiche Briefe zur mittelalterlichen Klosterheilkunde. Sie will einen Teil ihres Heilwissens durch Visionen erhalten haben.

Schulen der Medizin, so die von Salerno in Italien, entstanden erst im 11. Jh. Von dort verbreitete sich die Medizin über Oberitalien nach Frankreich, Deutschland, Holland und England. Auf diesen Schulen wurde zunächst nach den Schriften der alten Griechen und der arabischen Medizin gelehrt, die zwischen 800 und 1150 zu einem besonderen Höhepunkt kam. Den arabischen Ärzten verdanken wir nicht nur beste Krankheitsbeschreibungen, sondern z. B. auch den Zucker, mit dessen Hilfe Arzneimittel haltbar gemacht und gelagert werden konnten.

Zum Ausgang des Mittelalters kam es zur Gründung von Universitäten, so in Paris um 1200, in Padua 1222, in Prag 1348, in Heidelberg 1386 oder in Leipzig 1449. Die Medizin war eine der ersten Studienrichtungen. Nicht zuletzt die verheerenden Seuchenzüge dieser Zeit dürften diese Entwicklung vorangetrieben haben (Abb. 1). Die Chirurgie jedoch wurde noch viele Jahrhunderte zu den Handwerkerberufen gezählt und durch die Barbiere ausgeführt (s. S. 143).

In der **frühen Neuzeit** machte die Medizin weitere Fortschritte. Zu den bedeutendsten Ärzten gehörte in Deutschland PARACELSUS (1493–1541), der auch als Chemiker arbeitete. Seine Medizin basierte auf seiner neuen Chemie, die die Alchemie überwand. Er führte unter anderem Quecksilber, Blei, Arsen und Schwefel in die Medizin ein. PARACELSUS sah Leib, Seele und Geist des Menschen in engem Zusammenhang.

Der italienische Arzt ANDREAS VESAL (1514–1564) überwand das Verbot der Leichenöffnung und gilt als der Begründer der modernen Anatomie (Abb. 2). Durch solche Untersuchungen war 1628 dem englischen Arzt WILLIAM HARVEY (1578–1657) die Entdeckung des Blutkreislaufs möglich. Derartige Forschungen bildeten wichtige Schritte auf dem Wege zu einer Medizin, die sich naturwissenschaftlich orientierte. Die Ärzte und andere Wissenschaftler suchten nach neuen Erklärungen für die Entstehung von Krankheiten und die Funktionsweise des menschlichen Körpers.

Im **18. Jahrhundert** entstanden zunehmend Spitäler, Krankenheilanstalten. Ärzte wurden erstmals direkt am Krankenbett solcher Einrichtungen ausgebildet. Die Ursachen und Zusammenhänge von Krankheiten interessierten die Ärzte mehr und mehr und sie erkannten die Notwendigkeit der Verbesserung der Lebensumstände zur Vorbeugung vor Erkrankungen. Die medizinische Versorgung sowie die Verhütung und Bekämpfung von Seuchen zu organisieren wurde in zunehmendem Maße eine Aufgabe der Regierungen.

Entwickelte sich die moderne Medizin zunächst an einzelnen europäischen Universitäten (Padua, Leiden, Wien), so entstand im **19. Jahrhundert** die „Weltmedizin". Jetzt waren technische Entwicklungen soweit fortgeschritten, dass auch für die Medizin immer mehr Erkenntnismittel zur Verfügung

1 Durch mangelnde Hygiene – besonders in den engen mittelalterlichen Städten – konnten sich Seuchen ausbreiten. Die Menschen reagierten verständlicherweise mit Panik, flohen auf das Land oder gingen beschwörerisch als „Totentänzer" durch das Land.

2 ANDREAS VESAL betrieb ein gründliches Studium des menschlichen Körpers. Durch die Sektion von Leichen konnte er manche Irrtümer GALENS richtig stellen. Die Ergebnisse seiner Untersuchungen fasste er in sieben Büchern zum Bau des menschlichen Körpers zusammen.

1 Ignaz Semmelweis (1818–1865) wird als „Retter der Mütter" bezeichnet. Als Assistenzarzt in Wien entdeckte er die Ursache des Kindbettfiebers, an dem bis dahin viele Frauen nach der Geburt eines Kindes gestorben waren: Bakterien, die durch den Arzt bei der Geburtshilfe übertragen wurden.

2 Robert Koch (1843–1910), der vor allem in Berlin wirkte und forschte, machte mehrere Entdeckungen, die für die Bekämpfung von Infektionskrankheiten eine Voraussetzung waren: den Erreger des Milzbrandes (1872), den Erreger der Tuberkulose (1882) und den Erreger der Cholera (1884).

3 Wilhelm Conrad Röntgen (1845–1923) war zwar kein Mediziner, machte jedoch als Physiker eine für die Entwicklung der Erkennung innerer Krankheiten bedeutende Entdeckung, die nach ihm benannten Röntgenstrahlen (1895). 1901 erhielt Röntgen den Nobelpreis für Physik.

standen. Wurde zunächst das einfache Hörrohr eingeführt, folgten bald das Mikroskop oder Narkotika („Lachgas"), die durch die Chemie bereitgestellt werden konnten.

Mit der Entwicklung der Naturwissenschaften hatten nun auch die Ärzte Mittel und Methoden erhalten, den Menschen und seine Krankheiten genauer untersuchen zu können. Nunmehr hatte in der Medizin nur Gültigkeit, was auch durch naturwissenschaftliche Untersuchungen Bestätigung finden konnte. Zu den bedeutendsten Leistungen des 19. Jh. zählten die von Ignaz Semmelweis (Abb. 1), Robert Koch (Abb. 2) und Conrad Röntgen (Abb. 3).

Diese und viele andere Entdeckungen gaben den Ärzten den Glauben, dass mit immer mehr Forschung Krankheit beseitigt werden könnte. Zugleich wurde nun eine zunehmende Spezialisierung der Ärzte notwendig. An die Seite der Ärzte traten Krankenschwestern zur Pflege der Kranken.

Im **20. Jahrhundert** kann die Medizin weitere Fortschritte beim Erkennen und beim Bekämpfen von Krankheiten erringen. Zu den Pionierleistungen der Medizin, die Krankheiten heilen und Leben retten helfen, gehören neben v. a. m.
- die korrekte Aufzeichnung elektrischer Herzströme (EKG) 1902 durch den niederländischen Arzt Willem Einthoven (1860–1927),
- die Eröffnung der Möglichkeit von Herzoperationen 1903 durch den deutschen Arzt Ferdinand Sauerbruch (1875 bis 1951),
- die Aufzeichnung von Hirnströmen (EEG) 1924 durch den Jenaer Psychiater Hans Berger (1873–1941),
- die Entdeckung des Penicillins 1928 durch den britischen Bakteriologen Alexander Fleming (1881–1955).

Eine beschämende Entwicklung nahm die Medizin in der Zeit des Faschismus in Deutschland, als sie sich an den Verbrechen der Nazis beteiligte. Die Auffassung des faschistischen Systems von der deutschen „Überrasse" wurde auch von Ärzten mitgetragen. Gesetze wie das „Zum Schutz des deutschen Blutes und der deutschen Ehre" waren die Grundlage für die Vernichtung tausender Kinder und Kranker, die aufgrund von angeborenen oder psychischen Krankheiten als lebensunwert eingestuft wurden. Auch die massenhafte systematische Ermordung von Juden und KZ-Häftlingen bzw. der unmenschliche Missbrauch dieser Menschen für Versuchszwecke hatten ihre Grundlage in der Idee der „Ausmerzung lebensunwerten, artfremden Lebens".

Die Zeit nach dem Zweiten Weltkrieg ist durch eine Unmenge wissenschaftlicher Entdeckungen gekennzeichnet, die kaum noch übersehen werden können. Krankheiten können in ihren frühesten Stadien erkannt und durch eine Vielzahl neu entwickelter Medikamente bekämpft werden.

Die Erfolge der Medizin beim Früherkennen und beim Behandeln von Krankheiten werden durch die Häufung von Erkrankungen, die als Folge der veränderten Lebensgewohnheiten mit „verbesserter" Lebensqualität und unzureichendem Verständnis für die eigene Gesundheitsverantwortung auftreten, wieder beeinträchtigt.

Die Möglichkeiten der heutigen Medizin, Untersuchungen und Behandlungen auf höchstem wissenschaftlich-technischem Niveau durchzuführen, führten zu einem drastischen Anstieg der Kosten für das Gesundheitswesen. In Deutschland werden ca. 10 % des gesamten Bruttoinlandsprodukts für das Gesundheitswesen ausgegeben. Die Zahl der Arztbesuche hat von 1988 bis 1995 um 25 % zugenommen. Die Zahl der niedergelassenen Ärzte erhöhte sich in den alten Bundesländern in dieser Zeit um 40 %. Die ambulante Versorgung wird von mehr als 117 000 Allgemein- und Fachärzten sowie 57 000 Zahnärzten gesichert. Damit ist das Gesundheitswesen auch ein bedeutender wirtschaftlicher Faktor und Markt (Abb. 1).

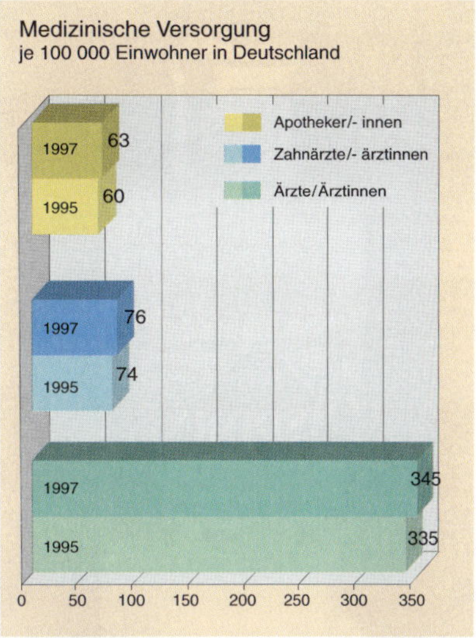

1 In Deutschland waren 1997 mehr Ärzte/Ärztinnen, Zahnärzte/Zahnärztinnen und Apotheker/Apothekerinnen – bezogen auf 100 000 Einwohner – tätig als 1995. 1994 hatte in Deutschland durchschnittlich ein Arzt 305 Einwohner zu betreuen; in Großbritannien waren es 623, in der Türkei 976, in Indien 2 182 oder in Kenia 7 156.

2.3.2 Von Heilmethoden und Heilmitteln

In der Medizin kann man grob zwischen der Schulmedizin und der Naturheilkunde unterscheiden.

Unter **Schulmedizin** versteht man die naturwissenschaftliche Medizin, wie sie sich seit dem 18. Jh. entwickelt hat und die heute an den Universitäten gelehrt wird. Sie ermöglicht es, viele Krankheiten erfolgreich zu behandeln.

Die **Naturheilkunde** versucht auf der Grundlage von Erfahrungen und bei Nutzung natürlicher Stoffe den Organismus sanft zu heilen. Methoden der Naturheilkunde, die von Ärzten und Heilpraktikern angewandt werden, sind unter anderem Ableitungsverfahren wie der Aderlass und das Ansetzen von Blutegeln (s. S. 145).

Die Grenzen zwischen Schulmedizin und Naturheilkunde sind fließend: Auch Richtungen der Naturheilkunde verabreichen Mittel, die – wie bei PARACELSUS – die Chemie des menschlichen Körpers beeinflussen sollen (s. S. 139). Und eine große Anzahl von physikalisch wirkenden **Heilmethoden,** die auch ohne Arzneimittel eingesetzt werden, gehört ebenfalls zum Arsenal der Medizin. Dazu zählen Badekuren, Krankengymnastik (Abb. 2), Massagen oder Klima- und Elektrobehandlungen.

2 Bewegungsübungen unterstützen die Erhaltung und die Wiederherstellung der Funktionen des Organismus, z. B. Durchblutung, Stoffwechsel oder Fortbewegung.

1 **Eines der ersten synthetisch hergestellten Medikamente war Aspirin, ein Schmerz-, Fieber- und Rheumamittel, welches zuvor aus Weidenrindenextrakt gewonnen wurde und noch heute unentbehrlich ist.**

Eine wichtige Säule der modernen Medizin ist die Behandlung von kranken Menschen durch **Arzneimittel.** Eine nahezu unübersehbare Anzahl von Arzneimitteln wurde entwickelt und erprobt, die zum Vorbeugen und zum Lindern bzw. Heilen von Erkrankungen und Wunden eingesetzt werden können.

Mit der Entwicklung der Medizin war es möglich, die oft komplizierten Zusammenhänge der Ursachen und des Verlaufs von Krankheiten auf kleinster Ebene zu erklären. Die zelluläre Ebene erklärt den Krankheitszusammenhang bis hin zum kleinsten biologischen Grundbaustein, der Zelle. Die molekulare Ebene stellt die stofflichen Zusammenhänge dar.

Damit waren aber auch die Voraussetzungen gegeben, **Medikamente** zu entwickeln, die auf dieser zellulären und molekularen Ebene wirken. Zur Entwicklung von Medikamenten wurden auch zunehmend Pflanzen, von denen eine Heilwirkung bekannt war, nach ihren Heilstoffen analysiert, um diese Stoffe in der pharmazeutischen Industrie nachbauen zu können (Abb. 1).

Medikamente sind Stoffe, die in den Krankheitsprozess heilend eingreifen sollen.

Die heilende Wirkung kommt zustande durch Beeinflussung des krankheitsbedingten Stoffwechsels, durch Zufuhr fehlender Substanzen, durch Abtötung von Krankheitserregern oder die Unterstützung der körpereigenen Heilungskräfte.

Arzneimittel gibt es gegen ganz spezielle Krankheiten oder Beschwerden. Sie wirken jedoch auf den ganzen Organismus. Damit können Medikamente auch unerwünschte Nebenwirkungen hervorrufen. Deshalb sollte man sich vor der Einnahme von Medikamenten vom Arzt oder Apotheker (Abb. 2) über die Risiken und Nebenwirkungen informieren lassen.

2 **Seit dem 19. Jahrhundert erfolgte der Übergang zu industriell hergestellten Fertigarzneimitteln. Davor fertigten die Apotheker alle Arzneimittel selbst an.**

Eine wichtige Gruppe von modernen Arzneimitteln sind die **Antibiotika** (Einzahl: Antibiotikum). Im und nach dem Zweiten Weltkrieg waren sie die Sensation der Medizin. Gerade im Krieg mit seinen vielen eitrigen Wundinfektionen und bakteriellen Durchfallerkrankungen wie Typhus, Ruhr und Cholera wurde die Bedeutung der Bakterien als Infektionserreger offenbar. Seitdem setzten sich Antibiotika weltweit erfolgreich durch. Ihre Wirkung besteht darin, dass sie auf den Stoffwechsel krankheitserregender Bakterien einwirken und damit deren Wachstum hemmen oder sie abtöten.

Diese Mittel müssen genau nach ärztlicher Anordnung verwendet werden, weil ihre Einnahme zur Unempfindlichkeit (Resistenz) der Krankheitserreger führen kann.

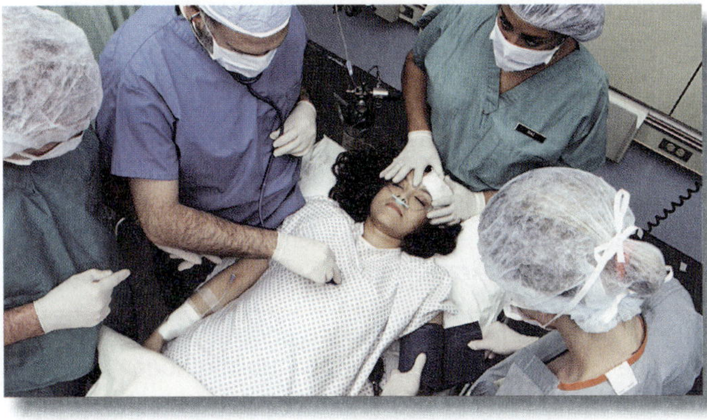

1 Eine erfolgreiche Operation ist nur durch die abgestimmte Zusammenarbeit aller Beteiligten möglich, zu denen neben Chirurgen und Operationsschwestern auch Röntgenärzte und Narkoseärzte gehören.

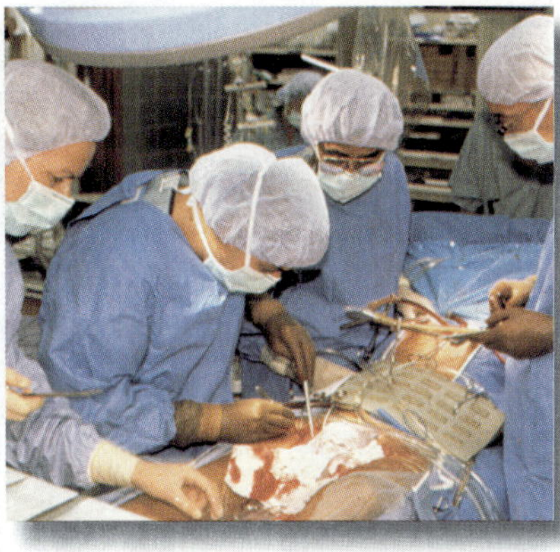

2 Durch eine Bypassoperation wird die unterbrochene Ver- und Entsorgung des Herzens wieder ermöglicht.

Wo Medikamente nicht helfen können, kann es vielleicht die **Chirurgie.** Mit chirurgischen Methoden ist man heute in der Lage, eine Vielzahl von Krankheiten zu heilen (Abb. 1).

Mit chirurgischen Methoden werden erkrankte Organe oder Krankheitsherde entfernt (z. B. bei der Gallenblasen-Operation), wird für erkrankte Organe Entlastung geschaffen (z. B. Bypasschirurgie am Herzen, Abb. 2) oder werden zerstörte Körperteile regelrecht repariert (z. B. Nagelung eines gebrochenen Beines).

Mit der Entwicklung der Medizin haben sich für die verschiedensten Spezialrichtungen chirurgische Fächer gebildet. Heute wird z. B. in der Augenheilkunde, Hals-, Nasen- und Ohrenmedizin, in der Frauenheilkunde operiert. Selbst für Kinder, Nerven, Herz u. v. a. Bereiche gibt es Spezialchirurgen (Abb. 3).

3 Früher „konnten" die Barbiere alles operieren. Heute ist dies nicht einmal einem Chirurgen möglich.

Manchmal sind es nicht nur fehlende Stoffe, die durch Medikamente zugeführt werden können, oder ein gebrochenes Bein, das durch Operation repariert werden kann. Krank machen können auch fehlende Zuwendung oder mangelndes Verständnis in der Kindheit, Überforderung in Schule und Arbeit, Einsamkeit, Missbrauch von Alkohol u. v. a. m. Dies führt zu psychischen (seelischen) Erkrankungen. Das sind Erkrankungen, die unser Gehirn, unser Denken, unsere Wahrnehmung und unser Empfinden betreffen. In solchen Fällen sind Medikamente oft nicht ausreichend (Abb. 4). Mit Hilfe von verständnisvollen Ärzten und Heilpraktikern, die erkennen, wodurch die Störung ausgelöst wurde, muss der Erkrankte erlernen, neu mit seinem Leben zurechtzukommen.

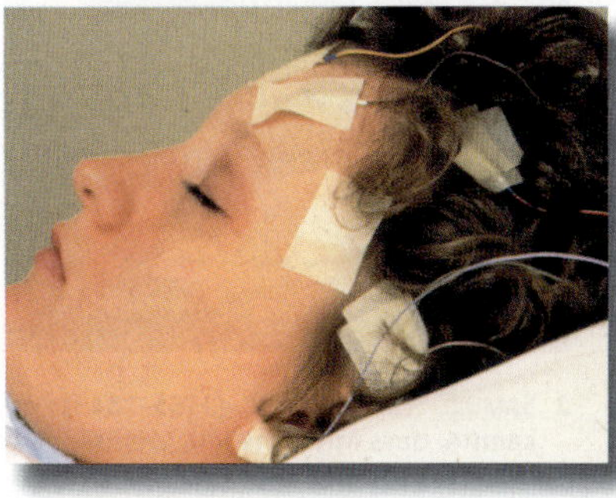

4 Seit 1924 ist es möglich, Hirnströme mit einem Elektroencephalogramm (EEG) abzuleiten und aufzuzeichnen.

Das Gleichgewicht für die Seele zu finden ist die Aufgabe der **Psychiatrie.** Sie ist die Lehre von der Entstehung, Erkennung und Behandlung psychischer Erkrankungen.

1 Zur alternativen Medizin gehören u. a. die Homöopathie, die Pflanzenheilkunde, die traditionelle chinesische Medizin und die Bädertherapie.

Zur Linderung von Beschwerden und zur Heilung von Erkrankungen werden auch Methoden angewendet, deren Wirkung man aus genauen Beobachtungen kennt. Sie wurden gepflegt und werden weiterentwickelt. Oft wurden Erfahrungen Heilkundiger einbezogen. In Deutschland werden die Methoden vor allem vom gesetzlich anerkannten Berufsstand des **Heilpraktikers** genutzt. Die einzelnen Heilpraktiker haben sich meist auf bestimmte Verfahren der Naturheilkunde (Abb. 1) spezialisiert. Auch **Ärzte** wenden solche Verfahren an.

Die auf genauen Beobachtungen und zum großen Teil auf uralten Erfahrungen beruhenden Heilmethoden werden unter der Naturheilkunde zusammengefasst und auch als **alternative Medizin** bezeichnet.

Mit der **Orientierung auf die Natur** nutzt die alternative Medizin jahrtausendealte Erfahrungen. Einreibungen, Umschläge, Bäder, Pflanzen und aus Pflanzen hergestellte Extrakte stellen seit jeher wichtige Behandlungsformen dar. Schon HIPPOKRATES stellte fest: „Die Natur ist der Arzt für die Krankheit." Die Menschen hatten z. B. beobachtet, dass Halsschmerzen sich lindern ließen, wenn man einen feuchtwarmen Umschlag machte. Erkältung und Fieber lassen sich durch Thymian und Lindenblütentee mildern und heilen.

Die Homöopathie

Die Homöopathie ist eine Heilmethode, die auf dem Ähnlichkeitsprinzip beruht. Der Name setzt sich aus den griechischen Wörtern „homoios", was ähnlich bedeutet (Abb. 3), und „pathos", was leiden bedeutet, zusammen. Der Entdecker und Begründer der Homöopathie war der Arzt, Apotheker und Chemiker SAMUEL HAHNEMANN (Abb. 2).

2 SAMUEL HAHNEMANN (1755–1843) erkannte, dass Mittel heilen, weil sie eine dem Krankheitsbild ähnliche Arzneikrankheit erzeugen. Dadurch wird die ursprüngliche Krankheit vernichtet.

3 Ein homöopathisches Krankheitsbild zeigt u. a. ein Völlegefühl in allen Körperteilen, als ob „übergroße Blutmengen angestaut seien". Die Früchte der Roßkastanie (Aesculus hippocastanum L.) führen nach ihrer Einnahme zu ähnlichen Wirkungen (Arzneimittelbild). Daher setzt man sie gegen Krampfadern und venöse Stauungen ein.

HAHNEMANN entdeckte 1790 durch einen Selbstversuch mit der Chinarinde, aus der man Chinin gewinnt, dass man bei Einnahme kleinster Mengen der Chinarinde Symptome entwickelt, die den Symptomen der Malaria ähnlich sind. Aus der Einnahme und Prüfung von vielen Arzneistoffen entwickelte HAHNEMANN die für jede Arznei typischen Arzneimittelbilder. Er folgerte daraus, dass diejenige Arznei in der Lage ist, einen kranken Menschen zu heilen, deren Arzneimittelbild dem Krankheitsbild des kranken Menschen ähnlich ist.
Die Aufgabe des homöopathischen Arztes oder Heilpraktikers besteht nun darin, für jeden Patienten das individuell passende Mittel zu finden (Abb. 1). Die richtig gewählte homöopathische Arznei kann die „Lebenskraft" als ordnende und heilende Kraft im Organismus anregen, zu einer Heilung zu kommen. Insofern ist die Homöopathie eine Reiztherapie, die die Selbstheilungskräfte von Körper und Geist aktiviert.

1 Neben der Tropfenform sind homöopathische Mittel auch in Form von Tabletten, Globuli (Zuckerkügelchen), Pulver und Cremes erhältlich.

Erfahrungen mit Pflanzen und Tieren nutzten nicht nur die Mediziner früher Jahrhunderte, sondern auch das Volk. Leider sind viele dieser Erfahrungen der „alten Kräuterfrauen" heute fast verloren gegangen. Dabei ist die Wirksamkeit vieler Pflanzen und Tiere immer noch nutzbar, obwohl es nirgendwo auf der Erde mehr unbeeinflusste Natur gibt. Viele Ärzte besinnen sich darauf zurück (Abb. 4).

In der **Pflanzenheilkunde** (Phytotherapie) werden Krankheiten mit Hilfe von Pflanzen und Pflanzenteilen behandelt. Von Heilpflanzen können sehr verschiedene Teile genutzt werden. So kann man unter Blättern, Blüten, Früchten, Rinde, Samen, Wurzeln und Zwiebeln unterscheiden. Die Pflanzen und ihre Bestandteile können äußerlich angewendet werden, und zwar für Bäder, Umschläge und Salben. Innerlich können die Pflanzen wirken, wenn sie als Tee, Abkochung, Tinktur oder Sirup zubereitet werden.

2 Präparate vom Weißdorn werden zur Stärkung des Herzens empfohlen. Sie verbessern die Sauerstoffversorgung und senken Bluthochdruck.

4 Der medizinische Blutegel (Hirudo medicinalis) kann 10–20 cm lang werden und lebt in stehenden Gewässern. In der Medizin kann der Blutegel verwendet werden, um Blutstauungen abzusaugen. Sein Speichel enthält Stoffe, die die Blutgerinnung hemmen.

3 Huflattich ist ein auf feuchten Lehmböden verbreiteter Korbblütler. Die Verwendung der Blüten zu Hustentee und -saft gehört zum „Großmütterwissen".

1 In der Gegenwart werden vielerorts alte Kloster-Kräutergärten wiederbelebt und Besuchern zugänglich gemacht, wie hier in Himmelpfort. Heilpflanzen werden aber auch in der „unberührten" Natur gesammelt, so in den Thüringer Gebirgen. Dabei muss jedoch unbedingt der Naturschutz beachtet werden.

Heilpflanzen können u. a. verwendet werden als oberflächenaktive Arzneien (z. B. Eichenrinde), als Wurmmittel (z. B. Farne), gegen hohen Blutdruck (z. B. Weißdorn, Abb. 2, S. 145), gegen Husten (z. B. Huflattich, Abb. 3, S. 145), gegen Verstopfung (z. B. Rhabarber, Abb. 1, S. 144) oder als Mittel gegen Blähungen (z. B. Fenchel).

Doch auch bei der Verwendung von Heilpflanzen (Abb. 1) braucht man genaue Kenntnisse über diese Pflanzen und über die Verwendung ihrer Teile für welchen Zweck. Es wäre verhängnisvoll anzunehmen, dass alles, was in der Natur wächst, auch unschädlich ist. Selbst bei der für uns so wichtigen Speisepflanze, der Kartoffel, kann eine Verwechslung ihrer Knollen mit den Früchten zu tödlichen Vergiftungen führen. Auch Heilpflanzen können in bestimmten Teilen, bei bestimmten Verwendungen und bei bestimmter Konzentration giftig sein! Immerhin haben Vergiftungen, die durch Pflanzen verursacht werden, einen Anteil von 5–10 % an allen auftretenden Vergiftungen.

Auch die **Pharmaindustrie** interessiert sich für die Pflanzen der Regenwälder und der Ozeane – und für das Wissen der Medizinmänner und Schamanen der noch erhaltenen Naturvölker über ihre Nutzung als Heilmittel. Dabei geht es um Kenntnisse darüber, welches Teil welcher Pflanze wann geerntet und wie zubereitet werden muss, um eine gewünschte Wirkung zu erzielen. Die wirksamen Substanzen sollen durch wissenschaftliche Methoden isoliert werden, um sie dann synthetisch nachbauen zu können.

2 Grundlage der traditionellen chinesischen Medizin ist die Auffassung, dass alle Dinge auf der Welt – also auch der Mensch – aus den untrennbar verbundenen Gegensätzen Yin und Yang bestehen. Nur ein Gleichgewicht von Yin und Yang, das durch den Fluss von Qi, der Energie oder Lebenskraft, entsteht, bedeutet Gesundheit.

Die traditionelle chinesische Medizin

Die seit etwa 4 000 Jahren bestehende traditionelle chinesische Medizin beruht auf einer genauen Beobachtung von Körper und Seele des Menschen und seiner Beziehung zur Natur (Abb. 2 und 3). Sie hat eine harmonische Heilweise entwickelt, die heute auch bei uns angewendet wird.

Die traditionelle chinesische Medizin sieht in der Krankheit eine Störung des Energieflusses im Menschen (Abb. 2, S. 147). Deshalb führt der Weg zu einer Gesundung über die Beseitigung dieser Störung. Zur Herstellung eines harmonischen Energieflusses werden daher **Akupunktur** (Abb. 1, S. 147),

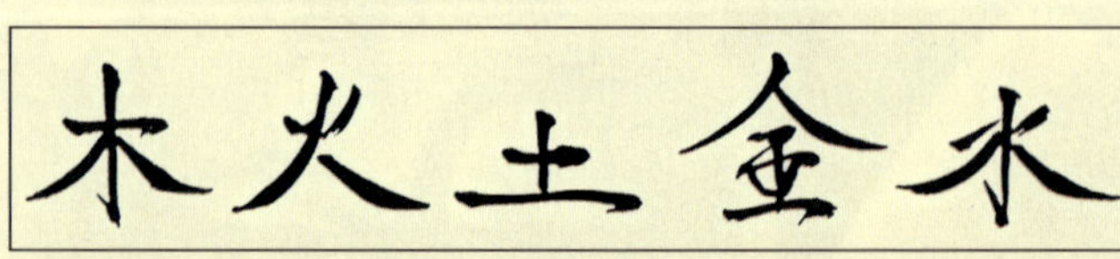

3 Die Lehre von den fünf Elementen ordnet Holz, Feuer, Erde, Metall und Wasser 12 Organen des Menschen zu. So dem Feuer Dünndarm und Herz oder dem Wasser Nieren und Blase. Die Organe sind noch mal in aktive Yang- und passive Yin-Organe unterteilt.

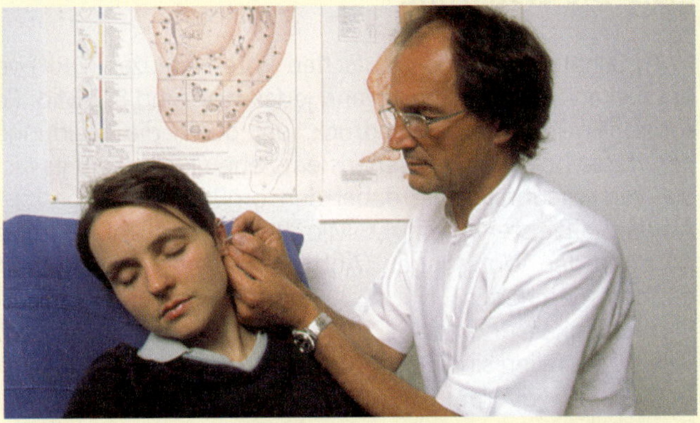

1 Bei der Methode der Akupunktur wird die Störung des Energieflusses zwischen Yang und Yin durch Setzen von Nadeln behoben. Der Mensch gelangt wieder in sein Gleichgewicht, die Beschwerden verschwinden.

Bewegungsübungen (Tai Chi Chuan), Heilmassage (Akupressur), Kräuter und Diäten verwendet. Eine spezielle Form der Akupunktur stellt die Moxibustion dar. Dabei werden an Akupunkturnadeln kleine Zylinder aus getrocknetem Beifußkraut abgebrannt. Die entstehende Wärme wird über die Nadeln in den Körper geleitet.

An der Wirksamkeit der Akupunktur besteht kein Zweifel, jedoch steht eine endgültige Erklärung dafür noch aus. Viele Mediziner treten für eine „integrierte Medizin“ ein, in der traditionelle mit modernen Heilmethoden verbunden werden.

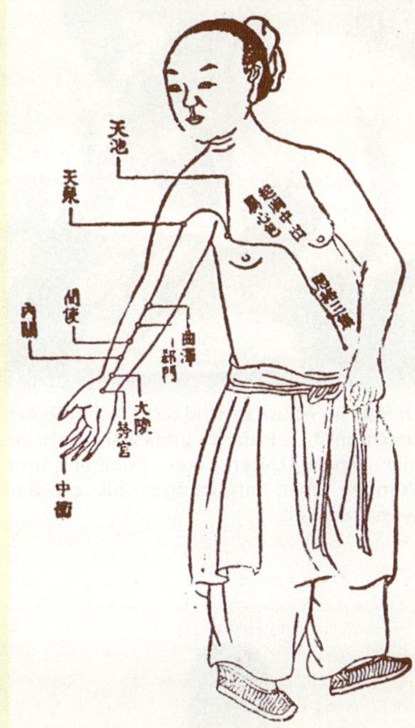

2 Den 12 Organen sind 12 Meridiane zugeordnet, in denen Qi von den Yang-Organen zu den Yin-Organen zirkuliert. Ist der Energiefluss gestört, hat der Mensch Beschwerden.

Eine der Naturheilmethoden ist die **Bädertherapie.** Ihre moderne Form geht auf SEBASTIAN KNEIPP (Abb. 3) zurück Er erkannte, dass Temperaturreize (bei Fußbädern oder kalten Duschen) günstig auf den menschlichen Organismus wirken (Abb. 4). Durch Zusätze von Salzen, Pflanzen und ätherischen Ölen kann die Wirkung von Bädern erhöht werden.

3 SEBASTIAN KNEIPP (1821–1897) ist als Wasserdoktor in die Geschichte der Heilkunst eingegangen. Eine Reihe von KNEIPP-Kurorten entstanden.

4 KNEIPP, Pfarrer aus Wörishofen, entdeckte am eigenen Körper die Heilkraft von Wasseranwendungen. Nach ihm sind die kneippschen Güsse benannt. Durch den Temperaturreiz wird die Durchblutung verbessert, das Kreislaufsystem trainiert und die Abwehrkräfte werden mobilisiert.

2.3.3 Die erste Hilfe

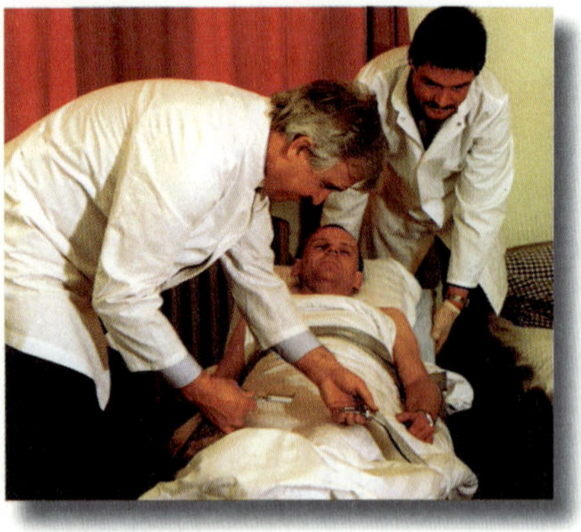

1 **Unfälle im Haushalt sind nicht auf eine Art beschränkt, sondern umfassen nahezu alle Möglichkeiten von Brüchen und Wunden über Vergiftungen bis zur Bewusstlosigkeit.**

Nach Schätzungen des Deutschen Roten Kreuzes (DRK) verunglücken allein in Deutschland jedes Jahr rund 8,7 Mio. Personen. Entgegen dem Eindruck, der durch die Meldungen der Presse oder des Fernsehens entstehen kann, sind es nicht die Verkehrsunfälle, die dabei den größten Anteil besitzen. An der Spitze stehen mit 4,6 Mio. Betroffenen Unfälle, die zu Hause in den Wohnungen (Abb. 1) und bei Freizeibeschäftigungen geschehen. Mit 2,3 Mio. folgen Unfälle in der Berufstätigkeit und mit 1,3 Mio. Unfälle in der Schule. Von Verkehrsunfällen sind 520 000 Menschen betroffen.

Da man leider nicht davon ausgehen kann, dass Unfälle vollständig vermieden werden können, bleibt zur Eingrenzung von Unfallfolgen nur, den Betroffenen schnell zu helfen. Oftmals ist diese sofortige Hilfe, zu der jeder menschlich und nach dem Gesetz verpflichtet ist, auch lebensrettend.

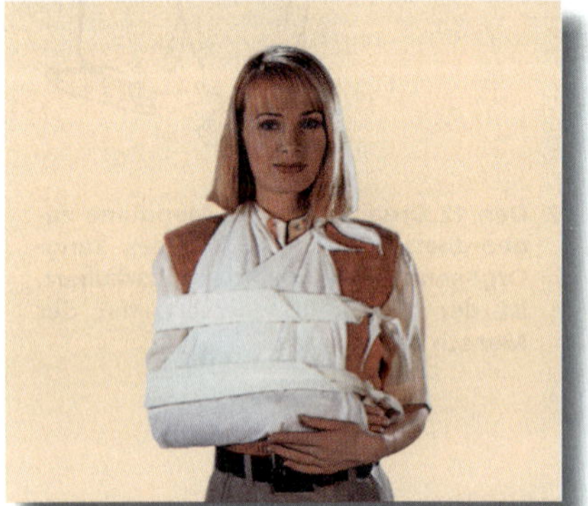

2 **Wie bei allen Brüchen und Muskelverletzungen muss auch bei einem Oberarmbruch eine Ruhigstellung durch Schienen und Stützverbände erfolgen.**

In lebensbedrohliche Situationen gelangen Menschen jedoch keinesfalls nur durch die Einwirkung von äußerer Gewalt wie bei Unglücksfällen. Das kann auch z. B. durch Vergiftungen oder durch einen Herzinfarkt (s. Abschnitt 2.2.1) geschehen. Auch hier tut schnelle Hilfe Not!

> Alle Not-Maßnahmen bei Unfällen oder plötzlichen Erkrankungen, die weitere Schäden und Gefahren für das Leben abwenden, bis der Arzt die Versorgung übernimmt, werden mit „erste Hilfe" bezeichnet.

Erste-Hilfe-Maßnahmen sind u. a. erforderlich bei Atem- und Kreislaufstillstand, bei bedrohlichen Blutungen, bei in Wunden oder in die Augen eingedrungenen Fremdkörpern, bei Elektrounfällen, Unterkühlungen, Erstickungsanfällen, Ertrinken, Hitzschlag, Knochenbrüchen (s. Übersicht) und Verrenkungen, Schlangenbiss, Verbrennungen und Verbrühungen, Verstauchungen oder Vergiftungen. Bei Katastrophen, wie Eisenbahnunfällen, Erdbeben, Hochwassereinwirkungen, Gasexplosionen oder Flugzeugabstürzen, sind mehrere der genannten Maßnahmen zugleich erforderlich.

Nicht selten sind **Verletzungen an Knochen, Gelenken und Muskeln.** Sie passieren in der Schule, zu Hause, bei Sport und Spiel und im Straßenverkehr. Häufige Verletzungen der Knochen und Muskeln sind Knochenbrüche (Abb. 2), Verstauchungen und Verrenkungen sowie Muskelrisse und -zerrungen.

Knochenbrüche werden durch stärkere Überlastungen oder Gewalteinwirkungen am Skelett verursacht. Am häufigsten sind die langen Röhrenknochen der Arme und Beine, die

Grundregeln der ersten Hilfe bei Verletzungen an **Knochen** und **Muskeln**
– Betroffenen Körperteil nicht bewegen, sondern durch Abstützen oder Schienen ruhig stellen.
– Feuchtkalte Umschläge gegen Schwellungen und Schmerzen und Entzündung anlegen.
– Die verletzte Person muss beruhigt werden. Sie darf nicht allein gelassen werden.

Schlüsselbeine und die Rippen betroffen. Beim geschlossenen Bruch wird der gebrochene Knochen noch von der Haut bedeckt. Beim offenen Bruch ist auch die Haut verletzt. Anzeichen für Knochenbrüche sind u.a. starke Schmerzen, Schwellungen, Bewegungsunfähigkeit und manchmal auch eine unnatürliche Stellung des betroffenen Körperteils.

Der an Knochen Verletzte muss zum Arzt gebracht werden oder ein Arzt bzw. der Krankentransport wird angefordert (Telefon-Notruf 112).

Bei einer Vielzahl von Unfällen (Abb. 3) treten Verletzungen der Haut und des darunter befindlichen Gewebes auf (Abb. 1). Solche blutenden **Wunden** können Schürf-, Schnitt-, Platz-, Quetsch- oder Bisswunden sein. Bei derartigen Verletzungen besteht zumindest die Möglichkeit des Eindringens von Krankheitserregern in den Körper. Wunden sind immer mit Infektionsgefahr verbunden. Durch Verletzung mehr oder weniger großer Blutgefäße entstehen Blutungen mit entsprechendem Blutverlust und der Gefahr eines Schockes.

Jede Wunde soll wegen der zusätzlichen Infektionsgefahr mit keimfreiem Verbandsmaterial verbunden werden (s. Übersicht). Ein solcher sachgerechter Verband besteht aus einer keimfreien Wundauflage und dem Befestigungsmaterial in Form von Heftpflaster, Mullbinde oder Dreieckstuch.

Jede größere Wunde soll innerhalb von sechs Stunden von einem Arzt endgültig versorgt werden.

Bei starken Blutungen kann ein normaler Verband die Blutung nicht zum Stillstand bringen. Dann ist das Anlegen eines Druckverbandes notwendig (Abb. 2).

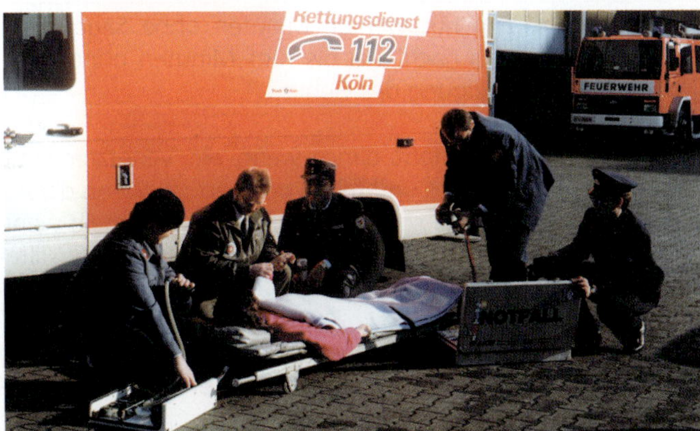

3 Nicht jeder Knochenbruch, Muskelriss oder jede Wunde ist lebensgefährlich. Weil darüber nur der Arzt entscheiden kann, müssen bis zum Eintreffen des Rettungsdienstes die erforderlichen Erste-Hilfe-Maßnahmen sachkundig durchgeführt werden.

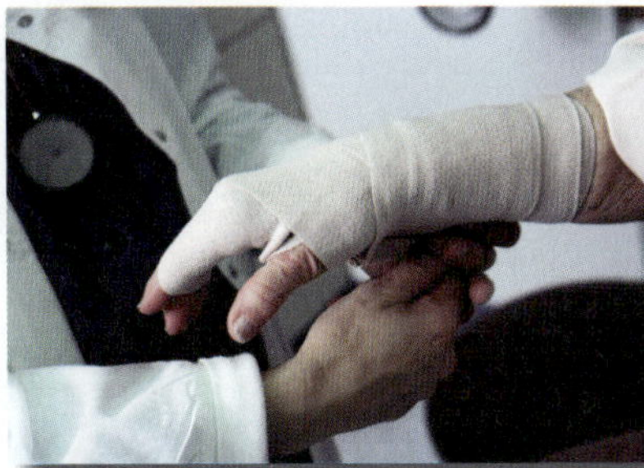

1 Schürfwunden schmerzen oft sehr, weil Nervenenden frei liegen. Gefährlich sind sie jedoch meist nicht, weil nur die Hautoberfläche betroffen ist.

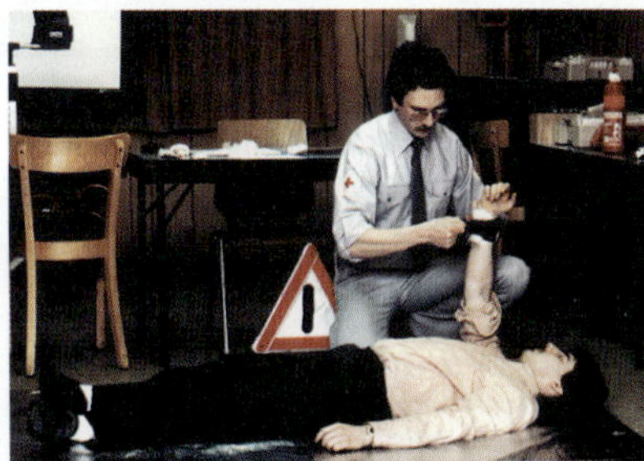

2 Beim Anlegen eines Druckverbandes muss auf die korrekte Lage des Druckpolsters über der Wunde geachtet werden.

Grundregeln der ersten Hilfe bei der **Wundversorgung**
– Wunden dürfen nicht mit den Händen berührt werden, weil sie dadurch zusätzlich verunreinigt und infiziert werden könnten.
– Bei der Wundversorgung sollten zum Schutz des Helfers und des Betroffenen vor Infektionen Schutzhandschuhe getragen werden.
– Wunden dürfen nicht ausgewaschen oder gereinigt werden. Nur bei Verbrennungen oder Verätzungen kann Wasser benutzt werden.
– Wunden dürfen ohne ärztliche Anweisung auch nicht mit Puder, Salben, Sprays oder Desinfektionsmittel behandelt werden.
– Fremdkörper werden vom Arzt aus der Wunde entfernt.

1 In eine Hausapotheke gehören Verbandsmaterial (u. a. Mullbinden, elastische Binden, Verbandspäckchen und Heftpflaster verschiedener Größe, Wundschnellverband), Hilfsmittel (u. a. Dreieckstücher, Verbandsschere, Pinzette, Zeckenzange, Fieberthermometer), Arzneimittel und nicht zuletzt eine Erste-Hilfe-Anleitung sowie Notfalladressen und entsprechende Telefonnummern.

Da viele Unfälle mit äußeren Verletzungen auch in der Wohnung geschehen, sollte überall eine **Hausapotheke** nicht nur vorhanden sein, sondern sich auch ständig in einem solchen Zustand befinden, der erste Hilfe auch tatsächlich sachgemäß ermöglicht (Abb. 1).

Auch **Vergiftungen** erfordern erste Hilfe. Bei Vergiftungen oder Verätzungen sollte der Betroffene sofort in ein Krankenhaus gebracht werden. Falls die Helfer einen Verdacht haben, wodurch die Vergiftung verursacht worden sein könnte, z. B. durch eine Pflanze oder eine Haushaltschemikalie, sollte dieser Gegenstand mit in die Klinik genommen werden. Das erleichtert dem Arzt die Entscheidung über ein Gegenmittel.

Gar nicht so selten sind Pilzvergiftungen. Sie ereignen sich keinesfalls vorwiegend durch den Verzehr des Fliegenpilzes. Er ist meist sehr deutlich erkennbar und bereits jedem Kind als ein Symbol für Giftigkeit bekannt. Pilzvergiftungen werden vorwiegend durch die gefährlichen Doppelgänger zu wohl bekannten Speisepilzen verursacht. Diese unterscheiden sich nur durch unauffällige Merkmale von den „guten" Pilzen. Zu ihnen gehört der Grüne Knollenblätterpilz. Merkt man seine Wirkung, die erst nach acht bis zehn Stunden einsetzt, kann es bereits zu spät sein. Andere Pilze sind allein völlig ungiftig, wirken jedoch in Verbindung mit Alkohol schädigend (s. Übersicht).

Maßnahmen bei Verdacht auf **Pilzvergiftung**
– Sofort den Magen entleeren! Der Brechreiz wird durch das Trinken von lauwarmem (Salz-) Wasser ausgelöst. Abführmittel dürfen nicht genommen werden.
– Sofort einen Arzt oder eine Giftnotzentrale verständigen!
– Reste vom Pilzeputzen, vom Essen oder Erbrochenes mit ins Krankenhaus nehmen!
– Alle Personen, die vom Pilzgericht gegessen haben, müssen in ärztliche Behandlung, auch wenn sie noch keine Beschwerden haben!

Es gibt Situationen, in denen eine Verständigung mit einem Verunfallten nicht möglich ist. Dann ist immer von einer **Bewusstlosigkeit** des Betroffenen auszugehen. Bewusstlosigkeit kann lebensbedrohlich sein, die Lebensfunktionen müssen kontrolliert und stabilisiert werden. Das betrifft vor allem die Atmung.

> Ein Mensch kann nur wenige Minuten ohne Sauerstoff überleben. Bereits nach drei bis fünf Minuten ohne Luft beginnt die Schädigung des Gehirns.

Erstickungsgefahr besteht dann, wenn ein Verletzter stark benommen, bewusstlos und falsch gelagert ist. Wenn die Atmung aussetzt oder zu schwach ist, kann er innerhalb weniger Minuten sterben. Auch hier können Erste-Hilfe-Maßnahmen vor dem Eintreffen des alarmierten Arztes das Schlimmste verhindern.

Beim **Vorfinden eines reglosen Menschen** müssen folgende Grundregeln eingehalten werden:

- Das Bewusstsein wird kontrolliert, indem man den Verunglückten anspricht oder auch kneift. Keinesfalls darf er geschüttelt werden. Der Bewusstlose ist in die stabile Seitenlage zu bringen (Abb. 1, S. 151).

1 Ein Bewusstloser wird in die stabile Seitenlage gebracht, damit er nicht an seinem Erbrochenen ersticken kann. Dazu wird er auf seinen rechten Arm gerollt, der linke unter den Kopf geschoben. Das rechte Bein wird angewinkelt, das linke bleibt gestreckt.

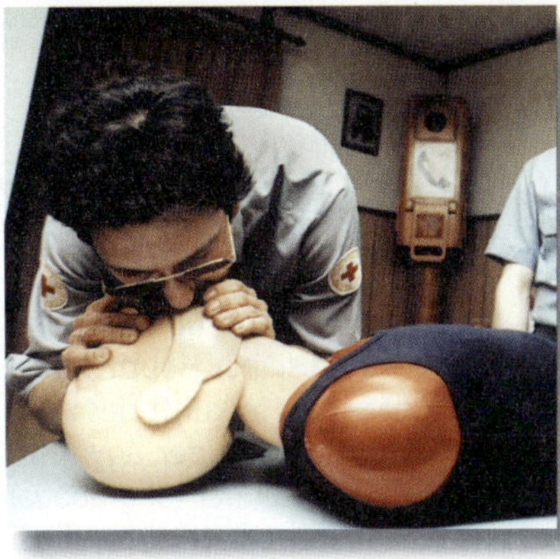

2 Wenn ein Mensch nicht mehr atmet, muss man ihn wiederbeleben. Dazu gehören die Befreiung der Atemwege, die Mund-zu-Mund-Beatmung und die Herzdruckmassage.

– Die Atemfunktion des Betroffenen wird geprüft. Atmet er nicht mehr oder nicht mehr richtig, müssen die Atemwege befreit und Wiederbelebungsversuche durchgeführt werden. Bei einem Herzstillstand, bei dem kein Puls mehr feststellbar ist und der Bewusstlose weite, starre Pupillen hat, muss eine Herzdruckmassage erfolgen. Steht dabei nur ein Helfer zur Verfügung, wird jeweils nach 15 Herzdruckmassagen 2-mal beatmet. Bei zwei Helfern wird nach 5 Herzdruckmassagen 1-mal beatmet (Abb. 2).

Für Unfälle und größere Katastrophenfälle wurde eine sog. Rettungskette konzipiert, mit deren Hilfe alle erforderlichen Maßnahmen ausgeführt werden können (Abb. 3 und 4).

4 Die Rettungskette ist ein einprägsames Schema für die notwendigsten Handlungen von Helfern bei Unfällen in einer sinnvollen Abfolge dar. Wichtig ist auch, die Schmerzen des Verunfallten zu lindern und unbedachtes oder falsches Eingreifen Dritter zu verhindern.

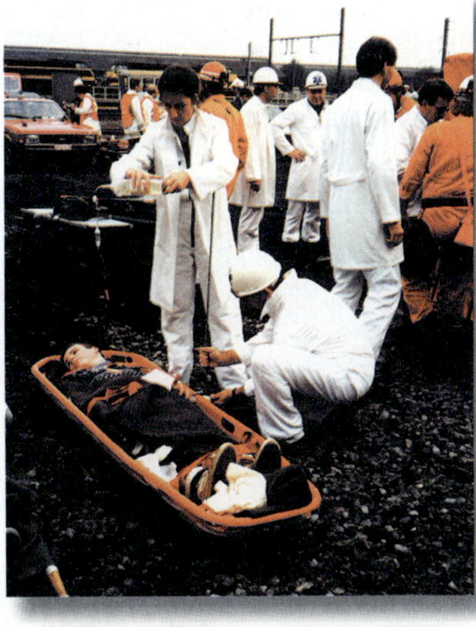

3 Bei größeren Unfällen oder Katastrophen ist unbedingt ein gut abgestimmtes Vorgehen aller Rettungskräfte erforderlich, um Hilfe wirksam leisten zu können.

2.3.4 Aufgaben

Geschichte der Medizin

1. HOMER (2. Hälfte des 8. Jh. v. u. Z.) beschreibt in seiner „Ilias" und „Odyssee" auch die Medizin im alten Griechenland.
   a) Informiere dich über HOMER und den Gegenstand seiner Hauptwerke!
   b) Erkläre die Herkunft des Äskulapstabes!
   c) Warum wird in der ägyptischen Mythologie der Mistkäfer (Skarabäus) verehrt?
   d) Wer waren die Heilkundigen, bevor sich der Beruf des Arztes herausbildete?

2. Kennzeichne die Bedeutung von HIPPOKRATES in der Geschichte der Medizin!

3. HILDEGARD VON BINGEN gehört zu den herausragenden Persönlichkeiten der Medizin des Mittelalters.
   a) Stelle wichtige Informationen über diese Frau zusammen, die ihre Bedeutung charakterisieren!
   b) Beurteile folgende Aussage HILDEGARDS: „In der gesamten Schöpfung, in den Bäumen, Kräutern, Pflanzen, Tieren, Vögeln, Fischen, ja sogar in den Edelsteinen sind geheime Heilungskräfte verborgen, die man nicht wissen kann, wenn sie uns nicht von Gott geoffenbart werden"!

4. Pestsäulen erinnern an Seuchen, die noch weit über das Mittelalter hinaus „wüteten".

   a) Suche nach alten bildlichen Darstellungen, z. B. Wandbildern in der Kirche, die Hinweise auf das Wüten der Pest im Mittelalter geben!
   b) Wie wirkten sich die mittelalterlichen Seuchenzüge auf die Entwicklung der Medizin aus?

5. PARACELSUS, VESAL(IUS) und HARVEY leiteten eine neue Entwicklungsetappe in der Medizin ein. Erläutere diese Behauptung!

6. Schon lange werden chirurgische Eingriffe in den menschlichen Organismus vorgenommen.

Beurteile anhand der Grafik, die aus dem Jahre 1517 stammt und von JOHANN WECHTLICH angefertigt wurde, die damaligen Operationsmethoden! Bedenke dabei, dass solche Eingriffe noch ohne Betäubung durchgeführt wurden!

7. Sammle zu einer der genannten Persönlichkeiten Informationen und Materialien: ANTONY VAN LEEUWENHOEK, LOUIS PASTEUR, ROBERT KOCH und ALEXANDER FLEMING! Nutze die Ergebnisse deiner Sammlung zur Gestaltung eines Kurzvortrages oder eines Posters!

8. Albert Schweitzer erhielt 1954 den Nobelpreis für Medizin.
Informiere deine Mitschüler über das Leben und die Auffassungen dieses Mannes und erkunde, worin die besonderen Leistungen Schweitzers bestanden!

9. Welche Rolle haben Frauen in der Medizin gespielt?
Vergleiche die Situation in der Geschichte mit der heutigen in deiner Umgebung!
Denke an die in Heilberufen tätigen Frauen!

10. Setze Erkenntnisse und Erfindungen anderer Naturwissenschaften in Beziehung zu Erkenntnissen in der Medizin!
Denke dabei z. B. an Hörrohr/Stethoskop, die Erforschung von Bakterien oder an EKG und andere Untersuchungsmethoden!

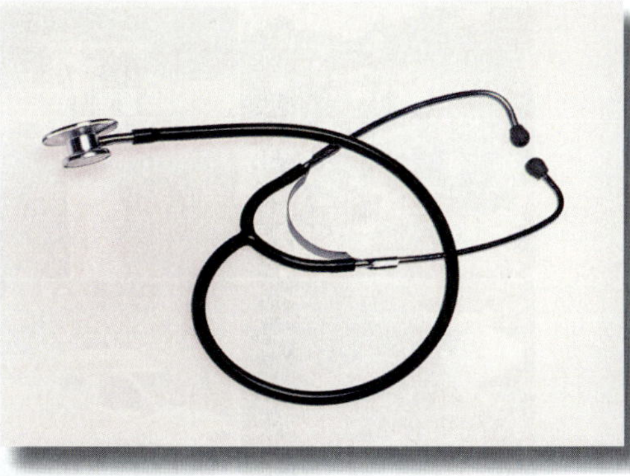

11. Kräuterweiblein, Druiden, Medizinmänner oder Schamanen sind Bezeichnungen für Heilkundige der Völker.
Stelle Informationen über Heilkundige zusammen und beurteile ihre Methoden!

Heilmittel und Heilmethoden

12. Verschaffe dir einen Überblick über Heilmittel und Heilmethoden, die häufig angewendet werden!
Ordne ihnen Beispiele für Erkrankungen zu!

13. „Schulmedizin" und „Naturheilkunde" sind oft gebrauchte Begriffe.
Erläutere diese Begriffe! Gehe dabei sowohl auf Gemeinsamkeiten als auch auf Unterschiede ein!

14. Blutegel waren für die Behandlung von Menschen bereits vor Jahrhunderten bedeutsam und sind es auch heute noch.
    a) Warum verwendet man in der Medizin Blutegel?
    b) Finde heraus, wie Blutegel in der Natur leben! Darf man benutzte Blutegel wieder in ein Gewässer aussetzen?

15. Arzneimittel sind Bestandteile der medizinischen Versorgung der Bevölkerung.
    a) Was sind Arzneimittel und was sollen sie bewirken?
    b) In welchen Formen gibt es Arzneimittel?

16. Die Apotheken sind der „Hauptumschlagplatz" für Arzneimittel.
    a) Wodurch unterscheidet sich eine moderne Apotheke von einer historischen?

    b) Frage in einer Apotheke nach, welche Geräte und Arbeitsvorgänge neuere Entwicklungen sind und welche sich von alters her bewährt haben!

c) Frage deinen Apotheker nach Heilpflanzen, die er verkauft, und nach ihrer Bedeutung in der heutigen Medizin!

17. Medikamente erfordern einen sorgsamen Umgang mit ihnen.
   a) Begründe, warum Arzneimittel nur nach ärztlicher Anweisung eingenommen werden sollten!
   b) Beschreibe, was unter Arzneimittelsucht zu verstehen ist!
   c) Was sind und wie wirken Antibiotika?
   d) Auf welche Weise können Antibiotikareste in Lebensmittel gelangen?
   e) Wie muss man mit unverbrauchten oder überlagerten Arzneimitteln umgehen?

18. Heilpflanzen werden seit Jahrhunderten angewandt.
   a) Stelle 10 Heilpflanzen zusammen und ergänze, wie sie wirken und wie sie aufbereitet werden sollen!
   b) Erläutere die historische Bedeutung von Heilpflanzen!
   c) Bestimme die abgebildeten Pflanzen und schreibe zu ihren Namen: Vorkommen, verwendete Teile, Aufbereitung und Anwendung!

19. Fotografiert Pflanzen, die zu Heilzwecken verwendet werden, aus eurer Schulumgebung!
   Ergänzt die Bilder durch Informationen und gestaltet ein Poster dazu!
   Bezieht in die Informationen auch ein, ob und wodurch die Bestände an Heilpflanzen gefährdet sind!

20. Neben Heilpflanzen wurden früher auch andere „Hausmittel" stärker als heute genutzt. Stelle Hausmittel gegen Krankheiten zusammen, die noch heute verwendet werden! Tausche das Ergebnis mit deinen Mitschülern aus!

21. Zur alternativen Medizin gehört auch die in Deutschland weit verbreitete Homöopathie.
   a) Suche in Lexika nach der Bedeutung des Wortes!
   b) Erkläre das Grundprinzip der Homöopathie: „Ähnliches heilt Ähnliches"!
   c) Wie hat Samuel Hahnemann, der geistige Vater der Homöopathie, dieses Grundprinzip entdeckt?

22. In der traditionellen chinesischen Medizin spielt die Lehre von den fünf Elementen eine große Rolle.
   Welches sind die fünf Elemente? Wie steht die moderne Naturwissenschaft zu diesen fünf Elementen?

23. Erste Hilfe ist eine wichtige Aufgabe aller.
   a) Welche Aufgaben hat erste Hilfe zu erfüllen?
   b) Stelle wesentliche Arten der ersten Hilfe zusammen!
   c) Besonders bei Katastrophenfällen kommt es auf das gute Funktionieren der „Rettungskette" an. Erläutere!

   d) Gewinnt Mitglieder des DRK, die mit euch erste Hilfe trainieren!

3 Bewegungen – überall

Gibt es niemals Ruhe?

In unserer Welt befinden sich alle Körper in Bewegung, auch Himmelskörper wie die Sonne und andere Sterne, die Erde und andere Planeten sowie die Monde. In unserem Planetensystem bewegen sich auch viele Kleinkörper, wie Planetoide, Kometen und Meteorite. Schon seit Jahrhunderten spekulieren Menschen über mögliche Zusammenstöße der Erde mit Asteroiden oder Kometen. Die dabei frei werdende Bewegungsenergie könnte gewaltige Zerstörungen hervorrufen, ja sogar die Erde vernichten. Auch in der Gegenwart gibt es immer wieder solche Spekulationen. Obwohl derartige Zusammenstöße auch in Zukunft nicht ausgeschlossen werden können, ist deren Wahrscheinlichkeit doch sehr gering.

Bewegungen wohin man schaut: Menschen sind zu Fuß oder mit einem Verkehrsmittel unterwegs, Tiere laufen hin und her. Die Pflanzen wachsen und richten sich nach der Sonne aus. Wasser verdunstet und steigt als Wasserdampf in der Atmosphäre nach oben, Wolken werden vom Wind getrieben.

Besonders Mobilität und Verkehr sind Zeichen unserer modernen Industriegesellschaft. Viele Personen und große Mengen an Gütern werden von einem Ort zum anderen befördert.
Wir fahren zum Kino und zu Freizeit- und Sportstätten in die Stadt, zum Einkaufen in riesige Einkaufszentren auf der „grünen Wiese", zum Wohnen in Wohnsiedlungen am Rande der Stadt und zum Arbeiten in ein abgelegenes Gewerbegebiet. In den Urlaub fliegen oder fahren wir in weite Länder. Dies alles ist schon selbstverständlich für uns.
Jedoch noch vor 40–50 Jahren war ein Ausflug aufs Land ein seltenes Urlaubserlebnis und eine Reise in eine andere Stadt mit der Bahn ein großes Ereignis. Die meisten Wege wurden damals zu Fuß zurückgelegt.
Dabei hat sich die Mobilität der Menschen in den vergangenen 40–50 Jahren kaum verändert. Wir wechseln früher wie heute im Durchschnitt dreimal am Tag den Ort, legen also drei Wege zurück. Nur nutzen wir heute für unsere Wege in der Regel Verkehrsmittel, vor allem motorisierte Fahrzeuge.

Wie hat sich unsere Lebensweise durch die Nutzung von modernen Verkehrsmitteln verändert?
Welche Vor- und Nachteile hat unsere heutige Form der Mobilität für unser Leben?

Die Verkehrsmittel sind in den letzten Jahrzehnten immer schneller geworden. Die Menschen bringen heute im Durschnitt trotzdem genauso viel oder mehr Zeit für ihre Wege auf wie früher: ca. eine Stunde pro Tag. Nur die zurückgelegten Wege sind länger geworden (1950: ca. 100 km/Jahr; 1995: ca. 12 000 km/Jahr).

Warum nutzen wir nicht die Möglichkeit, mit Verkehrsmitteln Zeit zu sparen, wo doch so viele Menschen über Zeitprobleme klagen?
Kennen wir eigentlich die nähere Umgebung unseres Zuhauses wirklich schon genau?